百年美联储

——批判性视角下的联邦储备系统

The Fed at One Hundred

A Critical View on the Federal Reserve System

大卫·豪登 (David Howden)

约瑟夫·T. 萨勒诺 (Joseph T. Salerno) / 主编

贾国杰 吴烽炜 / 译

李松 / 审校

 Springer 中国金融出版社

责任编辑：王雪珂
责任校对：孙　蕊
责任印制：丁淮宾

First published in English under the title The Fed at One Hundred: A Critical View on the
Federal Reserve System edited by David Howden and Joseph T. Salerno, edition: 1
Copyright © Springer International Publishing Switzerland，2014
This edition has been translated and published under licence from Springer Nature
Switzerland AG.
北京版权合同登记图字 01-2019-6970

图书在版编目（CIP）数据

百年美联储——批判性视角下的联邦储备系统/（美）大卫·豪登，
（美）约瑟夫·T. 萨勒诺主编；贾国杰，吴烽炜译. —北京：中国金融出
版社，2020.12
　　ISBN 978-7-5220-0833-2

　　Ⅰ.①百…　Ⅱ.①人…②约…③贾…④吴…　Ⅲ.①中央银行—概况—
美国　Ⅳ.①F837.123

中国版本图书馆CIP数据核字（2020）第204752号

百年美联储——批判性视角下的联邦储备系统
BAINIAN MEILIANCHU：PIPANXING SHIJIAO XIA DE LIANBANG CHUBEI
XITONG

出版
发行　　**中国金融出版社**

社址　　北京市丰台区益泽路2号
市场开发部　　（010）66024766，63805472，63439533（传真）
网上书店　　http://www.chinafph.com
　　　　　　（010）66024766，63372837（传真）
读者服务部　　（010）66070833，62568380
邮编　　100071
经销　　新华书店
印刷　　保利达印务有限公司
尺寸　　169毫米×239毫米
印张　　15
字数　　201千
版次　　2021年1月第1版
印次　　2021年1月第1次印刷
定价　　62.00元
ISBN 978-7-5220-0833-2
如出现印装错误本社负责调换　　联系电话（010）63263947

作者名单

威廉·巴内特二世（William Barnett II）：美国路易斯安那州新奥尔良市新奥尔良洛约拉大学约瑟夫·A. 巴特·S. J. 商学院；

托马斯·迪洛伦佐（Thomas DiLorenzo）：美国马里兰州巴尔的摩市马里兰洛约拉大学塞林格商学院；

卢卡斯·英格尔哈特（Lucas Englehardt）：美国俄亥俄州肯特市肯特州立大学；

道格拉斯·弗伦奇（Douglas French）：美国阿拉巴马州奥本市卡西研究所；

杰弗里·赫伯纳（Jeffrey Herbener）：美国宾夕法尼亚州格罗夫城格罗夫城市学院；

大卫·豪登（David Howden）：西班牙马德里市圣路易斯大学；

约尔格·吉多·许尔斯曼（Jörg Guido Hülsmann）：法国昂热市昂热大学法律、经济与管理学院；

彼得·G. 克莱因（Peter G. Klein）：美国密苏里州哥伦比亚市密苏里大学；

罗伯特·P. 墨菲（Robert P. Murphy）：美国田纳西州纳什维尔市罗伯特·P. 墨菲咨询公司；

肖恩·莱特诺（Shawn Ritenour）：美国宾夕法尼亚州格罗夫城格罗夫城市学院；

约瑟夫·T. 萨勒诺（Joseph T. Salerno）：美国纽约州纽约市佩斯大学鲁宾商学院；

马克·桑顿（Mark Thornton）：美国阿拉巴马州奥本市路德维希·冯·米塞斯研究院；

小托马斯·E. 伍兹（Thomas E. Woods Jr）：美国阿拉巴马州奥本市路德维希·冯·米塞斯研究院。

注： 以上信息均直接译自本书原文，即英文版出版时（2014年）作者所在机构。部分作者的状态如今可能有所变化。

Foreword
序 言

（写于 2014 年）

最近，美国联邦储备系统（以下简称美联储）刚刚度过了它百年寿辰，是时候问问：它到底干得如何？

这部极其必要的作品，由大卫·豪登教授和约瑟夫·T.萨勒诺教授精选而成，包含许多杰出学者所贡献的文章。它提出了上述问题，并以简明且权威的方式给出了答案：美联储彻头彻尾地失败了。

这个问题及其答案，乍一看，似乎主要和经济学家有关系，但事实远非如此。美联储和其他中央银行的所作所为，深深地影响到每一个人的生活。

如果美联储失败了，更令人担心的是，如果成立美联储的整个思路都是错误的，那么在为之付出代价的，就是中产阶级和穷人。在 20 世纪的历程中，毫不夸张地说，数百万人因美联储而失业。在头几十年里，其中有很多人面临着无家可归甚至食不果腹的悲惨境遇。如今在美国，无家可归者很少再饿肚子，可就算如此，糟糕的经济政策所造成的恶果仍是难以估量的。

当谈及经济危机和失业问题时，美联储的失败尤为明显。但在这个主题上，存在着诸多的一厢情愿和误导信息。经济学作家杰弗瑞·马德里克（Jeffrey Madrick）曾提出："到 1913 年，美国联邦政府借助成立联邦储备系统，创造了一个稳定的金融体系。"

经济学家米尔顿·弗里德曼（Milton Friedman）的描述更为准确，他写道："每一次重大的经济萎缩，其为害之烈……都要直接归咎于……联邦储备当局的行动，而在早先的货币银行制度安排下，这一切本不会发生。"

1

弗里德曼的这些话写于 1962 年，比起美联储造成的 20 世纪 70 年代大规模通货膨胀，还有引发 2008 年经济崩溃的泡沫，要早了很多年。自 2008 年以来，美联储就着手从事一项看似是堂吉诃德战风车式的任务，它试图证明：由美联储本身制造的更多货币和债务，可以解决一场先前由过多货币和债务引发的危机。

在美联储的立法授权中，起先并不包括就业水平，那是国会在 1977 年加上去的。它最初关注的是稳定物价。据说稳定物价和弹性通货（英文：elastic currency，随商业需求而自动增减数量的货币。——译者注）将消除之前绵延数年的衰退和萧条。

美联储的确给我们带来了弹性通货，但其实际操作不过是制造越来越多的新钱，却没有给我们带来稳定的物价。自美联储 1914 年成立以来，据报道，美元已经损失了 97% 的购买力。并且，我们有理由认为，美元实际上的贬值还要更惨重，尤其是在克林顿政府悄悄修改了消费物价上涨指数的计算方式以后。

保罗·沃尔克（Paul Volcker）常被誉为最成功的美联储主席，他在 1994 年表示："如果首要的目标是物价稳定，那么我们在十九世纪的金本位制，还有各家消极风格的中央银行……甚至连'自由银行业'，都要干得更出色。"

人们把无法控制的消费物价上涨当成是一个谜，但它实际上并没有什么神秘之处。蒂博·德·桑法勒（Thibault de Saint Phalle）在 1985 年观察道："国会中没有人指出过……是美联储自身在制造通货膨胀。"所以，十足讽刺的是，一个被授命于控制通货膨胀的机构却反过来制造了通货膨胀。

今天的美联储已经在公然实施助长消费物价上涨的政策了，因为这被认为是有利于经济的。它不介意这种观点缺乏证据和逻辑的支持，也不理会物价上涨最直接伤害到的是中产阶级和穷人。

1913 年通过《联邦储备法案》的立法者，以为他们创造的是一个由银行家运营的"最后贷款人"（lender of last resort），而不是由一小撮经济学家把持的国家计划经济机构。但后者才是我们今天得到的结果。对此，可敬的经济学作家吉姆·格兰特（Jim Grant）说道："从广义上讲，中央计划已经名誉扫地了，但人们却仍然相信由［美联储］来执行的中央计划……在我看来，美联储就是一个由已经故去而无人惋惜的州际商务委员会和奥兹国巫师（童话小说《绿野仙踪》中的人物）混合而成的产物。"

经济学家吉恩·卡拉汉（Gene Callahan）补充了一条重要的评论，他说，美联储主席"是一家定价机构的首席定价师"。他的意思是，美联储的主要工具是操控借贷资金的价格——经济体中最为重要的价格之一。其他中央银行直接操纵本国通货的价格（currency prices），而美联储则选择在国际汇兑中影响美元价格，而不是对其实施直接的控制。

讽刺的是，美联储前主席本·伯南克（Ben Bernanke）告诉他的学生："价格是一个经济体中的自动调温器，它们是使经济实现正常运转的机制。"但是，受到他们操纵的价格可能无法成为自动调温器。

美联储不仅在经济学思维上有失严谨，而且对自身法规的解释也无拘无束。在 2008 年经济崩溃后，它所做的一切，大体是合法的，但也绝非全部。收购房利美（Fannie Mac）和房地美（Freddie Mac）的证券，就违反了法律的明文规定。不幸的是，美联储从未受到问责。它在几乎完全保密的状态下运行，甚至凭空印钱来向自己支付。

要说的还有许多，全都包含在这本精彩作品当中。各章节从美联储的历史，包括 1929 年大萧条和 2008 年全球金融危机等本不该发生的悲剧开始，讲到它如何关起门来运作，以及这对经济来说意味着什么。重要的是，它告诉我们一个更优秀的货币体系应该是什么样子，这一货币体系将引领我们进入一个焕然一新以及前所未闻的繁荣时代。

这本书适于所有人阅读，绝非仅替学者定制。它可以被当成优秀的经济学入门指南，或者作为学生的经济学教材辅助读物。透过这些篇章，任何人都可以亲身体会到正确的经济学思维和政策对我们的生活来说有多么重要，然后更深入主动地去探究这一课题。

美国弗吉尼亚州夏洛茨维尔（Charlottesville, Virginia）

亨特·刘易斯 （Hunter Lewis）

Introduction
引　言

大卫·豪登（David Howden）[①]

约瑟夫·T. 萨勒诺（Joseph T. Salerno）[②]

从 20 世纪 80 年代初期到 2007 年，联邦储备系统越来越被奉为一个神圣的制度，其所作所为即使并非总是无可指责，也被视为超越了党派政治和政府部门的琐屑之事。在这段时期内担纲的两位美联储主席，保罗·沃尔克（Paul Volcker，任期 1979—1987 年）和艾伦·格林斯潘（Alan Greenspan，任期 1987—2006 年）受到金融市场、媒体评论人、大多数货币经济学家、诸多政客甚至广大公众的广泛尊崇。他们被阿谀奉承的媒体刻画成超乎寻常的大人物，一个"金融界传奇"和一位"大师"，他们最微不足道的只言片语，甚至于语调的抑扬变化，都能牵动市场。他们的一言一行都被孜孜不倦地记录和研究。尽管在美国人当中，一千个人里面也许都没有一个能辨识出 20 世纪 60 年代的威廉·麦克切斯尼·马丁（William McChesney Martin，美联储第九任也是任职时间最长的主席）或是 70 年代的亚瑟·伯恩斯（Arthur Burns，1970 年至 1978 年担任美联储主席），沃尔克和格林斯潘在位时的名

① 大卫·豪登

西班牙马德里市圣路易斯大学马德里校区

E-mail: dhowden@slu.edu

② 约瑟夫·T. 萨勒诺

美国纽约州纽约市佩斯大学鲁宾商学院 ,10038

E-mail: jsalerno@pace.edu

头之盛，甚至可能压倒了当时在任的美国副总统。

在房地产泡沫破裂和金融危机袭来，及与之伴随的对各家金融机构和各类金融市场的救助之后，人们彻底改变了对美联储的普遍看法。像《别了，格林斯潘》[*Maestro：Greenspan's Fed and the American Boom*；鲍勃·伍德沃德（Bob Woodward），2000]这样大肆颂扬格林斯潘身为美联储主席无边法力的作品骤然停止出版。而另外一些以《权力掮客：格林斯潘帮华尔街发财并留下衰退乱局的不为人知的故事》（*Panderer to Power：The Untold Story of How Alan Greenspan Enriched Wall Street and Left a Legacy of Recession*；弗雷德里克·希恩，Fredrick Sheehan，2010）和《美联储的全球诅咒》（*The Global Curse of the Federal Reserve*；布兰登·布朗，Branden Brown，2011，2013）之类方式命名的书籍，开始由主流出版社大量推出。罗恩·保罗（Ron Paul）议员于2009年在众议院提出的审计美联储议案（H.R.，1207）在草根阶层获得了广泛的支持，并在众议院累计赢得了309名联合发起人。法案被再次提给下一届国会之后，众议院于2012年中期以327∶98的投票通过了这一议案。去年11月，拉斯姆森报告（Rasmussen Reports，2013）的一项全国电话调查表明，有74%的美国成年人支持对美联储进行审计并公布调查结果，而反对者只有10%。消费者也不再信任美联储的公告和目标。密歇根大学调查研究中心（Michigan Survey Research Center）编制的2013年9月消费者预期指数显示，消费者们显然既不相信美联储正致力于在长期或短期实现其所制定的2%通货膨胀目标，也不相信它能够达成这一目标（卡洛琳·鲍姆，Karoline Baum，2013）。①

有些经济学家（例如：约翰·泰勒，John B. Taylor，2009；艾伦·梅尔策，Allan H. Meltzer，2009；保罗·霍夫迈斯特，Paul Hoffmeister，2012），甚至有一两个美联储官员（例如：托马斯·赫尼希，Thomas H.

---

① 一年来，通货膨胀预期指数比前一年平均上涨3.2%，比前五年上涨3.1%。消费者长期通货膨胀预期大致相同，比前一年平均上涨2.9%，比前五年上涨3.0%。

Hoenig，2011a，2011b；安德鲁·胡萨尔，Andrew Huszar，2013）都质疑过美联储在金融危机之前、期间或之后的表现。然而，多数主流经济学家们罔顾公众对美联储失去信心这一事实，也拒斥少数经济学家和美联储官员所提出的质疑。相反，他们执拗于这样一个共同叙事：在过去 1/4 个世纪中精心构建的美联储货币政策是持续不断地改进的。

从 20 世纪 90 年代开始，美联储在经济学家当中声誉日佳，在那十年的大部分时间里，经济呈加速增长，同时通货膨胀率从 90 年代初期的每年 5% 稳步下降到末期的每年 2%。实际上，两位著名的宏观经济学家，艾伦·布林德（Alan Blinder）和珍妮特·耶伦（Janet Yellen），在一本名为《令人惊艳的十年：二十世纪九十年代的宏观经济经验与教训》（*The Fabulous Decade：The Macroeconomic Lessons of the* 1990*s*，2001）的书中，对这十年大加褒扬。（书名中浮夸的措辞也许是因为两位作者 20 世纪 90 年代中期曾共事于联邦储备委员会。）此外，在那十年的末段，主流经济学家们研究发现，自 20 世纪 80 年代中期之后，不管是在美国还是其他工业国家，实际产能和通货膨胀的震荡都急剧下降，而这种波动的减弱持续了整个 20 世纪 90 年代。1985—2006 年这段时期也就逐渐被称为"大稳健"时期。

在这一研究发现之后没过几年，时任美联储理事的本·伯南克（Ben Bernanke）就在一次著名的演讲中（2004 年）引起了公众对此现象的关注。按照伯南克的看法，尽管对于"大稳健"的原因存在着几种合乎情理的假设，货币政策上的改进肯定是一个重要决定因素。[①]伯南克表示：

"很少有人否认货币政策在稳定通货膨胀方面起到了重要的作用，因此，美国以及国际上产出波动与通货膨胀波动同步下降的这一事实说明，货币政策可能也有助于稳定产出动荡……我认为，货币政策的改进尽管肯定不

[①]　关于"大稳健"的不同成因所进行的辩论，参见斯托克（James H. Stock）和沃森（Mark W. Watson）2003 年的论文。

是唯一的因素，但很可能是'大稳健'的一个重要原因。"

此后不久，这样的故事就成为宏观经济学和货币与银行学教科书中的正统观点：宏观经济愈加稳定，这要归功于美联储和其他各家中央银行"吸取了 20 世纪 70 年代的教训"并有意改善了货币政策。今天，尽管发生了房地产和股市泡沫，以及接踵而至的金融危机与大衰退这样的插曲，教科书中关于美联储如何在实施货币政策中获得启迪的叙事仍保持不变（例如：切凯蒂和肖恩霍茨 2011 年的《货币、银行与金融市场》第三版，382–384 页，591–593 页；米什金 2010 年的《货币金融学》第二版，461–493 页）。事实上，这些教科书在金融危机后发行的版本中甚至吹嘘到，美联储在 20 世纪 90 年代中期所采取的"前瞻性"立场使其得以"先发制人"，通过提高或降低联邦基金利率来消除宏观经济学所面临的不稳定性威胁，而这些措施"以 20 世纪 70 年代和 80 年代的标准来说"是颇为成功的。于是，弗雷德里克·米什金（Frederic Mishkin，2010，492 页）这位大名鼎鼎的货币经济学家、美联储前理事称："在格林斯潘时代，为减缓对总需求的负面冲击而采取的这些先发制人攻势相当有效，使经济波动始终处于非常温和的水平。"

至于 20 世纪 90 年代末那场互联网泡沫的涌现和破灭，米什金（2010,492 页）则置之不理，因为这发生在美国史上最长经济增长期的末尾，"并且随后的衰退也相当温和"。那么 2008 年国际金融危机以及其后那场令美国至今仍未从中完全恢复的大衰退又怎样呢？好吧，按照正统观点，美联储也许是有些"前瞻性"，但它肯定不是先知先觉的，也很难指望它预测到国际金融危机的深重程度。例如，米什金（2010,492 页）只用以下一句话就轻松地打发了这一质疑：

"然而，在次贷金融危机期间的金融动荡的规模过于巨大，以至于美联储的先发制人措施都不足以遏制这一危机，于是经济受到了损害。"

在切凯蒂和肖恩霍茨（2011, 384 页）的描述中，国际金融危机对美联储来说，不过是又一次学到经验，从而进一步改善其行为和效能，因为危机已经促使经济学家们探索"如何改善金融监管"并重新考虑"中央银行在金融监管中应当扮演的角色"。

正统说法认为，美联储在货币政策行为和效能上的逐步改善，要归功于所谓的（布林德，2004）"宁静革命"。这一革命涉及美联储及其他各家主要中央银行制度安排和操作程序的根本变化，和经济学家们在中央银行最优组织机构问题上正在形成的共识相一致。[1]

从文献中呈现出来的共识，为设计一家好的中央银行确定了几条准则。一家中央银行应当独立于政治影响，可仍然要为自己的行为负责。后一种品质，要求中央银行在制定决策上保持透明，包括向立法机构、市场和广大公众传达决策时保持连贯和明晰。透明和负责要求中央银行必须受限于政治当局所强制规定的、明确阐明的目标，但在决定采取何种手段来达成这些目的时，还是应该享有"工具独立性"。[2]此外，该目标应当是某个明确的"名义锚"，也就是说，一个名义变量，如特定范围内的通货膨胀率、货币供应量或汇率，应该成为"约束"价格水平的目标。文献将重点集中于通货膨胀率上，以"通货膨胀目标"的形式，将其作为最佳名义锚。[3]另外，为了避免单个人做出武断和特异的决策，所有决策都应当由委员会做出，而不是交给某一个人（如中央银行行长）。最后，当各目标之间发生冲突时，也就是说，它在低失业率和低通货膨胀率之间如何取舍时，中央银行进行决策的政策框

---

[1]　按照布林德的说法（2004, 3 页）对中央银行的研究在 1980 年和 20 世纪 90 年代成为一个快速增长的产业。他在 EconLit 数据库中进行的电脑搜索显示，与 20 世纪 70 年代相关的结果为 980 个，20 世纪 80 年代翻了一番达到 1,929 个，而 20 世纪 90 年代的结果达到了"惊人的"4,921 个。

[2]　关于工具独立性和目标独立性的对比，参见米什金的书（2007, 495–498 页）。

[3]　关于名义锚和通货膨胀目标制最优性的重要性，参见米什金书中的相关章节（2007）。

架要清晰无误地向市场和民众公开。① 例如，一项要求中央银行设定某一范围的通货膨胀率为目标的法令，就是一种政策框架，正如美联储将可接受的失业率和通货膨胀率范围公布为"逐步缩减"量化宽松政策的触发条件一样。

在 20 世纪 90 年代，至少有三家主要的中央银行据称是按照这些准则设计或者"从零开始"重新设计的，包括欧洲中央银行、英格兰银行和日本银行（布林德，56 页）。此外，美联储的操作程序也在 1994 年、1999 年和 2002 年按照货币政策研究指出的路线作出了重大改变（布林德，2–25 页）。切凯蒂和肖恩霍茨（2011，384 页）对中央银行业的这一革命进行了总结：

> 英格兰银行的历史已经超过三个世纪……但它的操作章程在 1998 年被重写了。同年，日本银行的组织结构发生了重大改变，美联储的操作也发生了变化。1994 年 2 月 4 日首次宣布调整联邦基金利率。2002 年 1 月 9 日，对于利率决策的解释说明开始定期发布，这成了联邦储备系统官方程序的一部分。

即使在今天，也几乎没有货币经济学家会不同意米什金（2007, 20 页）充满必胜信念的结论。讽刺的是，给出这一结论的时间就在金融危机来袭之前：

> 近年来，中央银行的实践取得了巨大的进展。我们目前的处境非常理想，这在 15 年前，几乎没有人可以预见到：不仅通货膨胀率低，其波动和产出波动也很平稳……货币政策战略上的新思考，正是这一成功的关键原因之一。

为了让正统说法更加圆满，我们必须要提到一种根深蒂固的观点——关

---

① 米什金（2007，1–27 页，489–535 页）和布林德（1998，2004）对此文献给出了详尽的说明，在书中可以找到大量的参考资料。关于此文献的教科书式的总结，参见切凯蒂和肖恩霍茨的书（2011，382–389 页，407–410 页）。

于美联储自 1913 年成立后在其整个历史过程中的表现。主流经济学家几乎已像信条一般接受了这样的观点：美联储的成立极有助于缓和产出波动的幅度、频率和持续时间。尽管 20 世纪 30 年代和 70 年代货币政策无可否认地犯下了严重错误，但在这方面，它表现得仍然比第一次世界大战之前大约一个世纪期间内的古典金本位制要好得多。这种论调已经在很多书籍和文章中被反复宣讲，在此不必赘述。[①]

本书的目的是运用现代的奥地利学派货币和商业周期理论以及现代组织经济学，彻底改写前述美联储的故事。书中还采取了修正主义的经济史观，力图鉴别出从立法中受益的特殊利益集团，用于挑战众所公认的故事——成立美联储是试图稳定金融体系，以期提升经济表现、增进公共福利。[②] 因此，本书各篇章中所阐述的非正统叙事，将在几个重要论点上明显有别于正统版本。

在本书中，美联储的成立，被视为企图实现利益最大化的卡特尔，这是由部分准备金银行的经济学逻辑所决定的。和美联储辩护者的说辞截然不同，书中有些章节评估了美联储的历史表现并指出：与古典金本位相比，美联储在过去一个世纪以来对货币和利率的操纵，加剧了周期性波动和金融不稳定性。[③] 本书还表明，由美联储控制的美元法币体制不可避免地导致收入和财富隐秘的再分配，这是以一种"坎蒂隆效应"的形式，其后果远远超出了众所周知的通货膨胀对债权人和债务人关系的影响。

---

① 然而，在有影响力的主流经济学家中，也有一些不同的声音。罗默（Christina Romer，1986a，1986b）认为，与第一次世界大战之前相比，第二次世界大战后产出和失业波动的下降，很可能是"数据的虚构"，这是由于经济数据而不是经济政策得到了改善。她的观点在经济学界取得了一些进展。如曼昆（Mankiw，2010，453 页）所观察到的："尽管她的作品有争议，现在大多数经济学家相信，凯恩斯主义革命刚刚结束之后的经济只比之前稍微稳定一点点。"

② 在货币与银行学领域中，持修正主义经济史观的首要代表是罗斯巴德（Murray Rothbard，2002）。

③ 通过将美联储视为一个旨在服务于私人利益的卡特尔组织，本书超越了近来既有的批判（例如，Selgin，2012）。该批判表明，美联储较于先前的古典金本位制，未能实现其既定的降低价格波动和实际产出波动的目标。

弗里德曼和施瓦茨（Anna J. Shwartz）认为，美联储在20世纪30年代的政策太过于严厉，它的通缩政策立场是使一场"非常普通"的衰退转变为大萧条的主要原因。这一被广泛接受的观点在本书中受到了质疑。本书认为，美联储对经济蓄意采取的"通货再膨胀"措施才是导致经济坠落式陷入萧条的真正原因。本书还严格检视了美联储在1935年《银行业法》颁布前后导致1937—1938年"萧条中衰退"的角色，驳斥了对这一事件的公认解释。

针对美联储独立于政治影响之外这一神圣信条，根据有关这一主题的公共选择文献，本书对其加以详细的审视，并揭示出它不过是一个旨在误导公众的传说。此外，书中指出，在面对巨额政府预算赤字时，美联储的以利率为目标的政策形成了不可抗拒的激励，鼓励美联储将其货币政策顺应于政治考虑为基础的财政政策。本书运用现代组织经济学来分析美联储的内部微观架构，并论证道，要对利率及公开市场运作（更不用说像量化宽松和前瞻性指引这些非常规的货币政策）作出有效的决策，拥有某些信息或者面对某些激励因素就是必要的，即使美联储的政策制定者是自主行动的，他们也不掌握这些必要的信息或面对这些必要的激励因素。

最近，持新供给侧学说者提议采用一个名义锚，强制美联储以黄金价格为政策目标。而这一提议已经被收录进一项法案提交到众议院。本书认为，黄金价格目标制远非对美国普遍存在的货币失调的一种根本补救措施，它也是基于同样错误的货币假设，并会制造出与当前的通货膨胀目标制相同的麻烦。与名义锚相比，将美联储控制的美元法币向外国货币和商品货币（例如：金、银）开放竞争的真实锚定，才是更为可行的办法。本书表明，美联储对消费物价上涨的狭隘关注和对资产价格的有意漠视，是导致房地产和金融泡沫的首要原因，而正是这些泡沫注定的收缩引发了此次金融危机。本书直接批驳了正统叙事，指出美联储前主席本·伯南克在危机开始时滥用的大量非常规货币政策不仅从根本上改变了美联储在现代经济中的地位，还扭曲和延缓了经济从衰退中的复苏。

在编撰这本书的过程中，编辑并没有指望在一夜之间就彻底改变人们关于美联储接受已久、根深蒂固的看法。倒不如说，我们设法推动一场对美联储根本优劣势的批判性讨论。我们认为，这场讨论已经被耽误得太久，从而给美国和全球经济造成了极大的损害。

参考文献

Baum C (2013) Consumers tune out fed's inflation target (September). Available at http://www. bloombergview.com/articles/2013-09-13/consumers-tune-out-fed-s-inflation-target

Bernanke B (2004) The great moderation.http://federalreserve.gov. Retrieved 15 April 2011

Blinder A (1998) Central banking in theory and practice. MIT Press, Cambridge, MA

Blinder A (2004) The quiet revolution: central banking goes modern. Yale University Press, New Haven, CT

Blinder A, Yellen JL (2001) The fabulous decade: macroeconomic lessons from the 1990s. Century Foundations Press, New York

Brown B（2011）2013 The global curse of the Federal Reserve: how investors can survive and profit from monetary chaos, 2nd edn. Palgrave Macmillan, New York

Cecchetti SG, Schoenholtz KL (2011) Money, banking and financial markets, 3rd edn. McGraw- Hill Irwin, New York

Hoenig TM (2011a) Financial reform—post crisis? Speech at women in housing and finance. Washington DC, (February 23). Available at http://www.bis.org/review/r110224a.pdf

Hoenig TM (2011b) Statement before the house subcommittee on domestic monetary policy and technology United States house of representatives (July 26) with selected speeches. Available at http://www.kansascityfed.org/publicat/

speeches/072611hoenig.pdf

Hoffmeister P (2012) The fed, the financial crisis and monetary history: an interview with Dr. Allan Meltzer. Forbes (July 25). Available at http://www.forbes.com/sites/realspin/2012/07/25/the-fed-the-financial-crisis-and-monetary-history-an-interview-with-dr-allan-meltzer/

Huszar A (2013) Confessions of a quantitative easer. http://online.wsj.com (Novmber 11). Available at http://online.wsj.com/news/articles/SB10001424052702303763804579183680751473884

Mankiw NG (2010) Macroeconomics, 7th edn. Worth Publishers, New York

Meltzer A (2009) Reflections on the financial crisis. Cato J 29(1):25–30. Available at http://www. indytruth.org/library/journals/catojournal/29/cj29n1-3.pdf

Mishkin FS (2007) Monetary policy strategy. The MIT Press, Cambridge, MA

Mishkin FS (2010) The economics of money, banking, and financial markets, 2nd edn. Addison-Wesley, New York

Rasmussen Reports (2013) 74% Want to Audit the Federal Reserve (November 8). Available at http://www.rasmussenreports.com/public_content/business/general_business/november_2013/74_want_to_audit_the_federal_reserve

Romer CD (1986a) Spurious volatility in historical unemployment data. J Polit Econ 94:1–37

Romer CD (1986b) Is the stabilization of the postwar economy a figment of the data? Am Econ Rev 76:314–334

Rothbard MN (2002) A history of money and banking in the United States: the colonial era to world war Ⅱ. In: Salerno JT (ed). Ludwig von Mises Institute, Auburn, AL

Selgin GA, Lastrapes WD, White LH (2012) Has the fed been a failure? J Macroecon 34 (3):569–596

Sheehan FJ (2010) Panderer to power: the untold story of how Alan greenspan enriched wall street and left a legacy of recession. McGraw Hill, New York

Stock JH, Watson MW (2003) Has the business cycle changed? Evidence and explanations. Prepared for the federal reserve bank of Kansas City symposium. Monetary Policy and Uncertainty, Jackson Hole, Wyoming, 28–30 August. Available at http://www.kansascityfed.org/PUBLICAT/SYMPOS/2003/pdf/Stock-Watson.0902.2003.pdf

Taylor JB (2009) Getting of track: how government actions and interventions caused, prolonged, and worsened the financial crisis. Hoover Institution Press, Stanford, CA

Woodward B (2000) Maestro: Greenspan's fed and the American boom. Simon & Schuster, New York

Contents
目　录

美联储的历史渊源

大卫·豪登（David Howden）[①]

经济学家们对于采用市场导向的方案来供应商品和服务一般都持赞成意见，然而他们普遍认为有一个例外：货币（罗斯巴德，Rothbard，1991：2页；韦尔塔·德索托，Huerta de Soto，2012，导言）。这种看上去自相矛盾的观点带来了三个不幸的结果。首先，由于货币供应量被假定为由中央银行最优生产，货币经济学普遍视为一个外部变量。其次，由上一点推之，任何对中央银行控制下货币政策的改变，都被视作医治经济失衡的灵丹妙药。最后，因为中央银行掌管着这种灵药，它就被尊奉至经济"医生"的崇高地位，成了纠正企业家和投资者造成的失衡所必需的、受人高度尊重的角色。

全世界的中央银行都带着一种近乎无所不能的光环，因为它们是唯一能够将衰退中的世界从更严重萧条的命运中拯救出来的机构。没有哪一家中央银行比美国联邦储备系统（Fed）更能体现这种地位了。

美联储的起源被普遍视为对美国经济深思熟虑下的一种扩充。依据这种推理，美联储是一家应当始终掌管美国货币事务的机构，但只是在 20 世纪初才由政客和经济学家发现了这一点。从这一角度来说，美联储的出现与世界上所有其他中央银行有着同样的根源：纯属偶然。

然而，关于为什么会出现中央银行，还存在其他理论。最常见的说法包括：中央银行的出现是为了满足政府发行货币以偿还债务的需求（史密斯，

---

① 大卫·豪登
西班牙马德里市圣路易斯大学马德里校区
E-mail: dhowden@slu.edu

Smith，1936；塞尔金和怀特，Selgin and White，1999），私人银行业组成的卡特尔化力量（古德哈特，Goodhart，1988），或是私人清算所体系的国有化（戈顿，Gorton，1985）。这三种说法都很重要，它们都对中央银行的起源提出了质疑。

具体来说，如果中央银行的出现并不是对政府货币供应者的外在需求作出的回应，那么授予它们崇高的荣誉或许就不合适了。

在本章中，我会引领读者追溯美联储起源的历史。我将从1914年开始回顾：美联储的成立是对此前半个世纪以来美国银行业架构在法律和监管方面的一系列改革予以的回应。最后我将证明，这一系列改革最初是由美国各家银行在1837—1862年自由银行业时代所获得的不当法律特权所引发的。在那个时代，私营的竞争性发钞银行可以妥善地处理货币供应，如果没有部分准备金制度的法律特权，那个体系本可以持续下去，从而消除在60年后建立中央集权化的联邦储备系统的动机。

从清算所到中央银行

当联邦储备系统固化为法律时，其拥护者认为它不过是"清算所协会的一次进化发展"（廷伯莱克，Timberlake，1984：15页）。的确，《联邦储备法案》对当时美国货币体系的运营结构只作出了一项改变：将钞票发行权集中到了一家政府指定的垄断机构——美联储的手中。尽管其他功能大体上都早已被收入私营清算所，这种发钞权的垄断代表着权力主要集中于美联储之手。《联邦储备法案》的参议院发起人罗伯特·欧文斯（Robert Owens）甚至坦言："该法案……只是将迄今为止一直在非法操作的那些事合法化了"（美国议会纪要，1913：904页）。

欧文斯所说的那些"非法"活动，是指当时的私营清算所体系发行自家私营货币的行为。在银行危机期间，银行发生挤兑，存款人会把银行体系中的内生货币（他们的存款）赎回成现金。因为银行实行的是部分准备金制，这些挤兑可能会使那些缺乏足够准备金来兑现赎取要求的银行破产。为了应对这些无力偿债的状况，清算所体系发行了"只能通过清算所支付"的货币。

清算所发钞并没有得到法律的批准。在银行挤兑期间，由于法定货币供应不足，清算所体系则尽其所能地保护其各家成员银行，于是诉诸于这种可疑的手段。尽管这一做法明显违法，却"没有人想过要起诉或干预发行者"（安德鲁，Andew，1908：516页）。这一做法预防了大量破产和金融困境，于是立法机构对此也就睁一眼闭一眼，只要它没有变得太过普遍。

尽管《联邦储备法案》是在相当隐秘的条件下起草和讨论的（格里芬，Griffin，1994；罗斯巴德，1994），它的通过几乎没有引起公众抗议。如前所述，部分原因在于，法案对美国既有的货币格局没有作出什么大的改变。更重要的是，公众和银行势力实际上有理由要求通过这样的法案（巴格斯和豪登，Bagus and Howden，2012a：167页）。

从公众的角度来看，1913年美国银行体系的特征是在银行业危机期间频频暂停存款的赎取。由于货币供应"缺乏弹性"，当时遍布金融领域的部分准备金银行在赎取需求增加时，几乎没有什么增加基础货币供应的政策选项。无论对错与否，这种无能为力导致公众别无他法，除了欢迎联邦储备系统给货币供应量带来弹性——也就是在准备金枯竭的危急状况下增加货币供应量，保持银行流动性并安抚存款人的能力。实际上，在普通存款人看来，使流动性匮乏的银行具备偿付能力的这种货币供应量弹性，是出自各家私营清算所组成的体系，还是出自一家中央货币当局，并没有什么分别。在任何一种情况下的最终结果和目标都是：持续获取存款和减少毁灭性破产的威胁。

从政府的角度来说，《联邦储备法案》提供了一条消除金融领域中一项非法活动的途径。当时也有一个棘手的问题，任何不遵从法律的活动，都威胁到了政府及其法律的正当性，于是，以一种不会引起公众抗议的方式（如果不准清算所发行货币并任由各银行倒闭，抗议就会发生）消除不法行为，使政府对其司法管辖领域的控制权在表面上得到了改善。

该法案还要求由中央银行来充当政府的财政代理机构，这又进一步安抚了国会议员。与使用私人银行体系进行交易相比，对其财政代理的控制，不仅能节省一些成本，还能使政府更容易通过国债货币化来获得融资。实际上，中央银行的创设，就是为了回应政府的财政需要，这是一个关于各家中央银行起源由来已久的理论。就联邦储备系统而言，这虽然看起来是个有说服力的因素，但它实际上只是一种更迎合立法者，以便法案在国会通过的力量。

虽然一般公众和政府都有充分的理由创设一家中央货币当局，但看到一个行业强烈呼吁要实行政府垄断，往往还是会让人们感到吃惊。然而，从银行业的角度来看，与以前的状况相比，像中央银行这样一家协调机构，将使他们比以前能够获得更多更稳定的利润。当银行被准许以部分准备金的形式运作，借助存款资金来给新的投资提供融资时，银行业就实现了利润的最大化。然而不稳定性在滋生，除非这些银行能够同步地或者"协调一致"地这么做。

各家银行要想实现可持续的同步货币供应扩张，就需要它们像一家卡特尔那样运转——每家成员行和其他任何一家成员行，都以完全相同的速度进行扩张。为了不让各成员行觉得自身利益受到某一家成员行为了揽客而"作弊"的威胁，就需要一家更大的银行部门以正式的垄断来强化非正式的卡特尔。实际上，那些难以卡特尔化的行业，会屈服于诱使他们为确保更多利润而实行垄断的力量（罗斯巴德，1962：579 页）。美国政府通常很反感特定公司把持的卡特尔和行业集中化，但只要能将控制权掌握在自己手中，就非常乐意进行这种垄断了。

于是，三个利益方——政府、银行和存款人——都有动机将现有的货币体系国有化，交给联邦政府控制。私人清算所"生出"了联邦储备系统。

清算所的发展

如果联邦储备系统的创设，是为了让一个早就存在的银行体系合法化，那么了解这个银行体系是何种模样、如何产生，也就很有意义了。在美联储成立之前与之后，银行体系的共同之处，是存在强大的清算所体系。清算所在很大程度上指导着银行业的活动，并拥有着凌驾于个体银行之上的过大权力。

纽约清算所协会（New York Clearing House Association，NYCH）是美国第一家且仍然维持着最大规模的清算所[1]。NYCH 是在 1853 年为了解决纽约市各家银行之间复杂的清算过程而成立的，它承担的功能并不仅限于清算交易。它最显著的权力扩张之一，也是今天美联储运转中最明显的一项权力扩张，是受命缓解银行业的恐慌。

第一次这样的实验，发生在 1857 年恐慌期间。为了维持银行体系中的信心，各家成员银行决定，当一家银行面临暂停兑付硬币的局面时，他们可以向 NYCH 寻求流动性援助。NYCH 会发行贷款凭证来进行账户结算，从而为该银行省下本该用于结算的相应数额的货币。这些贷款凭证作为所有成员银行的共同负债而发行，因此将任何一家银行倒闭的风险，分摊给所有的成员银行。这种贷款凭证在银行业恐慌期间变得常见，它在 1873 年恐慌及随后直到 1907 年的每一次恐慌当中，都以较小面额被使用。

NYCH 贷款凭证的使用是一件简单明了的事情。需要货币的银行可以提交它们的部分资产作为抵押，换取只能在清算过程中使用的凭证。通过这种方式，银行可以将非流动性资产换为流动性资产，从而提升其流动资金头寸，并确保偿付能力。如果任何一家银行倒闭，提供的抵押品就将变得一文不值。按照 NYCH 在各家成员行之间设定的风险分担安排，所有余下的成员行将按照每家银行剩余的资产相对于所有其他成员资产的比例来分担损失（戈顿，Gorton，1985，280–281 页）。

虽然贷款凭证能够满足银行体系一时的流动性需求，它们最终还是不足

---

[1] 尽管纽约清算所协会并非本文所涉及的唯一一家清算所，一方面为简洁起见，另一方面也因为在当前研究中，这家清算所仍在持续运作，我将大体上专门集中讨论这家清算所。几乎所有与 NYCH 有关的事务，也适用于当时的其他主要清算所，如波士顿的萨福克银行（Suffolk Bank of Boston）。

以维持银行体系的平稳运行。

贷款凭证的第一项替代措施，就是将其使用范围扩大到一般公众。最初，贷款凭证仍限于通过 NYCH 在银行体系内部进行账户结算。这一发展发生于 1893 年和 1907 年的恐慌期间，小面额的贷款凭证也被用于向大众支付。向公众发行这种凭证创造了一种货币替代品，而这是一种非法活动（廷伯莱克，Timberlake，1984）。正是这种非法性，促使国会重新评估了清算所体系的作用和结构，也提供了一个废除其功能并移给美联储的理由。[①]

如果银行挤兑严重到连使用清算所的贷款凭证也无法抵挡时，银行就会采取暂停兑换的措施。向银行及个人发行的贷款凭证，与内部货币兑换为流通货币时所受到限制或暂停是息息相关的。随着清算所的规模扩大，仰赖于其政策的银行也就越来越多。这一点将我们带回到这个问题——为什么美国公众不反对货币体系集中掌握到国会手中——的首要原因：清算所贷款凭证和对（兑现）存款的限制之间的关联变得如此普遍，以至于公众欢迎美联储的成立，好取消这些暂停兑现的措施。（廷伯莱克，1984：14 页）。[②]

清算所凭证的先例

当清算所票据最初被用来遏制银行业恐慌时，美国的银行业已经面临着许许多多妨碍其稳定性的监管制度。对私人银行系统来说，当面临这些不稳定的监管，并缺少一个最后官方贷款人时，使用清算所凭证是确保其稳定性所能找到的最佳之选。使用这类凭证的先例发生于自由银行时期，一个银行业活动相对来说受到较少监管的时期，尤其是在 1857 年恐慌期间（廷伯莱克，1984：4 页）。自由银行时期，通常被描述为从 1837 年持续到 1862 年，有理由认为，它接近于自由放任（laissez-faire）的银行体系，如果任其自由

[①] 将向公众发行清算所凭证定为非法，这有一个好处。遭受法律惩罚的风险确保了这一选项只有在极端状况下才会用到，因此导致它的使用比合法化的情况下要少（霍维茨，1990：647 页）。

[②] 要注意的是，暂停兑付并不是美国自由银行时期所独有的特点。切克兰德（Checkland，1975，185 页）观察到："苏格兰（自由银行）体系是持续实行局部暂停兑付的体系之一。"

发展，这一体系可以有效运转并平息恐慌。

在经过几十年还算不错的运转后，俄亥俄人寿保险和信托公司（Ohio Life Insurance and Trust Company）8 月 24 日的倒闭引发了 1857 年大恐慌。这次恐慌的波及范围如此之广，以至于远在英格兰伦敦的马克思和恩格斯撰文将其定义为世界上首次全球性经济危机（1986，卷 28：xiii）。俄亥俄人寿的倒闭，通过银行业协会拖累到了其他俄亥俄银行，使其面临倒闭的威胁，（恐慌）甚至可能蔓延到毗邻各州（卡罗米瑞斯和施韦卡特，Calomiris and Schweikart，1991：808–810 页）。

詹姆斯·布坎南总统（James Buchanan）将恐慌归咎于当时流行的纸币体系，他尤其鼓励国会通过一项法令，规定如果一家银行暂停向其存款人兑付硬币，就没收它的执照（克莱因，Klein，1962：314–315 页）。虽然这看来似乎是行政分支的越权之举，但在十九世纪的美国，暂停存款的可兑换性"等同于不履行存款合同义务，并且违反了银行法"（戈顿和马利诺，Gorton and Mullineaux，1993：326 页）。由于无法动用暂停兑付的政策选项，各银行开始协调行动，尤其是在俄亥俄和印第安纳这些受到影响的州（卡罗米瑞斯和施韦卡特，1991）。然而值得注意的是，这种协调行动在某一重要方面，与过去有所不同。

以前在恐慌时，银行采取了削减贷款以增加其预防性准备金的惯常做法。而另一方面，清算所则推出了一个不同的方案，该方案并非对所有银行都有利。在这一替代方案下，银行会按照相应比例增加其贷款业务量。这样一来，清算所票据交换余额就会减少乃至消除，于是货币被进一步得到节约利用（梅耶斯，1931，97 页）。任何清算余额的不足都会通过发行贷款凭证来弥补。

在银行业恐慌期间，成员行会自愿将一些权利放弃给清算所，尽管这种放弃的某些反常之处是十分明显的（巴格斯和豪登，2012a：165 页）。

筹集储备金来给清算所贷款凭证做后盾，尽管从技术角度说是自愿的，但可想而知，各家银行机构并非一律愿意如此。审慎管理的、拥有较强流动性头寸的银行反对这种行为，称其"有失公允"，并指责这种集资"剥夺了他们因谨慎而获得的回报"（廷伯莱克，1984，4 页）。其结果是，当流动性变得稀缺时，实力强的银行补贴实力弱的银行。

清算所并没有止步于将成员行资产当成公共资金池来发行贷款凭证，它还制定了一项政策，根据它自己的评估来均摊准备金，将基础准备金作为"用来相互援助及保护的公共资金"（梅耶斯，1931：100 页）。这种资金统筹角色的效果是，它所允许的中央集权化程度甚至比一家"强大的中央银行"还要高（同上）。

我们之前将美联储的降生描述为将既有的非法银行体系合法化，也许有点过于轻描淡写了。在 19 世纪晚期的美国，清算所体系拥有的权力甚至比当时其他各家中央银行还要大。

例如，运用贷款凭证，使清算所"几乎在一切方面，都转化为一家中央银行，尽管没有发钞权，但在其他方面，比一家欧洲的中央银行还要强大，因为它几乎囊括了这座城市中银行业的所有权力"（斯普拉格，Sprague，1910：50–63 页，由廷伯莱克引述，1984，5 页）。谢菲尔德（Shenfield，1984，74 页）提出了更强烈的批评，他将总部位于波士顿的清算所萨福克银行描述为"一个成功的中央银行体系"。实际上，清算所已经变得如此重要，以至于人们几乎普遍认为，它们和欧洲的中央银行地位相当。无论是否有意设计，它们起到的作用以及所掌握的工具范围之大，就连其始作俑者都没有清楚地意识到（坎农，Cannon，1908：97 页）。

银行业的原罪

如果清算所贷款凭证的使用，迎来了一个权力越发集中到少数几家清算所的时代，那么我们也不妨问一问，为什么有必要使用这些凭证。有意思的是，尽管清算所的功能扩张及权力加强，都是发生在南北战争之后监管更为严格的时期，贷款凭证和资产池的最初使用，却出现于自由放任的自由银行时期。

大量关于自由银行制度的理论性文献提出，发行贷款凭证的原因——准备金上出现了流动性枯竭——是不该发生的。自由银行体系的一个特定理论结论是，它在部分准备金制度下能够有效运行，而不会在内部货币兑付为基础货币时遭遇准备金枯竭。很显然美国自由银行时期的情形并非如此。如果理论不能很好地解释现实，那么唯一的结论就是，该理论在某种程度上是错误的。

自由银行理论有两个关键误区，一是假设竞争性发钞行不会以一种不稳定的方式过度扩张信用，二是假设对内部货币的需求是稳定的。

首先，追求利润最大化的银行有着增加其信用发行的明显动机，不仅是为了保持绝对利润，也是为了保持相对利润。这只有当一个系统中的所有银行协调一致地行动才能实现，主要通过三种途径（巴格斯和豪登，2010，2012a）：（1）利用银行间借贷市场来替代准备金以掩盖非零清算余额（non-zero clearing balances）；（2）延长清算期，使清算余额最小化；（3）利用信贷扩张下储备资产的流动性表面上的提升来相应减少货币握存。在20年自由银行业时期的例子中，很明显借助清算所日益增强的作用而实现了第一种途径（巴格斯和豪登，2012a：164–165页）。第二种途径难以辨别，但没有证据排除这种可能（巴格斯和豪登，2012a：164–165页），而确实有一些证据指向延长了的清算期（诺曼等，Norman等，2006）。如果一致信贷扩张造成了信贷驱动的经济景气，最后一种途径就是显而易见的了。正如我们将会看到的，这是1857年大恐慌的代表性特征之一。

其次，自由银行业稳定性理论的另一误区，在于其所谓的"证据"：在这一体制下，货币需求是稳定的。关于稳定，经常有人宣称货币需求完全由对内部货币的需求所构成（例如：塞尔金，1988：54页）。事实上，这些理论家所犯的"循环论证"（petitio principi）错误，就是假设货币需求仅限于内部货币（例如：塞尔金，1988：37页、60页脚注18及其他多处），同时试图证明一个（货币需求中仅仅包含对内部货币需求的）自由银行体系会达到稳定。

当存款人怀疑他们的银行是否有能力兑现承诺，将内部货币兑换为流通货币时，恐慌就发生了。之所以出现这种局面，原因之一在于先前的信用扩张阶段是否导致了奥地利学派定义下的商业周期——没有储蓄支撑的货币扩张导致了不可持续的经济景气（米塞斯，Mises，1949；哈耶克，Hayek，1931；罗斯巴德，1962；加里森，Garrison，2001）。1857 年大恐慌之前的那些年，极好地契合了奥地利学派商业周期理论。

尽管俄亥俄人寿保险和信托公司的倒闭被证明是引发大规模恐慌的罪魁祸首，但美国经济的全面失衡在之前的景气时期就已经形成了。[①] 景气大约从 1852 年持续到 1857 年，其特征是普遍的信用扩张。私人银行准备金的减少和内部货币的增发推动了信用扩张。

关于 1857 年大恐慌的解释多种多样，但都围绕着银行投机这一主题。J. S. 吉布森（J. S. Gibbons，1859：2 页）将恐慌归咎于银行收缩贷款，其原因是纽约乡村银行的提取存款。D. 莫里尔·埃文斯（D. Morier Evans，1859）指责银行的过度投机，而 B. 道格拉斯公司（B. Douglass & Co.）认为，在本该是繁荣的经济时期之后，造成恐慌的是"由无关紧要的原因或对危机的误判引发的恐惧"（莫里尔·埃文斯，1859：122–134 页）。

在 1839—1843 年的紧缩时期，银行将他们的准备金率提高到了 29%。到 1857 年大恐慌之时，准备金率下降到了 13%，而货币供应量从 1.71 亿美元膨胀到 6.47 亿美元（查斯克，Trask，2002）。随着银行体系在 14 年时间里以每年 10% 的速度扩大了货币供应量，投机活动增加了。

根据奥地利学派商业周期理论，这种通货膨胀的一个明显结果是，人们越来越重视更长期的投资项目和消费支出。与这一时期相对应的铁路热引发

---

① 俄亥俄人寿的重要性可能被夸大了（卡罗米瑞斯和施韦卡特，1991：809 页）。它的倒闭是由其管理层的不当（或可能是欺诈）行为造成的，这对其他银行的债务仅造成微不足道的影响。它的灭顶之灾比其他银行的暂停兑付要早上一个月的时间。最后，那些与俄亥俄人寿有直接关联的银行——即它的代理银行——在它破产时得到了偿付，没有遭受损失。在大恐慌期间，俄亥俄州随后倒闭的银行只有一家。

了投机泡沫,特别是美国新开放的西部边疆的土地价格和房产价格。奥地利学派商业周期理论的标志性观点认为,在给定的储蓄数量下,这些投资最终会被证明是不可持续的。当这些投资被证实无法盈利,证券价格下跌,投资人担心银行兑现存款的能力,争相前往挤兑。以这样的方式,"西部铁路的颓势和西部土地的贬值,伴随着纽约城市银行的准备金耗尽,最终解释了恐慌的起源"(卡罗米瑞斯和施韦卡特,1991:819 页)。

1857 年大恐慌之所以引人关注,原因就在于支持自由银行业的文献认为这是一起不应当发生的事件。按照这类文献的说法,仅持部分准备金的私营发钞行应该有能力达到一种稳定的平衡,银行间的竞争可以避免过度发行钞票的不稳定。但事实当然并非如此,在大恐慌达到顶峰时,通货膨胀式景气的特征显而易见。

那么,银行业的"原罪"就不在于这一行业所呈现出的自由银行组织形式,而在于它基于部分准备金发行钞票的能力。这一法律特权让这些银行得以启动一场通货膨胀式景气,最终导致大范围的暂停兑付和银行破产。更值得注意的是,它还在银行业领域中引发了更多的干预,以纠正过去的问题。

结论

至此,我倒序回顾了联邦储备系统诞生的历史,向前追溯到 1837—1864 年界定了美国银行业格局的自由银行业时代。具体来说,允许银行以部分准备金的方式来为其贷款活动提供资金是一个错误。这一错误引发了银行业中一系列干预措施的不断扩张,以纠正过去发生的失衡,最终以 1914 年联邦储备系统的成立而告终。

现在,联邦储备系统起源的演化路径已被逆序描绘出来,依其发展历程以正序再重新叙述一下,或许会被证明是有益处的。

1. 1837—1864 年,美国银行业就被能够发行自家货币的各家自由银行所主导。法律还允许这些银行以部分准备金制度运营,这意味着其存款和贷款活动之间存在错配。

2. 到 1857 年，信用引发的景气，或者说奥地利学派定义下的商业周期，以银行业恐慌而告终。在这种信用引发的景气中，银行扩大信贷来资助美国西部扩张运动，主要是通过土地投机和铁路建设。当事实证明这些项目的利润低于预期时，投资者开始抛售，这给深受这些投机影响的银行资产负债表带来了损害。当存款人对过度扩张信用的银行是否有能力将其存款兑换为硬币产生疑问时，就进而引发了银行挤兑。

3. 在普遍无力偿付债务的威胁下，银行通过私营清算所联合起来，开始用清算所凭证来支撑流动性欠佳的成员。这些凭证由体系中的所有银行共同担保，并在清算交易中节约了紧缺的硬币。这些凭证最初在 1857 年大恐慌时被使用，当时并没有受到银行业的一致欢迎。那些遵循较为审慎的贷款操作、流动性需求不那么迫切的银行提出了反对，因为他们的资金被用来支持其有失慎重的竞争对手。要纳入清算所体系就必须参与其中，于是所有的银行都不得不参与，以免沦为行业的局外人。

4. 由于随后发生的银行业恐慌，清算所准备金的集中化有增无减，并有效地赋予了私营清算所像欧洲老牌中央银行一样多的权力。

5. 尽管清算所凭证的使用，确使流动性欠佳的银行在一段时间内得以维持，到 19 世纪末，更大规模的储备金枯竭，需要更进一步的应对措施。首先采取的替代措施，就是将清算所凭证延伸到一般公众。通过这种方式，准备金进一步得到节约，因为对于银行间交易的清算或者对公众的兑付要求来说，准备金不再是必要的了。向公众发行清算所凭证是不合法的。

6. 因为向公众发行清算所凭证不合法，这一做法很少使用。一项必要的补充措施就是暂停兑付，这样公众就无法将他们的存款兑换为硬币。存款人显然反对暂停兑换，就像他们也反对将清算所凭证当作货币替代品。

7. 1913 年的《联邦储备法案》就是试图将清算所体系已经在使用

的那些非法手段合法化。为此目的，法案的起草者们并不认为它改变了银行业的组织结构，而是用它来为以前受到质疑的做法（具体是指向公众发行清算所凭证以消除暂停兑付）提供法律认可。

8. 很少有行业会要求实行国有化，然而美联储的成立却没有受到明显的抵制。这是因为银行家们认为，与没有这样一家协调机构的情况相比，这是一种协调信贷发行活动、获取更可靠利润的方式。（他们也把美联储当成是一个可靠的最后贷款人来欢迎。）存款人认为它能终结恼人的、有时是痛苦的暂停兑付现象。政府认为它是一种通过终止非法银行行为，同时又不危及银行业偿付能力来维持法律合法性的方法。

9. 1913 年 12 月 23 日，国会出台《联邦储备法案》，1857 年大恐慌引发的一系列事件，最终以 56 年后美联储的出现而告终。

大多数关于中央银行起源的理论都把它们视为外生性的发展。通常来说，它们是对中央政府财政需求的反应。就美国的情况来说，这无疑是有一定道理的，美联储的出现是 1837—1864 年既有的私人自由银行体系的自然结果。

在文章结尾，我要探讨一下这种自然结果是否健康。成立美联储的理由是为了提供必要的流动性，以防银行业陷入恐慌。银行业恐慌基本上已经或多或少成了美国金融体系的常态，它源于自由银行时代的原罪：部分准备金制度。1837 年至 1864 年的私人和自由银行体系，在法律允许的情况下，可以在其存款基础上过度发放信贷，引发了空前严重的（奥地利学派定义下的）商业周期。伴随这着些周期而来、令准备金枯竭的挤兑，导致了更多的干预和监管，最后以联邦储备系统的成立而告终。

然而，联邦储备系统并不是医治信贷周期的灵丹妙药。事实上，有证据表明，自从美联储成立以来，商业周期变得更加频繁和严重（塞尔金等，2012）。如果美联储未能如最初预想的那样，成功地克服既有银行业的缺陷，那么另一种办法就是重新考虑对银行业进行改革。

部分准备金制度的原罪引发商业周期，导致了美联储成立。重新起草银行法，迫使银行持有 100% 准备金，将从根源上去除这种不稳定性，同时也不会加重银行部门的负担。信贷仍将以严格的定期存款（巴格斯和豪登，2012b：299 页）或股权交易的手段存在。让准备金枯竭的挤兑将成为历史，因为银行会持有充足准备金来应对任何可能发生的情况。

如果联邦储备系统的演化能说明什么，那就是：它的最终出现居于一个单一源头的错误的顶点。在我们回顾美联储成立 100 周年之际，它的历史表现问题占据了中央舞台。然而，一个更为重要的问题是，美联储的成立及其持续存在，是不是对于根源问题的恰当回应。对此，本文阐述了两个事实。首先，美联储是自由银行时代自然演进的结果，是对其既有问题的回应。其次，自由银行时代的商业周期和恐慌，是允许银行持有部分准备金这一法律特权的产物。鉴于第二条事实，联邦储备系统的诞生，是对于先前已有问题的错误回应。废除美联储并重新起草银行法以消除部分准备金的实践，不仅将缓解银行业恐慌和商业周期，还会消除由臆想中无所不能的联邦储备系统营造的稳定假象。

参考文献

Andrew AP（1908）Substitutes for cash in the panic of 1907. Q J Econ 22：497–516

Bagus P，Howden D（2010）Fractional reserve free banking: some quibbles. Q J Austrian Econ 13（4）：29–55

Bagus P，Howden D（2012a）Still unanswered quibbles with fractional reserve free banking. Rev Austrian Econ 25（2）：159–171

Bagus P，Howden D（2012b）The continuing continuum problem and future goods. J Bus Ethics 106（3）：295–300

Calomiris CW，Schweikart L（1991）The panic of 1857: origins, transmission, and containment. J Econ Hist 51（4）：807–834

Cannon JG（1908）Clearing houses and the currency. In：Seligman ERA （ed）The currency problem and the present financial situation. Columbia University Press，New York

Checkland SG（1975）Scottish banking: a history，1695–1973. Collins，Glasgow

Garrison RW（2001）Time and money: the macroeconomics of capital structure. Routledge，London

Gibbons JS（1859）The banks of New York，their dealers，the clearing house，and the panic of 1857. D. Appleton and Co，New York

Goodhart CAE（1988）The evolution of central banks. The MIT Press，Cambridge

Gorton G（1985）Clearinghouses and the origin of central banking in the United States. J Econ Hist 45（2）: 277–283

Gorton G，Mullineaux DJ 1987（1993）The joint production confidence: endogenous regulation and nineteenth century commercial-bank clearinghouses. In: White LH（ed）Free banking，volume Ⅱ: history. Edward Elgar，Aldershot，pp. 318–329（Reprinted）

Griffin GE（1994）The creature from Jekyll Island: a second look at the federal reserve. American Media，Westlake Village，CA

Hayek FA（1931）Prices and production. Routledge，London

Horwitz S（1990）Competitive currencies，legal restrictions，and the origins of the Fed: some evidence from the panic of 1907. South Econ J 56（3）: 639–649

Huerta de Soto J（2004）2012 Money，bank credit，and economic cycles，3rd edn. Ludwig von Mises Institute，Auburn，AL

Klein PS（1962）President James Buchanan. The Pennsylvania State University Press，University Park，PA

Marx K，Engels F（1986）Collected works of Karl Marx and Frederick

Engels: volume 28. International Publishers, New York

Mourier Evans D (1859) The history of the commercial crisis, 1857–1858 and the stock exchange panic of 1859. Groombridge and Sons, London

Myers M (1931) The New York money market: origins and development, Vol 1. Columbia University Press, New York

Norman B, Shaw RJ, Speight G (2006) The history of interbank settlement arrangements: Exploring central banks'role in the payments system. In: Paper presented at the Bank of England's past, present, and policy conference.The evolution of central banks: lessons for the future. Nov. 23–24

Rothbard MN (1994) The case against the Fed. Ludwig von Mises Institute, Aubrun, AL

Rothbard MN (1962) 2009 Man, economy, and state: a treatise on economic principles, 2nd Scholar's edition. Ludwig von Mises Institute, Auburn, AL

Rothbard MN (1991) 2010 What has government done with our money? Ludwig von Mises Institute, Auburn, AL

Scott Trask HA (2002). The Panic of 1837 and the Contraction of 1839—1843: a reasment of its causes from an Austrian perspective and a critique of the free banking interpretation. Working paper

Selgin GA (1988) The theory of free banking: money supply under competitive note issue. Rowman & Littlefield, Totowa, NJ

Selgin GA, White LH (1999) A fiscal theory of government's role in money. Econ Inq 37 (1): 154–165

Selgin GA, Lastrapes WD, White LH (2012) Has the Fed been a failure? J Macroecon 34 (3): 569–596

Shenfield A (1984) The Scottish banking system in the eighteenth and nineteenth century. In: Salin P (ed) Currency competition and monetary union.

Martinus Nijhoff Publishers，The Hague

Smith V（1936）The rationale of central banking. P.S. King and Son，London

Sprague OMW（1910）History of crises under the national banking system. Senate Document Number 538. 61st Congress，2nd Session，National Monetary Commission

Timberlake RH Jr（1984）The central banking role of clearinghouse associations. J Money Credit Bank 16（1）：1–15

United States Congress（1913）Congressional records of the 63rd congress，2nd session

Von Mises L （1949） 1998 Human action：Scholar's edition. Ludwig von Mises Institute，Auburn，AL

美国历史能为中央银行正名吗

小托马斯·E. 伍兹（Thomas E. Woods Jr）[1]

　　有一种反驳意见我们已经听过上千遍了：为什么在我们拥有联邦储备系统之前，美国经济遭受了一系列周期性的金融恐慌。废除美联储是一个不可思议的、荒谬绝伦的主意，因为中央银行家的明智监管一旦消失，我们就将再次被卷入一场可怕的金融旋涡；从这场旋涡中得到解救，应让我们心存感激而非自以为是。

　　当然，以上观点从表面看来颇有道理，但它在每一处细节上都是错的。在著名的美联储反对者、时任国会议员的罗恩·保罗（Ron Paul）被宣布担任众议院金融服务委员会国内货币政策小组委员会（House Financial Services Subcommittee on Domestic Monetary Policy）主席之后，我们多次在财经媒体上听到这类观点。美联储的辩护者都气疯了——一位拒绝卡通版美联储历史的人物，竟然要占据这么有影响力的位置？他必须成为受人嘲笑和奚落的对象。

　　传统观点大体如下：在没有中央银行或者它的小表亲——一家国家银行的情况下，我们曾一度频繁经历景气和萧条周期，然而自从联邦储备系统成立以来，经济就变得稳定多了。那些相信银行业的自由市场、反对卡特尔安排的人，显然是如此无知，或被意识形态蒙蔽了双眼，以至于从未听说或在内心信服过这样一句话就能概括的19—20世纪货币史。

　　现代学术对这一论点并不友好。主流经济学家开始承认，美联储成立之

---

[1] 小托马斯·E. 伍兹

美国阿拉巴马州奥本市路德维希·冯·米塞斯研究所，36832

E-mail：woods@mises.org

前那段时期中存在的所谓不稳定性被夸大了，同样被夸大的还有美联储成立之后的时代的所谓稳定性。巴拉克·奥巴马（Barack Obama）执政期间担任经济顾问委员会（Council of Economic Advisers）主席的克里斯蒂娜·罗默（Christina Romer）发现，国家经济研究局（National Bureau of Economic Research，NBER，成立于 1920 年，是美国最大的经济研究机构）所使用的数字和日期夸大了美联储成立之前经济衰退的次数和持续时间。这样做时，NBER 也高估了美联储对经济稳定的贡献。实际上经济衰退在美联储成立之前的时代并不比在美联储成立之后的时代更加频繁（塞尔金等，Selgin et al.，2010：18 页及之后）。

假如我们只将"二战"后的时期与美联储成立前的时代对比，从而将大萧条排除在美联储记录之外。在这种情况下，我们确实发现，在美联储成立之前的时代，经济萎缩要稍多一些，但正如经济学家乔治·塞尔金（George Selgin）所解释的，"它们的平均持续时间也要短三个月，而且并没有更严重"（塞尔金等，2010：20 页）。在美联储成立之前的时代，经济复苏的速度也更快，从顶峰到谷底的平均时间仅有 7.7 个月，而相比之下，"二战"后的平均时间为 10.6 个月。我们如果把美联储成立之前的时代延长为 1796—1915 年，经济学家约瑟夫·戴维斯（Joseph Davis）发现，这一时期内发生衰退的频次和持续时间，都与美联储时代没有显著差异。

但是，也许美联储有助于稳定实际产出（一个经济体在给定时期内生产的商品和服务总量，经调整以消除通货膨胀的影响），从而减缓了经济的波动？不是这样的。最近一些研究表明，两个时期（美联储成立之前与之后）的波动性大体相当，而且有些研究发现，一旦修正了错误数据，在美联储成立之后的时代，波动性更加强烈。在美联储成立之前，的确存在产出的起伏，但这不能归咎于缺乏一家中央银行。美联储之前的产出波动，几乎全都是由那些易影响到农业社会的供给冲击导致的（歉收等），而美联储之后的产出波动，则在更大程度上要归咎于货币体系的缺陷。[①]

著名经济学家、研究美国货币与银行史的历史学家理查德·廷伯莱克（Richard Timberlake）写道："正如货币历史所证明的……绝大部分的货币紊乱——十九世纪的银行恐慌和暂停兑付——都是法偿纸币超发的结果，而当时处于运转中的金本位制度，对其起到了缓解作用。"（廷伯莱克，2007：348页）干预主义所犯下的错误被归罪于自由市场，这不是什么新鲜事。

例如，1819年大恐慌，那个时代的人们大体上把它归咎于合众国第二银行的通货膨胀及随后迅速收紧的货币政策。[②]就像经常发生的那样，当国家充斥着凭空造出的货币时，正如大量目击者的证词所述，各种投机行为愈演愈烈。

在美国没有中央银行的那些年间（从1811年起，当合众国第一银行的特许状到期失效后，直到1817年），政府授予私人银行以特权，允许其进行信贷扩张，同时可以拒绝向要求提现的存款人兑付。换句话说，当存款人来到银行要求提取现金时，银行可以告诉他们没钱支付了，于是存款人不得不等上好几年——与此同时，银行仍得以继续营业。到1817年初，麦迪逊（James Madison）政府终于要求银行满足存款人的提现要求，但同时给实行通货膨胀政策的合众国第二银行颁发了特许状。这家银行随后主导了一场通货膨胀式的景气，最终在1819年造成灾难（罗斯巴德，1995：212页）。

那场不幸事件带来的教训——即当货币供应量随意增加之后又骤然减少时，经济会渡过一段狂热而不健康的历程——是如此明显，以至于连政治阶层都看出了其中的问题。这场恐慌坚定了许多美国政治家的硬通货观点。托马斯·杰弗逊（Thomas Jefferson）请他在弗吉尼亚立法机构的一位朋友引介他的"减少流通媒介的计划"，这是"蒙蒂塞洛的智者"（Sage of Monticello，对杰弗逊的敬称。——译者注）针对大恐慌拟出的应对方案。

[①] 更多引文参见塞尔金等（2010：9–15页）。

[②] 罗斯巴德对于这次恐慌的经典研究《1819大恐慌》（2007）。该书最初由哥伦比亚大学出版社于1962年出版。

该计划力图用 5 年的时间收回所有超出硬币的纸币，再将剩下的纸币收回，如数兑成硬币，从今往后，贵金属硬币就作为唯一的流通媒介。杰弗逊和约翰·亚当斯（John Adams）尤其青睐德斯特·图·特雷西（Destutt de Tracy）关于硬通货的《意志论》(*Treatise on the Will*，1815)，该书被亚当斯称为有史以来最好的经济学书籍（亚当斯说，书中关于货币的一章，捍卫了"我一生所持的观点"），而杰弗逊则为此书的英文版写了序言。[①]

1819 年大恐慌让某些政治人物对他们已经持有的硬通货观点更加坚定的同时，也使另外一些政治家转向了这一立场。孔蒂·雷格特（Condy Raguet）直到 1819 年之前都是一名通货膨胀政策鼓吹者。在见识到纸币通货膨胀造成的扭曲和不稳定之后，他迅速接受了硬通货理论，并写出了《货币及银行专述》(*A Treatise on Currency and Banking*，1839)——十九世纪最伟大的货币和银行论文之一。达维·克劳吉特（Davy Crockett）、未来的总统威廉·亨利·哈里森（William Henry Harrison）以及约翰·昆西·亚当斯（John Quincy Adams）似乎都（至少在当时）反对通货膨胀的银行；与奉行通货膨胀政策的合众国第二银行形成对比，亚当斯将实行硬通货政策的阿姆斯特丹银行（Bank of Amsterdam）奉为楷模。亚历山大·汉密尔顿（Alexander Hamilton）的门徒丹尼尔·雷蒙德（Daniel Raymond）——美国出版的首部经济学论著《政治经济思想》(*Thought on Political Economy*，1820)的作者，与汉密尔顿公开决裂，主张硬通货和 100% 硬币为依托的流通货币（罗斯巴德，1995：213–216 页）。

今天一提到 1837 年大恐慌，人们就纷纷怪罪安德鲁·杰克逊总统解散了合众国第二银行。最常见的说法是：没有一家国家银行来规制各州银行，那些在第二银行关闭后接收联邦存款的州立银行继续制造通货膨胀，并最终导致了 1837 年大恐慌以及 1839 年的另一次衰退。令人惊讶的是，这种标准

[①]　《1819 大恐慌》，212–214 页。也可参见罗斯巴德（2007：249 页）和鲁特雷尔（Luttrell，1975）。

诊断竟然部分具有奥地利学派的风格，因为它指责人为的信用扩张引发了不可持续的景气，并以萧条而告终。但是，当代评论家们指出，对该问题提出的解决方案，却是一家强有力的中央银行，这家银行对小金融机构有着隐性的监管权力。

来自特拉华州的参议员威廉·威尔斯（William Wells），一位拥护硬通货的联邦党人，从一开始就不相信：为了在那些不稳健的小银行中鼓励稳健的经营活动，最好的办法却是建立一家庞大的不稳健银行。"这个法案，"他在1816年指出，

出于行政部门之手，其表面目的是限制银行钞票的过度发行，可实际上却已经准备好对我们干一样的坏事，因为它本身不过就是一台印钞机罢了；从预防的角度来看，该法案构建的政策计划就像拉伯雷笔下那位因为怕雨而藏身于水中的主人公一样自作聪明（弗朗索瓦·拉伯雷，François Rabelais，文艺复兴时期法国文学家。——译者注）。据说病根出在各州的银行狂热，而治疗的方法却是给各州带来合众国的银行狂热（古格，Gouge，1833：83页）。

另一位拥护硬通货的美国参议员，纽约州的塞缪尔·提尔登（Samuel Tilden）也提出了类似的疑问。"怎么能指望一家在本质上依据相同原则构建的大银行，能够有效地监管那些小银行呢？难道扩大的权力要比有限的权力更不容易被滥用？难道集中的权力要比分散的权力更不容易被滥用？"（康奈尔，Cornell，1876：322页）。

那时的硬通货拥护者推荐了一个好得多的方案，叫作"独立国库"。该方案没有将联邦存款分配给有特权的州立银行，以便充当制造新一轮信贷扩张的基础货币。联邦存款由国库持有，完全处于银行体系之外。硬通货拥护者相信，联邦政府为不稳健的部分准备金州立银行体系提供了支持（并向其提供虚假的合法性），其手段是：（1）将联邦存款分配给州立银行；（2）缴

税时接受州立银行的纸币；（3）将这些纸币再度支付出去。正如廉·古格（William Gouge）所写道：

> 如果政府的运作能够与银行的运作完全分离，那么这个体系的弊病将减少一半。如果政府既不将公共资金存入银行，也不从银行借款；如果政府在任何情况下都不接受银行钞票，也不用银行钞票来支付，银行就会成为纯粹的商业机构，而它们的信用和权力就会更接近于和私人商家持平。（古格，1833：113 页）

当代中央银行的反对者时而被描绘成反市场、反产权的民粹主义者。"上一回我们有一家中央银行的时候，"罗恩·保罗的一位批评者在 2010 年写道，"它的拥护者是保守的、支持硬通货的商人，而它的反对者是次级（subprime）借款人和贷款人，这些反对者让杰克逊总统相信第二银行正在阻碍国家的发展"（迪斯蒂法诺，DiStefano，2010）。稍后我们就会发现，这真是大错特错。但我们这位批评者从这个谬误进而得出一个错误结论：往日就如今时，市场经济的支持者就应该是中央银行的支持者。

可以肯定的是，合众国第二银行的反对者并非铁板一块，即使今天，中央银行的批评者中，既有人谴责它滥发货币，也有人批评它的所谓悭吝。不过，总体来说，反对第二银行的斗争是一场针对政府特权纸币制造者的自由市场硬通货运动。"对第二银行的抨击"，杰夫·胡梅尔（Jeff Hummel）教授在他的文献评论中总结道，"是向着自由放任的金属货币体系迈出的完全理性和高度开明的一步。"（胡梅尔，Hummel，1978：161 页）

事实上，在那整个时期内最重要的货币理论家威廉·古格（William Gouge），是一位反抗中央银行的硬通货拥护者；他认为这两种立场在逻辑上是协调一致的，实际上是不可分割的。"为什么要费尽心思设计一种新形态的纸币银行业务呢?"古格问道，"宁愿要虚假货币也不愿要真实货币的经济体，充其量，就好比宁愿要一艘漏水的船也不愿要一艘坚固的船的航行者"（古格，1833：230 页）。他向美国人保证，"假如合众国银行不存在的话，太阳将照样照耀，溪水将照样奔流，大地的物产将更加丰饶"（古格，1833：203 页）。当古格去世时，保守派的《银行家杂志》（*Banker's Magazine*）将他的硬通货著作《纸币和银行业简史》（*A Short History of Paper Money and Banking*）称为"非常有力而清晰地揭示了银行业的原则和美国银行机构所犯下的错误。"（《银行家杂志》，1863：242 页）

另一位支持硬通货、反对国家银行的重要人物是威廉·莱格特（William Leggett），纽约的一名颇具影响力的杰克逊派社论撰稿人，他令人难忘地呼吁"银行与国家之间的分离"。经济学家劳伦斯·怀特（Lawrence White）编纂了莱格特的大量重要著作，并将他誉为"杰克逊式民主的自由放任派的知识领袖"（怀特，1984：xi）。他谴责了这家中央银行的反复扩张与收缩以及这种操纵行为带来的经济动荡。

莱格特在 19 世纪 30 年代指出，1819 年大恐慌同样是由于银行的这种行为所造成的。"在 1819 年那场广泛而严重的灾难来临的两三年之前，合众国银行没有对通货加以管束，反而大肆滥发货币，使得商业和投机行为异常活跃（莱格特，1984：66 页）。莱格特继续写道：

> 并不用细思那些可能已经开始从人们记忆中褪去的事件，让我们回顾一下合众国银行在 1830 年管理通货的方式，在那短短 12 个月时间内，它把货币供应从四千万美元扩大到七千万美元。这一巨量扩张，对这个国家商业条件下的任何具体环境来说，都是完全没有必要的，随之而来则是通货膨胀所导致的必然后果。商品和股票价格暴涨、投机活动猖獗、大量企业兴办、运河开挖、铁路项目上马，整个国家的商业活动被刺激到不自然的、无效益的活动中去（同上，68 页）。

在后来的危机中，各家银行被允许暂停兑付硬币（这是用来描述法律允许银行在客户前来提现时拒绝向存款人交出他们所存金钱的一种花哨说法），同时允许它们继续经营。人们知道可以依靠政府以这样的方式来救助银行，这就造成了一个挥之不去的道德风险问题，又会影响到银行将来的行为。

在回顾后来的1837年大恐慌时，莱格特批评了制造虚假信用的行为：

这种突然而惊人的通货膨胀，其已经发生、必然会发生的后果是什么？最不健康的商业活动受到激励；过量产出大批的机器产品；以各种方式和名目对价值虚高的房地产进行投机；最终，当大量虚假信用掩盖下奸诈不实的基础瓦解时，就会发生大规模的、骇人的经济崩溃，整个经济结构轰然坍塌，成千上万陶然于其幻想之中高度安全的人，被埋葬在废墟底下。如今的人们，在晚上睡觉前自以为很富有，早上醒来时却发现自己连原本真正拥有的一点财产都被剥夺了。他们，这些受到蛊惑的生灵，寄希望于银行持续的慷慨大方。银行打动人心的恳求，引诱他们走上了投机的不归路。但他们现在必须明白，愿意帮他们的银行无力相助，有能力帮他们的银行无心相助。银行在无人需要帮忙时大方地施以援手，而如今，在那些若非他们大肆引诱就不会开展的项目捉襟见肘之时，却再也不会提供更多的财力（同上，98页）。

关于1837年恐慌的结束，莱格特补充道：

任何在过去三年内清醒地观察了事态发展的人，一定已经预见到如今存在的局面……他将看到，银行……竭尽所能、相互效仿着，把他们发行的钞票推向流通，使其四处泛滥。他将看到，他们说尽各种诱惑性的甜言蜜语，怂恿人们接受他所自愿奉上的援金，通过这种方式，他们挖空心思地刺激，逐渐燃起人们投机的渴望，直到它发展成一种意乱神迷的狂热。在这一时激情的感染之下，人们争先恐后地投身于各种孤注一掷的冒险。他们在没有商业需求的地方挖掘运河，在没有旅客愿意通行的地方开辟道路，在荒无人烟的地方建造城市（同上，97 页）。

接下来的 1857 年大恐慌，是根源于信用扩张的五年景气的结果。在那十年中，资本密集程度最高的行业——铁路建设和矿业公司——在景气时期的扩张幅度最大。各州政府甚至为铁路债券提供担保，承诺说：如果铁路公司不兑付这些债券，州政府将代为清偿（韦尔塔·德索托，2006：484–485 页）。

詹姆斯·布坎南总统并没有徒劳地试图让经济再次通货膨胀。他在其首次年度报告中指出："很显然，我们目前的不幸完全来自自我放纵和缺陷重重的纸币和银行信用体系。"尽管货币供应量降低、利率升高、政府开支没有增加、公司和银行没有得到救助，经济却在六个月内就恢复了。但布坎南警告美国人，只要当前这种无节制的银行信用体系还在盛行，我们以往历史上存在的周期性动荡就一定会时常卷土重来（查斯克，2003）。

在他的国情咨文中，布坎南构想了一道针对各家银行的联邦破产法案，暂停兑付硬币非但（也就是他们未能满足其存款人的提款要求）得不到法律的准许，而且银行如果不能兑现自己的承诺，实际上就会被关闭。"如果他们事先知道暂停兑付硬币将不可避免地导致其丧失民事权利，自我保护的本能就会对银行业务产生有益的约束。"

直到最近，人们还习惯于将 19 世纪 70 年代称为美国的"漫长的萧条"时期。而当代的共识认为，根本就不存在什么"漫长的萧条"。甚至连《纽约时报》最近都报道说：

经济史学家最近对 19 世纪的数据进行了细节的重建，结果显示，19 世纪 70 年代的萧条不存在：事实上，除了 1873 年的短暂衰退之外，那十年实际上可能是美国历史上持续增长且增速最快的时期。就业强劲增长，快于移民的速度；食品和其他商品的消费也全面上升。按照人均计算，几乎所有的产出指标都有了惊人的提高。到了那个十年的末期，人们住得更好，穿得更好，生活在面积更大的农庄里面。百货商店甚至在中等城市也大量涌现。美国正在转变为世界上第一个大众消费型社会。（莫里斯，Morris，2006）

此外，那些对农产品价格下跌感到恐慌的农民，一开始并没有注意到其他商品的价格下跌得更快。19世纪70年代，美国农民的贸易条件（the terms of trade，此处指农民单位产出与其所能换得的其他商品之比。——译者注）有了显著的改善。

至于历史学家，似乎被平均每年下降3.8%的消费价格统计数据所愚弄了。按照传统思维，价格下跌和萧条是紧密相关的——其实不然——于是他们得出结论说，那肯定曾经是一个严重的萧条期。南北战争时期被遗弃的金本位在1879年得以恢复，19世纪80年代也同样是一个经济大繁荣的时期，实际工资上涨了20%。

美国内战后的恐慌，很大程度上要归咎于很多州实行的单一制银行管制。这一管制禁止银行以任何形式开设分支行。每家银行都仅能开设一家营业场所，就不可避免地变得脆弱而缺乏多样性。加拿大直到1934年，都没有设立一所被权势阶层（the establishment）迷信为万能灵丹的中央银行，尽管如此，它也不曾经历过一次银行恐慌。正如米尔顿·弗里德曼乐于指出的那样，在大萧条期间，当美国有9000家银行倒闭的时候，加拿大却没有一家银行破产，那里的银行体系没有遭到这些管制的破坏。

此外，如查尔斯·卡罗米瑞斯（Charles Calomiris）所指出的那样，在美联储成立前的恐慌中银行倒闭率较低，存款人的损失也较小。在1893年恐慌中，存款人的损失仅占GDP的0.1%，而这是那些恐慌中银行倒闭及存款人损失最严重的一次。相比之下，在中央银行时代，仅仅是在过去的30年间，全世界就发生了20次导致存款人损失超过GDP的10%的银行危机，其中有一半的危机造成的损失超过GDP的20%（卡罗米瑞斯，2009：11页，36页）。

因此，仅仅从经验的角度来说，支持美联储的理由也比其拥护者所承认或意识到的要薄弱得多。然而，就像在很多其他领域一样，人们条件反射般地，把批评现状的规劝斥为奇思怪想，把别开生面的选择贬作不可思议。但是，它们之所以不可思议，恰是由于我们任由时髦的观点阻止了自己的深入思考。我们故步自封，把选择局限于形形色色的国家统制论（statism）。终结美联储的运动是我们为冲出困境而迈出的惊人且最受欢迎的第一步。

参考文献

Bankers' Magazine（1863）Death of William M. Gouge. September

Calomiris CW（2009）Banking crises and the rules of the game. NBER working paper 15403

Cornell WM（1876）The life of Hon. Samuel Jones Tilden. Lee & Shepard，Boston，MA DiStefano JN（2010）Kill off the Fed? History provides lessons. Philadelphia Inquirer，12 Dccmber. http：//articles.philly.com/2010-12-12/business/25293254_1_central-bank-stock-market-financial-crisis

Gouge WM（1833）A short history of paper money and banking in the United States. T.W. Ustick，Philadelphia，PA

Huerta de Soto J（2006）Money，bank credit，and economic cycles（trans：Melinda A. Stroup）. Ludwig von Mises Institute，Auburn，AL

Hummel JR（1978）The Jacksonians，banking，and economic theory：a reinterpretation. J Libertarian Stud 2：2

Leggett W（1984）Bank of United States. In：White LH（ed）Democratick editorials：essays in Jacksonian political economy. Liberty Fund，Indianapolis，IN

Luttrell CB（1975）Thomas Jefferson on money and banking：disciple of David Hume and forerunner of some modern monetary views. Hist Politi Econ 7：156–173

Morris CR（2006）Freakoutonomics. New York Times，2 June

Rothbard MN（1995）Classical economics：an Austrian perspective on the history of economic thought, volume 2. Edward Elgar, Brookfield, VT

Rothbard MN（2007）The panic of 1819：reactions and policies. Ludwig von Mises Institute, Auburn, AL

Selgin G, Lastrapes WD, White LH（2010）Has the Fed been a failure? Cato Institute Working Paper

Timberlake RH Jr（2007）Gold standards and the real bills doctrine in U.S. Monetary Policy. Independent Review 11

Trask HAS（2003）Reflation in American history. Ludwig von Mises Institute daily article, 31 October

White LH（1984）Foreword. In：Leggett W（ed）Democratick editorials：essays in Jacksonian political economy. Liberty Fund, Indianapolis, IN

本·伯南克，中央银行家中的罗斯福

罗伯特·P. 墨菲（Robert P. Murphy）[①]

　　很多经济学家认为，富兰克林·罗斯福（Franklin Roosevelt）著名的"新政"（New Deal）加剧并延长了他从赫伯特·胡佛（Herbert Hoover）那里接手的大萧条，他们给出了种种理由，有的（例如：墨菲，2009）面向业余人士，有的（例如：科尔和奥海宁，Cole and Ohanian，2004）面向专业经济学家。然而，除了"新政"中具体计划本身的缺陷以外，罗斯福的遗产还包括一项根本转变（无论这一转变是好是坏），即美国人如何看待联邦政府在经济事务中所扮演的角色。用罗伯特·希格斯（Robert Higgs）的术语来说，大萧条是又一例利维坦式国家扩权的"棘轮效应"（ratchet effect）：从表面上看，政府是为了应付紧急状态而扩张，但永远不会恢复到危机之前它的规模。如今，大多数美国人想当然地以为，联邦政府应该在对抗经济衰退、监管金融部门以及提供退休保障收入方面发挥重要的作用，而这些态度本身就是新政及与之相关的神话所造成的结果。

　　按照同样的模式，联邦储备委员会主席本·伯南克（Ben Bernanke）利用 2008 年国际金融危机及随后的"大衰退"（Great Recession），在美联储采取了一系列不寻常的行动，而这些操作在危机之前是不可想象的。当压低利率（更具体而言，联邦基金利率）的调节杆被推到极限时，美联储采取了一种新的"量化宽松"策略，将重点置于美元购买力而非利率水平。与此同时，美联储大幅调整它资产购置的性质。此时美联储不再执行教科书式的

---

　　① 罗伯特·P. 墨菲

　　美国田纳西州纳什维尔市罗伯特·P. 墨菲咨询公司，37212

　　E-mail：rpm@ConsultingByRPM.com

"公开市场操作"去购买政府债券，而是通过定向的购置，积极地对特定经济部门发起援助，这一行为可以说是非法的，也绝对是史无前例的（梅拉，Mehra，2010）。

就像对新政一样，我们也可以因为这些具体政策给经济带来的有害影响来批评它们。但在更普遍的意义上，我们还可以记录人们对于美联储的权力有怎样的理解和预期。例如，看到美联储（不是联邦政府）在2008年9月救助了美国国际集团（AIG），又将目标转向援助抵押贷款支持证券市场之后，有人就会想知道伯南克是否会突然出手解救身处困境的州和地方政府债券市场（布兰奇福劳，Blacnchflower，2010；梅洛伊，Melloy，2010）。

也许这会让一些人感到惊讶，拥护美联储采取更大力度的行动来促进经济复苏的主要倡导人士之中，有自诩为米尔顿·弗里德曼（Milton Friedman）的追随者——所谓"市场货币主义"的思想学派，其代表人物是斯科特·萨姆纳（Scott Sumner）、大卫·贝克沃斯（David Beckworth）和比尔·伍尔西（Bill Woolsey）（贝克沃斯，Beckworth，2012）。然而，尽管外行人会把米尔顿·弗里德曼的货币主义与放手不干预经济衰退的政策联系到一起，但市场货币主义者都认可这一观点：弗里德曼十分引人注目地将大萧条的加剧归咎于美联储在20世纪30年代初的不作为（弗里德曼与施瓦茨，1963）。

具体而言，弗里德曼和施瓦茨（1963）认为，美联储已经确立了其作为最后贷款人的地位，取代了私营部门中的类似机构（例如：J. P. 摩根在1907年恐慌期间对一些有偿付能力但缺乏流动性的银行有选择性地施以援手）。而在20世纪30年代初，当金融部门遭遇到大规模的银行挤兑潮时，美联储并没有购买足够多的资产（提高总准备金），以补充公众从商业银行体系中提款造成的存款流失。在部分准备金银行体系中，美联储这一畏首畏尾造成的结果就是广义货币总量（如 M_2）在1929年到1933年骤然暴减了约三分之一，而弗里德曼和施瓦茨认为，这就是造成现今被称为"大萧条"的那次危机如此严重的主要原因。用他们自己的话来说：

[1929—1933 年]货币存量急剧下降、银行恐慌空前严重，并不是其他什么经济变化不可避免的后果。这一切并不意味着联邦储备系统缺乏阻止萧条发生的力量。在整个紧缩过程中，整个体系拥有足够的力量来缩短货币紧缩和银行倒闭的悲惨过程。假如联邦储备系统在 1930 年底，哪怕是在 1931 年初或年中有效地行使了这些权力，那么随后的流动性危机——回顾起来，这是经济萎缩的显著标志——就几乎肯定可以避免，货币存量也不会减少，或者说实际上可以增加到任何理想的程度。这些行动本可以缓解紧缩的严重程度，并且很有可能提前终止这场危机。（弗里德曼与施瓦茨，2008，8 页）

与早期货币主义者对于"大萧条"的立场以及当代市场货币主义者对于"大衰退"的立场相反，奥地利经济学派认识到了相对资产价格的重要性。奥派的分析揭示了为什么美联储救助特定市场的定向干预措施在经济上是有害的，这不仅因为它增加了一般物价通货膨胀的威胁，更因为它破坏了资产价格信号的有效性，从而错误地配置了资源。

伯南克非同寻常（且合法性存疑）的干预措施

圣路易斯联邦储备银行提供了一份金融危机期间各个事件和各项政策行动的时间顺序表。表 1 列出了主要政策创新的简要清单，表中第二列的说明文字直接引自圣路易斯储备银行的时间顺序表（粗体是作者加上去的）。

表 1	金融危机期间各个事件的时间表
日期 （年 / 月 / 日）	行动
2007−12−12	美国联邦储备委员会宣布设立定期拍卖工具（TAF）：**将固定数额的定期资金在多种抵押品的担保下拍卖给存款机构。**联邦公开市场委员会（FOMC）批准了与欧洲中央银行（ECB）和瑞士国家银行（SNB）之间的临时互惠货币安排（货币互换）。

续表

日期 （年/月/日）	行动
2008-3-11	联邦储备委员会宣布设立定期证券借贷工具（TSLF），将以**联邦机构债券、联邦机构住宅抵押贷款支持证券（MBS）、评级为 AAA/Aaa 级的私营机构发起的住宅 MBS 和其他证券为抵押**，借出最高两千亿美元的 28 天期限国债。
2008-3-16	联邦储备委员会设立了一级交易商信贷工具（PDCF），以各种投资级证券为抵押，向一级交易商按基本贷款利率提供信贷展期。
2008-3-24	**纽约联邦储备银行宣布，将向摩根大通公司（JPMorgan Chase & Co.）提供定期融资，以促成其收购贝尔斯登公司（The Bear Stearns Companies Inc.），成立一家新的有限公司（梅登路，Maiden Lane）**，由其控制贝尔斯登的 300 亿美元资产，用该资产作抵押，按基准利率向纽约联邦储备银行获得 290 亿美元定期融资。摩根大通将承担这一投资组合中任何损失的前 10 亿美元损失。
2008-5-2	**联邦公开市场委员会扩大了**适用于二类的定期证券借贷工具（Schedule 2 TSLF）拍卖要求的**合格抵押品清单**，除了已经合格的住宅与商业抵押贷款支持证券和机构抵押贷款债券之外，还包括了 AAA/Aaa 评级资产支持的证券。
2008-6-13	如有必要，**联邦储备委员会授权纽约联邦储备银行向联邦全国抵押贷款协会（房利美，Fannie Mae）和联邦住房贷款抵押公司（房地美，Freddie Mac）提供贷款。**
2008-9-14	联邦储备委员会扩大了一级交易商信贷工具（PDCF）抵押品的清单，将两家主要清算银行的三方回购体系中任何可抵押的抵押品包括在内。在此之前，PDCF 抵押品的范围仅限于投资级债务证券。委员会也扩大了定期证券借贷工具（TSLF）可接受抵押品的清单，涵盖了所有的投资级债务证券、增加了二类 TSLF 拍卖的频率，并将总额度提升到 1 500 亿美元。**委员会还通过了一项临时性的最终条例，为《联邦储备法案》第 23A 条提供了暂时的例外情况，允许被保险的存款机构为其附属机构提供流动性，尤其是用于购买一般由第三方回购市场融资的资产。**
2008-9-16	联邦储备委员会授权纽约联邦储备银行依照《联邦储备法案》第 13 条第 3 款向**美国国际集团（AIG）提供高达 850 亿美元的贷款。**
2008-9-18	联邦公开市场委员会将现有的货币互换额度扩大了 1 800 亿美元，并批准了和日本银行、英格兰银行和加拿大银行之间新的货币互换额度。
2008-9-19	联邦储备委员会宣布创立"资产支持商业票据货币市场共同基金流动性工具"（AMLF），以基准信贷利率向美国的存款机构和银行控股公司提供无追索权贷款，**用于资助购买来自货币市场共同基金的优质资产支持的商业票据**。联邦储备委员会还宣布了向一级交易商购买联邦机构贴现票据（房地美、房利美和联邦住房贷款银行发行的短期债券）的计划。
2008-9-21	联邦储备委员会批准了高盛（Goldman Sachs）和摩根士丹利（Morgan Stanley）成为银行控股公司的申请。

续表

日期 （年／月／日）	行动
2008-9-29	联邦公开市场委员会（FOMC）批准扩大了与加拿大银行、英格兰银行、日本银行、丹麦国家银行、欧洲中央银行、挪威银行、澳大利亚储备银行、瑞典中央银行和瑞士国家银行之间3 300亿美元的货币互换额度，当前的未清偿货币互换总额为6 200亿美元。
2008-9-26	联邦储备委员会宣布，**美联储将参考联邦基金目标利率的平均值，为存款机构的法定准备金和超额准备金支付利息**，其中法定准备金利率比平均值低10个基点，超额准备金利率比平均值低75个基点。
2008-10-7	联邦储备委员会宣布**设立商业票据融资工具（CPFF）**：通过一个特殊目的载体（SPV）从合格发行商处购买3个月期无担保、资产支持的商业票据，从而**为美国商业票据发行商提供流动性支持**。
2008-10-10	美国联邦储备委员会和财政部宣布重组政府对AIG的金融支持……联邦储备委员会还授权纽约联邦储备银行为AIG设立两项新的贷款工具：住房抵押贷款支持证券（MBS）工具将向一家新成立的有限责任公司（LLC）提供最高225亿美元的贷款，用于向AIG购买MBS；**债务抵押证券（CDO）工具将向一家新成立的LLC（梅登路第三责任有限公司）提供最高300亿美元的贷款，用于向AIG购买CDOs**。
2008-10-21	联邦储备委员会授权纽约联邦储备银行向美国国际集团（AIG）借入最高378亿美元的投资级固定收益证券，回报以现金抵押。（指联储银行向AIG借证券，然后给AIG现金，交易的实质是给AIG发放贷款。——译者注）
2008-10-21	联邦储备委员会宣布设立货币市场投资者融资工具（MMIFF）。运用这一工具，纽约联邦储备银行向一系列特殊目的载体提供优先担保基金，以便从合格投资者（比如美国货币市场共同基金）手中购买资产。该工具将**购买的资产中包括以美元计价的定期存单和**由高评级金融机构发行的、为期不超过90天的**商业票据**。
2008-10-23	美国财政部、联邦储备委员会和联邦存款保险公司（FDIC）联合宣布与花旗集团（Citigroup）达成协议，为花旗集团提供一揽子担保、流动资金和资本。花旗集团将向财政部和FDIC发行优先股以换取保护，以预防花旗集团所持3 060亿美元商业及住宅证券出现损失。**美联储将以无追索权贷款来支持资产池中的残余风险**。
2008-10-29	联邦公开市场委员会（FOMC）还与巴西中央银行、墨西哥银行、韩国银行和新加坡金融管理局之间各设立了高达300亿美元的互换额度。
2008-11-25	联邦储备委员会宣布设立**定期资产支持证券借贷工具（TALF）**，运用此工具，纽约联邦储备银行将以无追索权的形式提供最高2 000亿美元的贷款，用来**支持AAA评级资产支持证券持有者、最新发放的消费和小企业贷款**。

续表

日期 （年/月/日）	行动
2008-11-25	**联邦储备委员会宣布了一项新计划，向与住房相关的政府发起企业（GSE）——房利美、房地美和联邦住房贷款银行——购买直接债务**，并购入这些 GSE 担保的抵押贷款支持证券（MBS）。对最高 1 000 亿美元 GSE 直接债务的购买，将由在联邦储备系统一级交易商中的拍卖来实施。对最高 5 000 亿美元 MBS 的购买，将由资产管理公司来操作。
2008-12-22	联邦储备委员会批准美联信集团（CIT Group）成为银行控股公司的申请。美联信是一家市值 810 亿美元的金融公司。委员会援引 "影响金融市场的不寻常及紧急情况"，以便尽快处理美联信的申请。
2009-01-16	美国财政部、美联储和联邦存款保险公司（FDIC）宣布为美国银行（Bank of America）提供担保、流动性和资金等一揽子援助计划。美国财政部和 FDIC 将与美国银行达成亏损分担协议，以 1 180 亿美元贷款、证券和其他资产组合换取优先股。此外，如有必要，**美联储将提供无追索权贷款，以支持资产组合中的残余风险**。
2009-1-30	**联邦储备委员会宣布一项政策**，旨在**避免**联邦储备银行所持有、控制或占有的某些住房抵押信贷资产发生本可以预防的抵押品赎回权丧失。
2009-2-10	联邦储备委员会宣布，准备将定期资产支持证券借贷工具（TALF）扩增至一万亿美元，将合格抵押品的范围扩大至包含 AAA 评级的商业抵押贷款支持证券、私人住宅抵押贷款支持证券和其他资产支持证券。
2009-3-18	联邦公开市场委员会（FOMC）投票决定将**有效联邦基金利率的目标区间维持在 0~0.25%**。此外 FOMC 决定，**通过额外购买 7 500 亿美元的机构抵押贷款支持证券，增加美联储的资产负债表规模**，使其所购买的此类证券总额达到今年的 1.25 万亿美元，并于今年增加购买机构债务最高达 1 000 亿美元，使其总额达到最高 2 000 亿美元。FOMC 还决定在未来六个月内购买最高 3 000 亿美元的长期国债，以帮助改善私人信贷市场的状况。最后，FOMC 宣布预计将扩大定期资产支持证券贷款工具（TALF）的合格抵押品范围。
2009-3-19	联邦储备委员会宣布扩大定期资产支持证券贷款工具（TALF）的合格抵押品范围，包括由抵押贷款服务预付款、与商业设备相关的贷款或融资租赁、车队融资租赁和零售库存抵押贷款支持的资产支持证券。

资料来源："金融危机：各个事件与各项政策行动时间顺序表"，路易斯安那联邦储备银行，刊载网址：http://timeline.stlouisfed.org/index.cfm?p1/4timeline。获取时间为 2013 年 7 月 26 日。

表 1 所列出的具体时间线持续至 2009 年 4 月。在此日期之后，美联储

采取了两项主要措施，包括在 2011 年 9 月 21 日[①]首次宣布的"扭曲操作"（涉及美联储资产负债表上交易额为 4 000 亿美元的短期债券置换成长期债券，旨在压低长期国债的收益率），以及宣布于 2013 年 9 月 12 日[②]的所谓第三次量化宽松（QE3）（涉及每月额外购买 400 亿美元的机构抵押贷款支持证券）。

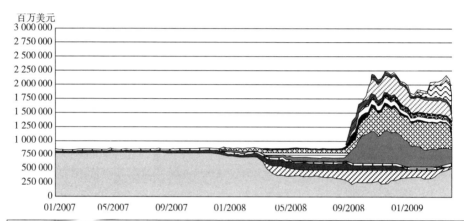

图 1　联邦储备系统资产负债表构成

（来源：兰贝尔，Rampell，2009）

　　因此，美联储的政策在国际金融危机期间发生了两项变化：除了美联储资产负债表绝对规模的（大幅度）增加之外，其资产构成也发生了变化。巴格斯和豪登（2009a，2009b）用"量化宽松"和"质化宽松"（qualitative easing）这两个定义对其进行了区分。上面的图 1 中按时间顺序显示了美联储的资产负债表，可以很形象地说明两种形式的宽松。

　　杰弗里·罗杰斯·胡梅尔（Jeffery Rogers Hummel）指出，美联储自国际金融危机以来的行动已经"导致了美联储在经济中的角色发生了戏剧性的变化。伯南克扩大了美联储相机行事的范围，使其不再仅仅控制货币存量，**而是俨然成为一个巨人般的金融中央计划者**"（胡梅尔，2012，166页，加粗字体为笔者所加）。

继续和"新政"类比，美联储的非常规行动已经突破了合法性的各条界限。（"新政"中的相应部分起初是被著名的"填塞法院事件"所挫败。[1]）（罗斯福总统推出新政后，受到高院"保守派"法官阻挠。罗斯福为了移除高院的障碍，试图把高院法官从9人扩充至15人，把对新政持同情态度的人安插进高院。此事为新政期间著名的行政当局干预司法的事件。——译者注）梅拉表示，"美联储对危机的很多应对措施超出了它的法定权限"（2010，221页）。

具体问题就在于，《联邦储备法案》第14条明确禁止了美联储自危机以来执行的很多资产购买行动。美联储试图利用第13.3条所赋予的权力来绕开这一禁令，该条款授予了美联储发放贷款的无限制权力。这个漏洞解释了各种有限责任公司（例如：三家梅登路公司）的成立：比如，从严格的法律意义来看，美联储将向梅登路第二公司提供贷款，该公司再向陷入困境中的投资银行购买抵押贷款支持证券。

这种程序在严格法律意义上违反了《联邦储备法案》，不论我们是否认为这与本文无关。很清楚的是，第14条中针对各种形式资产购买的禁令，其本意就是用来防止美联储实施伯南克领导下释放出来的那种中央计划。

市场货币主义者对伯南克"紧缩"政策的抱怨

像保罗·克鲁格曼（Paul Krugman）这样的凯恩斯式干预主义者支持中央银行在持久的经济下滑期内采取进一步刺激经济的措施，并不令人感到意外，他们只会对这家中央银行可能存在的无能持保留态度（克鲁格曼，2013）。然而，那些米尔顿·弗里德曼货币主义的所谓自由市场派继承

---

[1] 参见 http://www.judiciary.senate.gov/about/history/CourtPacking.cfm。

者——自称是"市场货币主义者"——却更强有力地支持美联储采取更多行动。斯科特·萨姆纳是这一思想学派的领袖之一，可以说，他（通过撰写博客）尽最大努力让这种观念引起了业内人士的关注。萨姆纳不仅认为美联储应该做的更多，他还认为"过度紧缩的货币供应量在 2008 年下半年加剧了经济衰退"（萨姆纳，2012，129 页）。

尽管初次接触萨姆纳观点的人可能会对他将 2008 年末的美联储政策描述为"过度紧缩"感到震惊，他援引弗雷德里克·米什金（Frederic Mishkin）和米尔顿·弗里德曼本人的权威论述来为自己的观点辩护。萨姆纳认为，说到底，是弗里德曼和施瓦茨扭转了关于大萧条期间美联储政策的世俗认知。弗里德曼和施瓦茨并不认为美联储无力制止大萧条的蔓延，而是直截了当地将大部分责任归咎于美联储不愿采取行动来阻止公众从商业银行体系中提取存款。

萨姆纳认为，未来的宏观经济学家将怀着同情与怀疑的态度来看待今天美联储的政策制定者，并疑惑他们怎么会犯下与在大萧条时期的同行们一样的错误。诚然，萨姆纳承认，美联储已经将利率降低到了几乎为零的水平，并且扩张了货币基础和广义货币指标（比如：M_1 和 M_2）。然而这些指标都是衡量货币政策立场的不佳指标：在恶性通货膨胀中，名义利率在绝对意义上可以很高，而一旦名义利率接近于零这一下限，对现金的需求就会快速增长（因为持有现金几乎没有什么机会成本）。

萨姆纳认为，"紧缩"和"宽松"货币之定义，不应着眼于利率或各种货币数量指标，而应该与市场对未来名义 GDP 预期的增长相关联。尤其是，由于名义 GDP 自 2008 年秋季以来增长十分乏力——而且大概是因为市场正确地预计到了这一点——萨姆纳得出结论称，伯南克实施了自赫伯特·胡佛政府以来最为紧缩的美联储政策。

确实，本·伯南克的（表面看起来是为了重新拓宽被收紧的信贷渠道的）"中央计划"干预措施的依据和弗里德曼对于 20 世纪 30 年代初美联储具体犯了哪些错误的解读大异其趣（胡梅尔，2012，166–167 页）。同样确定的是，安娜·施瓦茨——与弗里德曼合写著名的《美国货币史》的作者——公开批评本·伯南克对危机的处理，并在 2009 年夏天说他不该再次被任命为美联储主席（施瓦茨，2009）。

尽管存在这些矛盾，今天的市场货币主义者的确也给出了一个貌似合理的理由，即他们不过是将弗里德曼关于大萧条以及更晚近日本的教训加以引申。从奥地利学派的视角来看，无论是原始的弗里德曼式货币主义者，还是今天自称继承了他的遗产（不管正确与否）的市场货币主义者，都犯了同样的错误。

奥地利学派的视角

与市场货币主义者的方法相比，奥地利学派认识到了相对价格的重要性，尤其是在跨期配置方面。罗斯巴德的著作（2008）提供了奥地利学派对大萧条最具权威性的阐述，解释了美联储的宽松货币政策在 20 世纪 20 年代造成的不景气以及不可避免的萧条。（赫伯特·胡佛和之后罗斯福的政策延长了痛苦期，并催生了我们所说的大萧条）

无论是过去还是现在的货币主义者，都只关注总量，而忽视相对价格和人为低利率造成的生产结构扭曲，他们都识别不出处于进程当中的不可持续的景气。例如，欧文·费雪（Irving Fisher，米尔顿·弗里德曼心目中的英雄之一）在 20 世纪 20 年代末期就对美国经济作出了"出名"的误判，因为他错误地认为稳定的 CPI 是恰当的衡量指标。相比之下，奥地利学派经济学家路德维希·冯·米塞斯（Ludwig von Mises）对当时世界经济不断恶化中的问题就要敏锐得多（桑顿，Thornton，2008）。

同样，市场货币主义者的理论框架，也没有在 2007 年给出经济灾难很快即将降临世界的任何迹象，因为在房地产景气的那些年份里，名义 GDP 并没有过快地增长。实际上，在萨姆纳的整个理论中，大衰退并不是由结构性问题或是资源错配造成的，而几乎完全是中央银行不愿充分采取通货膨胀措施（以塑造人们对未来名义 GDP 增长预期）的不必要产物。相形之下，很多奥地利学派经济学家在房地产景气期间就曾提出警告：格林斯潘的政策正在将经济推向崩溃（例如：桑顿，2004）。

要了解（奥地利学派除外的）经济学界对生产结构有多么漠不关心，就看看博客圈（2013年7月）对拉里·萨默斯（Larry Summers）成为接替本·伯南克的美联储主席热门人选这一消息的反应吧。批评者——包括斯科特·萨姆纳本人和其他市场货币主义在内的拥护者——抓住2012年萨默斯在路透社的一篇质疑美联储有能力提供更多刺激的文章中的下述评论：

> 然而，人们不禁要问，在利率极低的情况下，各家企业不愿意承担多少投资，如果利率再降低25个或50个基点，又愿意承担多少投资。同样值得怀疑的是一些项目的质量，在实际利率为–60个基点时，这些项目被企业认为是无利可图的，但在更低的实际负利率下，企业就会选择承担这些项目。另外一个问题是，极低的安全实际利率是否会催生各种各样的泡沫？（萨默斯，2012）

对于这一非常合理的论述，马特·奥布莱恩（Matt O'Brien）在《大西洋》杂志上回应道：

> 换句话说，（萨默斯）认为，美联储降低实际利率可能只会促使企业从事他们本来不会从事的不良投资。这是一个极富奥地利学派色彩的观点——即认为"人为地"压低利率会使企业犯错。
>
> 这可不太好。如今，有太多的人认为量化宽松（QE）将会把我们变成津巴布韦，或吹起"所有泡沫之母"，或只是在救助银行，但是这些人绝不该执掌美联储（奥布莱恩，2013）。

再次重申，奥布莱恩对于萨默斯的回应并不仅仅是一个外行人未受训练的夸夸其谈；萨姆纳本人也认同这样一种观点：只有奥地利学派——显然还有拉里·萨默斯——才会对于经济衰退低谷中进行的特定投资感到担忧（萨姆纳，2013）。

关于伯南克的继任者的争论——大多数分析人士主要把注意力放在珍妮特·耶伦和拉里·萨默斯两人的对比上——显示出了伯南克在改变人们对美联储的预期上取得了多么大的成功。大多数分析人士对下任美联储主席的评价，是根据他（她）是否"愿意采取更多行动"来帮助提振低迷的经济复苏。伯南克史无前例的干预政策将以下述笔法载入（常规的）宏观经济学史册：尽管阻止了大萧条的重演，但遗憾的是，这并不足以带来全面的繁荣。

结论

毫无疑问，在本·伯南克的领导下，美联储在某些特定资产类别上实现了一定程度的相机干预，而这在 2008 年国际金融危机以前是不可思议的。实际上，伯南克不仅颠覆了人们对美联储角色的传统理解，甚至还绕过了（也许还越过）了其实际权力的法定界限。从这个角度来说，伯南克就是中央银行家中的罗斯福。

或许有些讽刺意味的是，那些表面上是米尔顿·弗里德曼的自由市场继承人——市场货币主义者——将大衰退归咎于美联储过度紧缩的政策。正如弗里德曼的著名主张，美联储应当提供任何量级的基础货币，以防止更广义的货币存量的崩溃，今天的市场货币主义者也想让美联储宣布无限制的资产购买计划，以便达到他们希望的政策目标。在他们看来，大萧条和大衰退都是由美联储的胆怯造成的完全可以避免的灾难。

奥地利学派经济学家也将大萧条和大衰退都归咎于美联储，但在方法上是截然不同的。奥派学者的关注点在于之前的景气期间——20 世纪 20 年代和 21 世纪前十年——美联储的宽松政策，这导致了不可避免的萧条。奥地利学派的分析比货币主义的观点要丰富得多，因为奥派方法中考虑到了经济的跨期资本结构。近期经济学家和经济评论者关于伯南克继任者的评论揭示出了奥地利学派的视角有多么独特且至关重要。

参考文献

Bagus P，Howden D（2009a）Qualitative easing in support of a tumbling financial system：a look at the eurosystem's recent balance sheet policies. Econ Aff 29（4）：60–65

Bagus P，Howden D（2009b）The federal reserve system and eurosystem's balance sheet policies during the financial crisis：a comparative analysis. Rom Econ Bus Rev 4（3）：165–185

Beckworth D（2012）Boom and bust banking：the causes and cures of the great recession. The Independent Institute，Oakland，CA

Blanchflower DG（2010）Quantitative easing is only show in town. Bloomberg，18 October 2010，available at：http：//www.bloomberg.com/news/2010 10 18/quantitative-easing-is-only-show- in-town-commentary-by-david-blanchflower.html

Cole HL，Ohanian LE（2004）New deal policies and the persistence of the great depression：a general equilibrium analysis. J Polit Econ 112（4）：779–816

Friedman M，Schwartz A（2008）The great contraction：1929–1933. Princeton University Press，Princeton，NJ

Friedman M，Schwartz A（1963）A monetary history of the United States，1867–1960. Princeton University Press，Princeton，NJ

Higgs R（2006）Depression，war，and cold war. Oxford University Press，New York Ben Bernanke，The FDR of Central Bankers 41

Hummel JR（2012）Ben Bernanke versus Milton Friedman：the Federal Reserve's emergence as the U.S. economy's central planner. In：Beckworth D（ed）Boom and bust banking. Oakland，CA，The Independent Institute，pp. 165–210

Krugman P（2013）Milton's paradise, still lost. New York Times blog post, 27 July, available at: http: //krugman.blogs.nytimes.com/2013/07/27/miltons-paradise-still-lost/

Mehra A（2010）Legal authority in unusual and exigent circumstances: the federal reserve and the financial crisis. Univ Penn J Bus Law 13: 1, available at: https: //www.law.upenn.edu/journals/ jbl/articles/volume13/issue1/Mehra13U.Pa.J.Bus.L.221（2010）.pdf

Melloy J（2010）Outraged yet? What if Fed buys Munis? CNBC, 18 November, available at: http: //www.cnbc.com/id/40256223

Murphy RP（2009）The politically incorrect guide to the great depression and the new deal. Regnery, Washington, DC

O'Brien M（2013）Larry summers should absolutely not be the next fed chair. The Atlantic, 25 July, available at: http: //www.theatlantic.com/business/archive/2013/07/larry-summers- should-absolutely-not-be-the-next-fed-chair/278083/

Rampell C（2009）Fed balance sheet expansion: some takeaways. Economix New York Times blog post, 7 May 2009, available at: http: //economix.blogs.nytimes.com/2009/05/07/fed-balance-sheet-expansion-some-takeaways

Rothbard M（2008）America's great depression, 5th edn. The Ludwig von Mises Institute, Auburn, AL

Schwartz A（2009）Man without a plan. New York Times, 25 July, available at: http: //www. nytimes.com/2009/07/26/opinion/26schwartz.html

Summers L（2012）Breaking the negative feedback loop. Reuters, 3 June, 2012, available at: http: // blogs.reuters.com/lawrencesummers/2012/06/03/breaking-the-negative-feedback-loop/

Sumner S（2012）How nominal GDP targeting could have prevented the crash of 2008. In：Beckworth D（ed）Boom and bust banking. Oakland，CA，The Independent Institute，pp. 129–164

Sumner S（2013）An ad hoc sticky interest rate theory of recent recessions. TheMoneyIllusion blog post，27 July 2013，available at：http：//www. themoneyillusion.com/?p1/422562

Thornton M（2008）The great depression：Mises vs Fisher. Q J Austrian Econ 11：230–241

Thornton M（2004）Housing：too good to be true. Mises.org blog post，4 June 2004，available at：http：//mises.org/daily/1533

大萧条中美联储政策上的错误

杰弗里·赫伯纳（Jeffrey Herbener）[1]

以标准的观点看来，大萧条货币政策的错误就在于美联储在大萧条的两次经济衰退（1930—1933 年和 1937—1938 年）期间采取了收缩的政策。否则的话，那些年的经济衰退本可以避免，或者至少可以得到缓解。这种观点的支持者给出了各种原因，来解释为什么美联储会采取这样的立场。也许最广为人知的就是米尔顿·弗里德曼的解释（1963）[2]。20 世纪 20 年代的美联储，在本杰明·斯特朗（Benjamin Strong）的领导下，表现得很好，巧妙地扩大了货币存量，以便大致与生产的扩张相匹配，使物价水平接近于平稳。1928 年 10 月，斯特朗的英年早逝，使美联储陷入了混乱。在时隔一年的股市崩盘之后，当银行体系崩溃、货币存量随之下降时，美联储却坐视不顾、袖手旁观。到了最后，美联储才开始增加货币供应量，可一切都已经为时太晚、于事无补了。"大收缩"（The Great Contraction）被证明是一个导致了大萧条的致命政策失误。经济落到谷底之后开始通货膨胀，正推动经济走出大萧条，而 1936 年美联储靠着提高存款准备金率来采取从紧的货币政策。银行对此的应对措施就是减少放贷，以便将超额准备金头寸恢复到存款准备金率上调之前的水平。信贷紧缩导致了 1937—1938 年的第二次衰退。

弗里德曼之前的一些分析，对美联储的政策失误给出过不同的答案，

① 杰弗里·赫伯纳

美国宾夕法尼亚州格罗夫城格罗夫城市学院，16127

E-mail：jmherbener@gcc.edu

② 对于弗里德曼和施瓦茨的赞赏之辞，请参阅庞格拉西奇（Pongracic，2007）。关于近年为弗里德曼和施瓦茨所做的辩护，请参阅廷伯莱克（1999a，1999b，1999c）。

而最新的学术研究正在确认较早的观点。现在看来，弗里德曼不过是一段插曲，置身于大萧条时代给出更合理分析的经济学家和重新发现其洞见的学者之间。

20 世纪 20 年代的景气

较早的分析认为，美联储最初的政策失误，是 20 世纪 20 年代后期纵容了通货膨胀和信贷扩张，从而误导企业家进行了不当投资，将资源错误地配置到不可持续的经济资本结构的搭建中去。本杰明·安德森（Benjamin Anderson，1979，131–157 页）记载了 20 世纪 20 年代的两轮银行信贷快速扩张。第一轮始于 1924 年，是作为对美联储 1920 年的一项失败政策的回应，这项政策试图大幅降低货币存量，以便使物价回落到第一次世界大战之前的水平。货币紧缩政策没有消除战时通货膨胀造成的扭曲，而是暴露出了之前的通货膨胀所引起的不当投资。价格快速而急剧地下跌，从而迅速清算了不当投资，并重新分配了资源。有如宿命一般，在经济复苏之后，美联储转而采取了公开市场操作，将其作为操纵货币政策最趁心的工具。第二轮银行信贷扩张始于 1927 年，至 1928 年底，引起了房地产和股市价格双双升高，以及与之相伴的不当投资和资源错配。这两次扩张的根源，都是美联储将其资产负债表扩增数亿美元，从而给银行带来了额外的准备金，银行以此为基础，将信贷扩张了数十亿美元。从 1922 年 6 月 30 日开始，到 1928 年 4 月 11 日的巅峰，商业银行存款从 307 亿美元增至 442 亿美元，增长了 135 亿美元；而商业银行的贷款、贴现和投资额从 331 亿美元增至 476 亿美元，增长了 145 亿美元。推动这两轮信贷扩张的额外银行准备金都完全来自美联储的扩张政策。银行准备金的另一个来源——黄金储备，从 1920 年 10 月的 26 亿美元增加到 1924 年 8 月的 42 亿美元。但到了 1927 年 8 月，黄金储备几乎没有变化，维持在 43 亿美元，之后于 1928 年 4 月下跌到 38 亿美元。

在 20 世纪 20 年代后半段，美联储将再贴现率维持在过低的水平，并过于激进地运用公开市场操作。安德森写道："'新政'的确始于 1924 年对货币市场的巨大人为操纵。"1924 年夏天，美联储在公开市场上进行了 5 亿美元收购，使银行准备金在一年之内增加了 17%。各家成员银行的准备金增加了 3 亿美元，银行信贷从 1924 年 3 月 31 日的 347 亿美元增加到 1925 年 6 月 30 日的 389 亿美元，增加了 42 亿美元；同期银行存款从 283 亿美元增加到 325 亿美元，也增加了 42 亿美元（安德森，Anderson，1979，127 页）。

菲利普斯（C.A. Philips）、麦克马纳斯（T.F. McManus）和尼尔森（R.W. Nelson）（2007，82–114 页）指出，大萧条要追根溯源到美联储始于 1922 年的通货膨胀和信用扩张。据他们查证，所有银行的存款从 1921 年 6 月 30 日的 357 亿美元增加到 1929 年 12 月 31 日的 553 亿美元，增幅为 55%（或每年增加 6%）。他们计算出，各家成员银行在那些年份中所增加的准备金，有 90% 都来自 1922 年、1924 年和 1927 年这三年，而总存款增加额的 80%，都发生于美联储通过公开市场操作造成的资产负债表扩张。

当公开市场收购停止，或者被代以公开市场出售时，美联储采取了将再贴现率保持在低位的政策，增强公开市场操作对银行准备金的影响。当银行出售给美联储的证券减少时，它们利用了一个替代选择，即增加再贴现活动。其结果就是，即使公开市场政策从扩张型转向收缩型时，银行准备金也没有下降。由美联储政策引起的信贷扩张，将贷款组合从商业贷款转向房地产贷款和证券。1921 年，在各家成员银行的贷款和投资中，商业贷款的占比为 53%，而到 1929 年之际，这个数字仅为 36%。同时期内的证券贷款从 19% 上升到 28%，房地产贷款从 3% 上升到 8%。从 1921 年到 1928 年，投资增加了 79%。早在 1926 年的年度报告中，美联储自己也评论了信贷扩张下流动性显著减弱的现象。该报告将建筑业和房地产业视为景气时期受到信贷扩张刺激的生产领域。因为经济中的生产是一个综合体系，所以不当投资不只限于几个生产活动领域，而是扩散到整个资本结构中的各个相关生产领域。

菲利普斯、麦克马纳斯和尼尔森（2007，183–184 页）明确指出，20 世纪 20 年代和 30 年代的景气—萧条周期应归咎于美联储：

换言之，联邦储备系统采取了积极主动的控制政策。自 1922 年以来，美国银行业的发展几乎完全是美联储控制操作的结果。米勒博士将 1927 年"抓住自己的鞋带把自己提起来"的实践描述为"美联储或者过去 75 年来任何银行体系所犯下的代价最为高昂的失误之一"，这一描述同样适用于 1922 年和 1924 年的实验。在制定并执行了实质性的通货膨胀型控制政策的过程中，美联储委员会必须要为这一巨大失误承担罪责，正如米勒博士所承认的，这一失误的最终后果就是大萧条。

穆瑞·罗斯巴德（1972，81–125 页）在他对大萧条的论著（和弗里德曼的作品都写于同一时期[①]）中，计算出货币存量从 1921 年 6 月 30 日的 453 亿美元增加到 1929 年 6 月 30 日的 733 亿美元，增幅达 62%（或年增长 7.7%）。和银行信贷的增长一样，货币存量在 1922—1923 年、1924 年末、1925 年末和 1927 年末出现了一轮又一轮的增长。罗斯巴德指出，由于流通领域中的货币在 1929 年时为 364 亿美元、1921 年时为 368 亿美元，货币存量的所有增长都是以货币替代品的形式出现的。银行货币替代品增加的主要原因是准备金的增加。在 8 年的时间内，准备金总量由 16 亿美元增加到 23.6 亿美元，增幅接近 48%。美联储掌控下的那部分总准备金的增加额为 17.9 亿美元，和不可控因素（包括黄金储备、流通领域中的货币和票据偿付）造成的 10.4 亿美元总准备金减少额相抵。受其控制的准备金增长的主要因素是：美联储收购政府债券（22.4 亿美元）、美联储购买票据（21.6 亿美元），以及美联储提供新的贴现（15.4 亿美元）[②]。

有人批评罗斯巴德将不常见的货币替代品也算入货币存量中去。作为

---

① 罗斯巴德的《美国大萧条》和弗里德曼与施瓦茨合著的《美国货币史》均首次出版于 1963 年。——译者注

② 罗斯巴德在《美国大萧条》中将影响各家成员银行准备金的各种因素分为可控因素和不可控因素，前者包括美联储的资产购买（含票据、证券等）、新的贴现票据、美联储的其他信贷、待偿付的国库通货、国库库存现金、美联储的国库存款和美联储未花费的资本基金等，后者包括货币性黄金存量、流通领域中的货币、非成员银行的存款和票据偿付等。——译者注

对这种批评的回应，约瑟夫·萨勒诺（1999）指出，即使剔除那些引起争议的项目，通货膨胀的结论也不会改变。"罗斯巴德所定义的 M（货币供应量）从 1921 年中到 1928 年底增加了 61%，年通货膨胀率为 8.1%；如果扣除［人寿保险准备金］，货币供应量在此期间增长了约 55%，年增长率为 7.3%。"美联储的意图也就昭然若揭：膨胀货币存量并扩张信贷。按照萨勒诺的计算，从 1921 年中到 1928 年底通货膨胀结束时，美联储可控的银行准备金增加了 138%（或年增长 18.4%），而不可控准备金减少了 89%（或年减少 11.9%）。

艾伦·梅尔策（Allan Meltzer）按时间顺序记录了美联储在 20 世纪 20 年代早期转向采用公开市场操作的步骤。"［1923 年的］第十年报告标志着美联储政策的一个转折点，"梅尔策（2003，160 页）写道："顶尖经济学家对发展更积极的政策和采取公开市场操作来调整银行借贷进行了评论。"1924 年，由于美联储试图刺激经济使其从 1923 年衰退中复苏，美联储持有的证券升至 5.9 亿美元的最高峰。即使证券金额在当年底跌至 5.4 亿美元，这个水平仍然高于美联储在上一年 11 月所设定的 5 亿美元上限。当景气到来时，美联储开始在整个 1925 年出售证券。为了应对 1926 年的温和衰退，美联储于 1927 年 5 月恢复了公开市场购买，所持证券到年底增加了 2.7 亿美元。本杰明·斯特朗称，从 1925 年到 1927 年，在准备金总量增加了 2 亿美元的基础上，银行信贷增加了 50 亿美元。由于银行在运用存款相对于准备金的杠杆，信贷乘数已经增长到了 15。在 1928 年 1 月，美联储自己估计银行信贷在 1927 年增加了 8%，是三年来幅度最大的年度增长，且显著高于正常的年度增长（梅尔策，Meltzer，2003：197–245 页）。

1930—1933 年的危机

20 世纪 20 年代，美联储试图通过管理货币存量来促进景气、对抗衰退，由此引发了货币通货膨胀和信贷扩张。有鉴于此，一场让价格和生产恢复到符合人们偏好的金融矫正就在所难免。美联储在 1930—1933 年尝试再次通货膨胀，却仅仅起到延缓作用，甚至加深了危机。相形之下，弗里德曼坚持认为，美联储为挽救银行所做的还是太少，银行倒闭潮使货币存量坍缩，引发了破坏性的物价通缩，从而抑制了生产。然而，绝大部分生产减少的发生时间都要早于 1931 年第四季度，也就是在 1931 年秋天和 1933 年的两波最大规模的银行倒闭潮之前（奥海宁，Ohanian，2009；萨勒诺，2009）。此外，在 1920—1921 年的金融危机，美联储有意地收缩其资产负债表，迫使货币存量减少，导致近千家银行破产。尽管在 1920—1921 年货币存量的坍缩程度与 1930—1933 年相当，可随后并没有发生大萧条。由于哈定（Warren G. Harding）政府采取了自由放任政策，矫正过程剧烈而短暂（伍兹，2009）。相形之下，在大萧条的第一阶段，美联储拼命想要再次膨胀货币存量，却只能眼看着生产和就业持续下滑，原因就在于胡佛政府采取了积极干预政策（罗斯巴德，1972，252-295 页；奥海宁，2009）。

安德森（1979，224-229 页）按时间顺序记录了联邦储备各分区银行——特别是纽约地区联储银行——如何迅速果断地采取行动去应对股市泡沫破裂的后果。总体上，联邦储备系统扩张了 3.12 亿美元信贷，票据和证券总额增长超过 23%。仅在 10 月 23—30 日那一周，美联储就购买了 1.5 亿美元的政府债券。纽约联储银行将贴现率从 8 月 9 日以来的 6% 下调至 11 月 1 日的 5%，又在 11 月 15 日调低到 4.5%。在恐慌的第一周，纽约联储银行开始逐步调低承兑汇票的买入价（贴现率），从 5.125% 降低到 11 月的 4%。受 11 月 13 日股市从最低点反弹的鼓舞，美联储在 1930 年初越发激进地走向货币扩张。纽约联储银行将再贴现率从 11 月 15 日以来的 4.5% 逐步降低到 1931 年底的 2%。美联储将承兑汇票的买入价从 11 月 21 日的 4% 压低到 1930 年底的 1.75%。与扩张性低利率政策相伴随的，是美联储公开市场购买的暴增。1929 年 10 月 30 日，美联储持有 1.36 亿美元的政府债券，到了当年 12 月 8 日，这一数字增加到 5.33 亿美元，到了 1930 年 8 月 27 日，又增至 6.02 亿美元。与 1924 年和 1927 年的公开市场刺激不同，这一次只有股市出现了反弹。在前两次刺激中，生产也得到了提振，但这在 1930 年之后没有发生。

1931 年，国外赎回黄金，以及国内对货币需求的增加，使银行准备金面临流失的威胁。美联储通过再贴现和购买承兑汇票来对抗这些紧缩的压力。在英国放弃金本位之后，黄金外流立即就开始了。从 1931 年 9 月 16 日到 10 月 28 日，黄金存量减少了 7.28 亿美元。而在 7 月 31 日到 12 月 31 日之间，流通领域中的货币增加了 8.1 亿美元。美联储的应对措施，是将再贴现的日均额度，从 7 月的 1.69 亿美元增加到 12 月的 7.74 亿美元，之后又增加到 1932 年 2 月的 8.48 亿美元。美联储还购买承兑汇票，使其金额从 1931 年 7 月的 0.79 亿美元增加到 10 月底的 7.68 亿美元。在 1931 年最后几个月中，美联储逐渐减少从银行购买承兑汇票，转而在 1931 年 10 月到 1932 年 3 月底之间为国外代理行购买了 2.36 亿美元承兑汇票。美联储还想进一步扩大通货膨胀，但已经力不能及。安德森认为，1931—1932 年冬季，美联储无法再增加对政府债券的购买。当《联邦储备法案》在 1913 年通过时，联邦政府未偿债务仅 10 亿美元。这样的债务规模远不足以使公开市场操作成为通货膨胀和信贷扩张操作的基础。美联储转而通过发行联邦储备券，基于商业银行的票据再贴现来操作。此外，从技术角度，政府向联邦储备银行发行联邦储备券，接下来就需要为这些储备券提供抵押品。抵押品可以是黄金，也可以是商业票据，其中包括承兑汇票以及由政府证券担保的银行票据。但政府债券本身不能作为抵押品。在 1920—1921 年经济衰退期间，联邦储备券的扩张为联邦储备银行贴现的扩张所掩盖。但是在 1930—1933 年经济衰退期间，各联邦储备银行一直在购买政府证券而不是银行承兑汇票，而各家银行也一直在使用这些资金来赎回承兑汇票。如果逆转这一政策，允许更多的承兑汇票，以便有更多的抵押品用于发行联邦储备券，就会引起利率升高。在 1930 年通过扩大公开市场操作实行宽松的货币政策、徒劳地想要刺激生产之后，银行清算的压力越来越大，而美联储在 1931—1932 年的冬季时，已经用尽了它所有的通货膨胀能力。其结果就是，当银行清算到来时，它来得更戏剧化和更加集中（安德森，1979，258–267 页）。

1932 年 2 月 27 日通过的《格拉斯—斯蒂格尔法案》(Glass-Steagall Act) 解除了对美联储通货膨胀的约束。该法案准许将政府债券用作发行联邦储备券的抵押品，美联储开始将其资产负债表上的几乎所有其他资产都彻底地置换为政府债券。[①] 从 2 月 24 日到 5 月 18 日，银行准备金从 19 亿美元升至 22 亿美元。然而，尽管美联储拥有了新的通货膨胀能力，银行的压力仍然不减，因为人们希望自己持有货币。流通领域中的货币从 1931 年 8 月的 48 亿美元增加到 1932 年 5 月的 52 亿美元，并在 6 月达到 54 亿美元的最高峰（安德森，1979，270-272 页）。

银行面临的压力是区域性的，并且随着各个领域的放贷热潮（boom lending）而来。在 1931—1932 年的冬天，芝加哥的银行处于最困难的时期。在 1932 年夏季这一危机消退之后，底特律的银行在 1931—1932 年的冬天遇到了压力。底特律在 20 世纪 20 年代后期曾是汽车产业景气的中心，也是房地产泡沫的发生地。尽管纽约的各家银行和本地的实业家付出了极大的努力去救助底特律的银行，密歇根州长还是宣布了延期偿付（moratorium）。席卷多个州的延期偿付与 1907 年的情况有所不同，它允许用支票进行转账，但不允许提取现金。哪怕是允许小额现金提款，那些乡村银行也会陷入难以收拾的流动性不足而关停倒闭（安德森，1979，285-290 页）。

罗斯巴德（1972，191-193 页，212-213 页及 230-233 页）记录了美联储在 1929 年 10 月最后一周股市崩盘后对银行准备金的激进扩张，导致银行存款增加了 18 亿美元。银行存款的增幅接近 10%，几乎全都由纽约的各家银行所发行，占到了全部 18 亿美元中的 16 亿美元。到 1929 年底，美联储控制的准备金扩张了 3.59 亿美元，这并不足以抵消不可控准备金所收缩

[①] 1929 年 8 月，贴现票据占美联储信贷的 73%，而政府债券占 10%。到 1930 年 8 月，贴现票据下降了 80%，仅占资产组合的 20%，而政府债券翻了 4 倍，占到美联储资产组合的 60%。到 1932 年 8 月，贴现票据大约翻了一番，但只占总量的 19%，而政府债券增加到 3 倍，占比 79%。到 1933 年 8 月，政府债券已经构成资产组合的 97%，并从此占据了主导地位。资源来源于联邦储备系统管理委员会（1943a）。

的 3.81 亿美元。在受控的准备金当中，美联储购买了 3.75 亿美元的证券。在 1930 年，各家成员银行的准备金增加了 1.16 亿美元，但受控准备金增加了 2.09 亿美元。在受控准备金中，美联储又购买了 2.18 亿美元的政府债券。更多的准备金没有对货币存量起到刺激作用，货币存量在 1929 年底为 733.2 亿美元，到了 1930 年底仍保持在 732.7 亿美元，因为各家银行在重建其流动性。到 1931 年最后一个季度，货币发生了轻微的收缩。流通领域中的货币加上银行存款的总量，从 1930 年底的 536 亿美元下降到 1931 年 6 月 30 日的 529 亿美元，1931 年底又下降到 483 亿美元。在一年时间里，货币存量从 732 亿美元减少到 682 亿美元。存量缩减大部分发生在下半年。美联储试图在整个 9 月都保持通货膨胀，把受控准备金增加了 1.95 亿美元，却被不可控准备金 3.02 亿美元的减少所压倒。不可控准备金之所以减少，主要是由于流通领域中的货币增加了 3.56 亿美元之多，人们采取行动来巩固他们的现金流动性。从 9 月底到年底，银行准备金从 23.6 亿美元降低至 19.6 亿美元，减少了 4 亿美元。尽管美联储又将受控准备金增加了 2.68 亿美元，但由于流通领域中的货币增加了 4 亿美元，这次再通货膨胀的尝试也没有奏效。

在通过了《格拉斯—斯蒂格尔法案》之后，美联储策划了一场规模庞大的通货膨胀（罗斯巴德，1972，266–272 页）。美联储购买了 11 亿美元的证券，使其受控准备金从 1932 年 2 月底到 6 月底增加了 10 亿美元。在这轮通货膨胀之初，银行准备金是 18.5 亿美元，到了当年底，就增加到了 25.1 亿美元。10 个月增加了 6.6 亿美元，是联邦储备系统历史上增幅最大的一次。罗斯巴德估计，如果银行当时照常发行信用媒介并制造信贷，货币存量可能会增加 80 亿美元。相反的情况发生了，由于迫切需要流动性，银行开始建立自己的准备金头寸。[①] 其结果是，货币存量在 1932 年间从 682.5 亿美元减

---

① 超额储备金从 1929 年 12 月的 0.52 亿美元增加到 1933 年 12 月的 7.73 亿美元，从 1934 年 12 月的 17.71 亿美元，再度增加到 1935 年 12 月的 29.55 亿美元。资源来源于联邦储备系统管理委员会（1943a）。

少到 647.2 亿美元，在减少的 35.3 亿美元中，存款占了 32 亿美元。正如罗斯巴德所解释的那样，"在萧条和金融危机期间，银行将不太愿意放贷或投资，这是为了：（a）避免丧失他们顾客的信任；（b）规避贷款或投资给可能违约的公司的风险"。当美联储在 7 月停止公开市场收购时，黄金又开始再度回流到美国国内，到当年底时增加了 5.39 亿美元。银行的反应是进一步建立超额准备金头寸，这一头寸最高时达到了准备金总量的 20%。

梅尔策（2003，273-275 页）同意"美联储在这场衰退的三年半时间内并不完全是消极被动的。它不止一次购买证券或者降低再贴现率…… 如威克（Wicker）、布伦纳（Brunner）、梅尔策以及惠洛克（Wheelock）所指出的，美联储官员在 1923—1924 年、1926—1927 年和 1929—1933 年这几次衰退中的表现是一致的"。在前两次的情况中，美联储的行动"受到了赞扬，并促使人们相信美联储体系已经采取了逆周期行动来减缓衰退。"[1] 梅尔策指出，当时有好几位经济学家和银行家认为，因为 20 世纪 20 年代末期的通货膨胀和信用扩张已经造成了资产价格膨胀和不当投资，美联储应采取的正确政策，是让不当投资得到清算，以及让资本得到重新分配。他引用了阿道夫·米勒（Adolph Miller）、查尔斯·哈姆林（Charles Hamlin）、保罗·沃伯格（Paul Warburg）、莱昂内尔·罗宾斯（Lionel Robbins）和奥利弗·斯普拉格（Oliver Sprague）的话，表示还有"很多其他银行家和中央银行家"持有这样的观点。[2]

1934—1937 年的通货膨胀

与他将 20 世纪 20 年代的货币膨胀和信贷扩张错误地阐释为繁荣兴旺的引擎相似，弗里德曼把 1933 年之后的巨大通货膨胀认定为经济复苏的驱动

---

① 参见威克（1966）、布伦纳与梅尔策（1968），以及惠洛克（1992）。

② 安德森（1979，146 页）还提到 H. 帕克·威利斯（H. Parker Willis）；罗斯巴德（1972，276-277 页）提到威利斯和戈特弗里德·冯·哈伯勒（Gottfried von Haberler）。

力。情况恰好相反，当货币膨胀再度吹起资产价格泡沫、推高名义上的国民生产总值（GNP）时，它对因缺乏投资而受到抑制的真实经济没有起到什么刺激作用。[1] 货币膨胀是由罗斯福政府高估黄金价值造成的，它最后导致了"金崩"（golden avalanche）。从 1934 年 2 月对黄金重新定价到 1941 年 10 月，黄金存量从 70 亿美元稳步增长到 220 亿美元。各家成员银行的准备金从 1934 年 2 月的 29 亿美元，增加到了 1941 年 1 月的 144 亿美元。同期的超额准备金从 9.38 亿美元增加到略低于 70 亿美元。从 1934 年到 1940 年，与巨额准备金积累同时发生的是，流通领域中的货币增加了 30 亿美元。银行活期存款从 1934 年初的 150 亿美元增加到 1940 年底的 350 亿美元。狭义货币存量（M_1）从 1934 年初的 198 亿美元增长到 1940 年底的 423 亿美元。同期的广义货币存量（M_2）从 425 亿美元增加到 708 亿美元（安德森，1979，401–405 页）。

美联储没有采取任何措施来抵消黄金流入所造成的通货膨胀影响。它的受控准备金（几乎完全由政府债券构成）在 1933 年初是 24.4 亿美元，到 1937 年初为 24.3 亿美元，到 1938 年初为 25.6 亿美元，到 1939 年初还是 25.6 亿美元。[2]

1937—1938 年的衰退

到 1935 年，美联储越来越担心各家银行当中累积起来的超额准备金可能会进一步引发通货膨胀。它没有卖出证券以便清理超额准备金并消除威胁，其部分原因在于这种政策所涉及的是放弃既得利益。相反，1936 年 8 月 16 日，美联储将中央储备城市各银行、储备城市各银行和乡村银行的法定存款准备金率分别从 13%、10% 和 7% 提高到 19.5%、15% 和 10.5%；1937

---

[1] 国内私营部门投资总额从 1929 年 1 月到 1933 年 1 月下降了 80%，12 年后都没能恢复到 1929 年的水平。资源来源于美国商务部 2013 年报告。

[2] 资源来源于联邦储备系统管理委员会（1943b）。

年 3 月 1 日，法定存款准备金率又分别提高到 22.75%、17.5% 和 12.25%；1937 年 5 月 1 日，又再次分别提高到 26%、20% 和 14%。之后美联储在 1938 年 4 月 26 日将法定准备金率分别下调至 22.75%、17.5% 和 12.25%，这几个比率一直保持到了 1941 年 11 月美联储将其提高到 1937 年 5 月 1 日的水平为止（安德森，1979，405–406 页）。

与弗里德曼所声称的相反，银行对更高的存款准备金率的反应，并不是减少贷款，以便将超额准备金在总准备金中的占比恢复到美联储政策改变之前相同的水平。银行总准备金增长的趋势在 1936 年之后较 1936 年以前速度有所放缓。在美联储开始提高法定存款准备金率之前的两年中，各家成员银行的准备金从 1934 年 8 月的 40.45 亿美元增加到 1936 年 8 月的 61.81 亿美元，增幅为 53%。在随后的两年中，准备金增加了 32%，在 1938 年 8 月达到了 81.19 亿美元。此外，各家银行直到经济重挫之后都并没有开始削减其贷款组合。各家成员银行的贷款从 1935 年 11 月 1 日的最低点 118.41 亿美元，向上攀升到 1937 年 6 月 30 日的最高峰 142.85 亿美元。这一数字在 1938 年 9 月 28 日从这一水平下降到 129.37 亿美元，之后又再次上升[1]。美国全国经济研究所（NBER）的研究表明，经济下滑始于 1937 年 5 月，比信贷收缩开始的时间早了两个月。此外，与信贷收缩相关的是利率下降并处于低位，而不是利率的上升并处于高位。安德森指出，从 1936 年中期到 1937 年中期，消费贷款和美国国债的利率一直在下降，而其他利率也维持在历史低位。因此，造成贷款减少的原因，是信贷需求下降，而不是供应减少（那将使利率升高）。最后，信贷收缩并没有引起显著的货币紧缩。1937 年 6 月，流通货币和活期存款加起来，达到了 306.9 亿美元的最高峰，到 1937 年 12 月下降到 296.6 美元的最低谷，之后在 1938 年 6 月上升到 297.3 亿美元，再于 1938 年 12 月达到 317.6 亿美元。流通货币加总存款 1937 年 12 月达到 572.3 亿美元，1938 年 6 月跌到 565.7 亿美元，然后在 1938 年 12 月上升至 589.6

---

[1] 资料来源于联邦储备系统管理委员会（1933a）。

亿美元。[1] 消费物价指数（CPI）在 1937 年 10 月升到顶峰，之后下跌了 5.5%，到 1939 年 4 月达到低谷。所有商品的生产者价格指数（PPI）在 1937 年 7 月升到顶峰，之后下跌了 15%，在 1939 年 8 月达到低谷。[2] 尽管物价紧缩时期才刚刚过半，CPI 下跌持续到 1939 年 4 月，PPI 下跌持续到 1939 年 8 月，但 NBER 却将 1938 年 6 月定为衰退结束的日期，比物价紧缩的结束时间早了一年。鉴于货币存量并没有处于显著的降低之中，造成物价收缩的原因，就只能是持有货币需求的增加。

对于信贷的需求降低，而对于货币的需求升高，源于一股不确定性的浪潮向投资者席卷而来。罗斯福政府向市场经济发起的新一轮攻击，才是让投资者却步不前的原因。最高法院改变了立场，在 1935 年后宣布新政的主要组成部分合乎宪法。罗斯福在他 1936 年竞选活动中，再次夸张地声讨"经济保皇派"（economic royalists），而国会提高税收，通过了繁冗的劳工立法。安德森（1979，432–438 页）指出，工会在 1936 年大选之后的活跃及其所导致的工资上涨，削减了企业利润、抑制了投资。[3]

结论

20 世纪 20 年代美联储制造了货币膨胀和信用扩张，导致了整个经济中资本能力的不当投资和资源错配。经济要恢复正常的运转，就必须纠正这些不当投资和资源错配的问题。美联储本可以采取既不扩大也不缩小货币存量的政策，为这一矫正过程提供便利。这样的立场本可以消除其实际政策的反复无常给价格结构带来的额外后果。实际情况恰好相反，美联储在 1929 年 10 月的金融危机开始后，尝试了激进的货币膨胀政策，在之后的 1931 年按兵不动，然后在 1932 年策划了史无前例的最迅猛的货币膨胀。此外，

---

[1] 资料来源于联邦储备系统管理委员会（1933a）。

[2] 资料来源于劳动统计局（2013a，2013b）。

[3] 关于更多的抑制投资的因素，参见史迈利（Smiley，2002，105–132 页）。

1930—1933 年的物价紧缩本身并没有抑制经济活动。在 1920—1921 年的经济衰退之前，美联储有意地收缩了货币存量，尽管随之而来的物价紧缩与 1930—1933 年的规模相当，却能顺其自然。一场深刻而短暂的衰退，就足以纠正美联储在 1920 年之前货币膨胀和信贷扩张所导致的不当投资和资源错配。那一场危机不到 18 个月就结束了。相形之下，胡佛当局的政策想要徒劳地阻止经济的矫正过程，反而将物价紧缩拖延了四年之久。据李·奥海宁（Lee Ohanian, 2009）估计，"拜胡佛所赐，经济衰退比不采取这样政策的情况下至少要严重三倍"。他估算，从 1930 年到 1931 年底，GDP 下降中有三分之二（27 个百分点跌幅中的 18 个百分点）是由胡佛的政策所导致的。[1]

美联储 1932 年激进的通货膨胀政策，开启了一段货币急剧膨胀的时期，一直延续到 1936 年。在 1934 年春季之后，它被"金崩"这一因素所推动。尽管有充足的资产可以在公开市场上出售，美联储却没有采取任何措施去遏制通货膨胀。到 1935 年底，资产价格再度高涨。从 1936 年开始，美联储实施了提高法定准备金率要求的政策。各家银行本来可以凭借手中虽然有所减少但仍然相当可观的超额准备金发行更多的信用媒介，但被这一政策所阻止。它们继续建立准备金头寸，但速度在 1936 年夏季之后减缓。银行贷款骤减的原因不在于银行，而在于投资者。1935 年初最高法院认可了各项新政计划之后，政府对经济的干预力度与日俱增，投资者打了退堂鼓。

正如罗伯特·希格斯（1997）所指出的，大萧条与美国历史上其他经济衰退的不同之处，就在于私人投资的匮乏。根据希格斯的测算，私人净投资额从 1929 年的 83 亿美元下降到 1930 年的 23 亿美元，而在接下来五年内为负值，1936 年和 1937 年恢复为正值，1938 年再次成为负值。从 1930 年初到 1940 年底，这 11 年间，私人净投资额为负 31 亿美元。投资者退出市场、一旁观望，因为胡佛和罗斯福两任政府使企业赖以经营运转的制度最终会是什么样子变得不确定起来。1935 年《银行法案》就是联邦政府权力集中化

---

① 关于胡佛的政策，另可参见罗斯巴德（1972）和萨勒诺（2009）。

的一系列举措之一，人们很难预料这些方案对于政治制度的性质会造成什么样的后果。加上其他重要措施——例如1935年的《全国劳资关系法案》《社会保障法案》、1935年、1936年和1937年《收入法案》、1935年《银行法案》，使创业者更难以预测政府对商业企业的干预模式最终如何安排。面对"政权的不确定性"（regime uncertainty），投资者撤资走人，随之而来的资本消耗抑制了生产长达十余年之久。

美联储对于大萧条应负的罪责，就在于20世纪20年代通过信贷扩张膨胀了货币存量，并在1934—1936年纵容货币存量膨胀。这些通货膨胀造成了遍及整个资本结构的不当投资，使矫正式的衰退成为必要。大萧条之所以如此深重而持久，不是因为货币的收缩，而是因为胡佛和罗斯福政府为阻止矫正过程所采取的错误做法。

参考文献

Anderson B（1979）Economics and the public welfare. Liberty Press，Indianapolis，IN

Board of Governors of the Federal Reserve System（1943a）Banking and monetary statistics 1914–1941：Section 1. Available at http：//fraser.stlouisfed.org/docs/publications/bms/1914–1941/section1.pdf

Board of Governors of the Federal Reserve System（1943b）Banking and monetary statistics 1914–1941：Section 9. Available at http：//fraser.stlouisfed.org/docs/publications/bms/1914–1941/ section9.pdf

Brunner K，Meltzer A（1968）What did we learn from the monetary experiences of the United States in the great depression. Can J Econ 1：334–348

Bureau of Labor Statistics（2013a）Consumer price index. Available at http：//research.stlouisfed. org/fred2/data/CPIAUCNS.txt

Bureau of Labor Statistics（2013b）Producer price index：all commodities. Available at http：// research.stlouisfed.org/fred2/data/PPIACO.txt

Friedman M，Swartz A（1963）A monetary history of the United States，1867–1960. Princeton University Press，Princeton，NJ

Higgs R（1997）Regime uncertainty：why the great depression lasted so long and why prosperity returned after the war. Independent Rev 1（4）：561–590

Meltzer A（2003）A history of the Federal Reserve，Vol 1：1913–1951. University of Chicago Press，Chicago，IL

Ohanian L（2009）What—or who—started the great depression. J Econ Theory 144（6）：2310–2335

Phillips CA，McManus TF，Nelson RW（2007）Banking and the business cycle. Mises Institute，Auburn，AL

Pongracic I Jr（2007）The great depression according to milton friedman. The Freeman，September，21–27

Rothbard M（1972）America's great depression. Sheed and Ward，Kansas City

Salerno J（1999）Money and gold in the 1920s and 1930s：an Austrian view. The Freeman，October，31–40

Salerno J（2009）Rothbard vindicated. Mises Daily，4 September

Smiley G（2002）Rethinking the great depression. Ivan R. Dee，Chicago，IL

Timberlake R（1999a）Money in the 1920s and 1930s. The Freeman，April，37–42

Timberlake R（1999b）Gold policy in the 1930s. The Freeman，May，36–41

Timberlake R（1999c）The reserve requirement debacle of 1935–1938，June，23–29

US Department of Commerce（2013）Gross private domestic investment.

Available at http：// research.stlouisfed.org/fred2/data/GPDIA.txt

Wheelock D（1992）Monetary policy in the great depression：what the fed did and why. Review of the Federal Reserve Bank of St. Louis 77：27–38

Wicker E（1966）Federal Reserve monetary policy，1913–1933. Random House，New York

Woods T（2009）Warren Harding and the forgotten depression of 1920. Intercollegiate Rev 44（2）：22–29

美联储：事实胜于诡辩

肖恩·莱特诺（Shawn Ritenour）[1]

罗伯特·希格斯（1987）取得了辉煌的职业成就，他展示了国家如何通过将权力日益集中到自己手里并日渐扩大，从而很好地利用了各种危机，不管这些危机是真实的还是想象的。美联储的诞生就是这种政治经济现象的典型案例。1907年恐慌为创立中央银行打开了大门，很多银行家、知识分子和政治家都援引这一例子，来论证中央银行的好处。美联储的话术，从一开始较为温和的主张，即中央银行可以确保一种弹性的货币从而消除金融恐慌，历经百年，逐步升级，直至让大众对中央银行在整个社会经济平稳运行中的绝对不可或缺都深信不疑。从它在历史上的活动及其后果来看，美联储的措辞错谬百出。它的货币政策非但没有促进稳定，反而导致了经济的毁灭：大规模的物价飞涨、随之而来的美元购买力萎缩，以及美国历史上最为严重的金融恐慌和萧条。

美联储的起源

美国的中央银行制，可以追溯到1781年对北美第一银行的特许，具体到美联储，它起源于1863年和1864年《国家银行法案》所引起的银行、金融和货币体系的不稳定性（罗斯巴德，2008，191–234页）。内战之前各州银行体系的个性化结构，被更为集中化的倒金字塔式结构所取代：乡村银行在储备城市各家银行的基础上扩大银行钞票和存款的发行，而储备城市各家

① 肖恩·莱特诺
美国宾夕法尼亚州格罗夫城格罗夫城市学院，16127
E-mail: srritenour@gcc.edu

银行又接着在纽约市各家银行的基础上扩张。毫不意外，通过信贷扩张日益加剧的通货膨胀，最终导致金融恐慌在 1973 年、1884 年、1893 年和 1907 年的反复发作。这是各家商业银行准备金层层倍增和存款过度创造的必然结果（罗斯巴德，2008，229-230 页）。

从表面上看，美联储似乎是被设计来纠正 1907 年恐慌中暴露出的全国银行体系缺陷（贝克哈特，Beckhart，1922，11-15 页）。几位有影响力的经济学家、学者和金融专家马上开始推广这样的观点：金融和商业恐慌是因为缺少集中统一、协调一致的银行活动，准备金固定不变，国民银行钞票（National Bank notes）缺乏弹性（韦斯顿，Weston，1922）。这种意识形态取得了胜利，国会通过了 1913 年《联邦储备法案》，伍德罗·威尔逊（Woodrow Wilson）总统将其签署为法律。

美联储的话术

在美联储存在的整个过程中，可以理解，其官员和知识分子支持者断言，政府走向中央银行制是一种最为有益的演进。例如，美联储主席托马斯·麦凯布（Thomas B.McCabe，1948，1340 页）在《联邦储备公报》上声称，货币的生产无法实现自我管理，因此我们需要一家像美联储这样为公众利益行动的中央银行。将近三十年之后，亚瑟·伯恩斯本人宣称，美联储的基本品质关乎总体福利、道德操守、对久经考验的知识的尊重以及思想的独立性。

在后来的宣传中，所谓美联储管理下弹性货币存量的益处，就成了标准的辩护理由。1948 年，美联储主席麦凯布（1948，1340 页）断言，中央银行的缺位导致金融恐慌成了一个持续的威胁，但美联储终结了这些危机——大萧条才刚过几年就敢这样说，真可谓厚颜无耻。继任的美联储主席威廉·麦克切斯尼·马丁（William McChesney Martin，1951，1954）声称，美联储的设计初衷是将货币供应流量的无规律所造成的恐慌和危机最小化，使货币体系运行得更平稳顺畅，而金本位则过于死板。

2013 年美联储主席本·伯南克（Ben Bernanke，2013，12–13 页）以同样的论调告诉大学生："对金融稳定的担忧，是国会在 20 世纪初决定成立一家中央银行的主要原因。因为金本位限定了货币供应量，中央银行没有太多的空间使用货币政策来稳定经济。"然而，使货币体系免予政治控制，正是金本位的主要优点（米塞斯，1953，413 页）。

美联储只会提供一种弹性货币的主张，很快就演变成声称美联储会通过实现物价稳定来服务美国人民，之后终于扩展成声称其货币政策能够实现全面的宏观经济与金融稳定。有人认为，如果货币供应量与贸易量以同样速度增长，那么就不存在通货膨胀或通货紧缩。1947 年，美联储委员会（1947，1 页）向公众解释说："多年来这个体系（美联储）发展出了更广泛的目标，也就是说，协助阻止通货膨胀和通货紧缩，并尽其本分地创造条件，以利于维持高就业率、稳定物价、提高消费水平。"随后的美联储主席马里纳·S.埃克尔斯（Marriner S. Eccles，1949a）和马丁（1953：2 页；1954，8 页；1964，5 页及 9 页）进一步巩固了这一系列广泛的目标。1970 年初，主席伯恩斯提出，美联储肩负着经济稳定的重大责任。艾伦·格林斯潘（1988，2–5 页）也作出了类似的声明。最后，本·伯南克（2013：4–5 页）重申，美联储缓和商业周期、推动经济增长、保持稳定的低通货膨胀水平以及消除金融恐慌和危机，从而促进了宏观经济和金融稳定。

从 20 世纪 40 年代中期开始，美联储就将自己描绘成圣乔治王子[①]（Prince Saint George）的真实化身，保护我们免受通货膨胀恶龙的侵害。美联储官员视通货膨胀为"二战"之后的一个重大问题（埃克尔斯，1947；麦凯布，1948）。1951 年，美联储主席马丁开始采用充满斗志的语言告诫美国银行家协会："要把这场对抗通货膨胀的光荣战斗继续下去，就需要真正的勇气、远见、坚韧和毅力。"（马丁，1951，3 页）

---

① 圣乔治王子是基督教传说中公元三世纪的屠龙英雄，是保护弱者、对抗强敌和牺牲精神的象征。——译者注

然而，意味深长的是，他们顶多视美联储为一个被动的渠道，通货膨胀只是通过这个渠道来发生。马丁主席（1954，10 页；1958）认为价格膨胀会导致经济衰退，因而有必要加以抑制，他为商业周期提供了一个比较全面的经验描述，指出经济衰退紧随价格膨胀式的景气而来。不幸的是，对于为什么会这样，他没有给出因果关系的解释。

在 20 世纪 70 年代的大规模通货膨胀开始时，美联储主席亚瑟·伯恩斯认为价格膨胀是多个相关因素造成的结果，其中没有任何一个是货币供应量的增加（伯恩斯，1973a，8 页）。20 世纪 70 年代末发生了骇人的价格膨胀使美联储的措辞成为不断升级的军事用语。通货膨胀是一个需要被攻克的严重问题（米勒，1978）。在加州联邦俱乐部的论坛上，美联储主席米勒的讲话听起来就像是在集结部队：

"我们正面临着这场斗争的关键期。在又一波油价的冲击下，抗击通货膨胀的战争暂时遭到了挫折。美国正在经受着严峻的考验。我们现在需要强有力地展现出我们坚持到底的意志和决心，尽管我们干掉通货膨胀的时间表预期会推迟——也许一年或更久。"（Miller，1 页）

1981 年，保罗·沃尔克（Paul Volcker）给价格膨胀贴上"头号公敌"的标签（沃尔克，1981，13 页）。

颇具讽刺意味的是，美联储的历史中还充斥着它也保护我们免受通货紧缩之害的说法。早在 1920 年，联邦储备委员会（1920，72 页）就说，必须遏制第一次世界大战结束后的价格膨胀，但别为了通缩而采取通缩的政策。第二次世界大战结束后不久，主席埃克尔斯（1948）在一封信中安慰道，国民收入的大幅紧缩及相应高达 2/3 的失业率最终会导致革命，因此政府不会允许这种情况发生。

然而 21 世纪头十年，美联储对通货紧缩的恐惧最为强烈。本·伯南克——最典型的通缩恐惧症患者，当他还只是纽约联邦储备银行行长时，就开始为沃尔玛超市中每个购物者都想要的更低价格而发出警告了。他断言，每年物价只要收缩区区 1%，就会关系到令人痛苦的增长放缓、失业率升高和难以应付的金融问题，而且通缩也是日本经济衰退的一个重要负面因素。伯南克向他的听众保证，美联储会采取一切必要手段来对抗通货紧缩（伯南克，2002，1–2 页）。2006 年，美联储首次明确表示，价格膨胀无论过低还是过高，都是一样不可取的（伯南克，2006，1–2 页）。美联储以前的物价稳定政策因为"通缩恐惧症"（apoplithorismosphobia）——害怕"经济会因物价下跌而'受损'"——演变为通货膨胀稳定政策（桑顿，2003）。

为了达到宏观经济稳定的目标，美联储官员多年来一直主张，由中央银行有意识地控制并管理货币体系是很有必要的。早在 1934 年，美联储主席埃克尔斯认为，美联储将来要避免两件事：一是经济复苏不会导致通货膨胀，二是经济复苏不会导致衰退。在一份 1937 年的声明中，埃克尔斯宣布，要让我们摆脱萧条就必须实行宽松货币而不是紧缩货币政策（埃克尔斯，1947）。这一声明会让凯恩斯主义者、货币主义者以及市场货币主义者全身心地赞成。在 1949 年国会小组委员会听证会上，埃克尔斯（1949a，1949b）仍在强调这个国家需要有人来执行中央集权的货币政策。早在一年以前，美联储主席托马斯·麦凯布只是断言，货币的生产无法实现自我管理，我们需要美联储来充当最后贷款人（麦凯布，1948，1340–1341 页）。

这样的论调一直持续到 20 世纪 50 年代。美联储主席马丁（1951，1953，3–5 页）在各种公开演讲中表示，美联储对于维持健全货币是必不可少的。

近 20 年后，美联储主席亚瑟·伯恩斯提出了类似的主张。他在 1973 年的国际货币大会上称，美联储妥善的货币管理在抑制通货膨胀而又不至于使经济陷入衰退的过程中起到了"不可或缺"的作用。然而同时他又承认货币政策也许还不足以达成这一目标（伯恩斯，1973b，1–3 页）。

事实上，辩护者们从一开始就宣称美联储的行动非常有效，以至于金融危机已经成了过去式。美联储运行一整年之后，在财政部长的首次年度报告中，货币监理署的乐观情绪已经达到兴高采烈的地步。《联邦储备法案》"提供了一种绝对安全的流通媒介，可以在全国各地都能保有其面值，又有足够的弹性来随时满足对额外货币的周期性需求"。因此，"美国在 1873 年、1893 年以及 1907 年所经历的这种金融和商业危机，或曰'恐慌'，以及与之相伴的不幸和衰败，严格来讲，再无可能发生了"（1915 年财政部长报告，479 页）。1953 年，美联储主席马丁（1953，8-9 页）在武装部队工业学院同样也宣示了胜利，他声称美联储在达成它的创立宗旨方面已经取得了成功：维持弹性的货币供应量和银行准备金的有效分配。在 40 多年后，美联储主席沃尔克向美国广播公司新闻台（ABC News）保证，由于在我们的金融体系和经济政策当中，有美联储保驾护航，他在试图降低两位数的通货膨胀时，并不担心会重现大萧条时的境况（沃尔克，1979，3 页）。

虽然美联储官员们有时（尽管极少）会认识到衰退总是追随通货膨胀而来这一经验事实，但他们完全没有为经济衰退担起责任，要知道衰退的罪魁祸首正是美联储引发的通货膨胀。他们倾向于视萧条为外生性的，需要美联储去应对，而不是由美联储引起的。他们从来不承认，美联储支持的银行体系应当为通货膨胀式的景气及其必然会导致的衰退负责。例如，在大萧条期间，美联储主席埃克尔斯就试图推脱责任，他声称银行体系和美联储对于大萧条所负有的责任，并不比我们资本主义经济当中的任何其他机构多（埃克尔斯，1933，12 页）。他似乎在暗示，如果美联储有罪，那么整个资本主义也有罪。

自从弗里德曼和施瓦茨的《美国货币史，1867—1960》在 1963 年出版后，美联储官员们开始勉强地引用这样的说法：美联储对于早期的衰退没有采取足够有力的通货膨胀措施，因而使萧条持续了更长时间、造成了更大的破坏。在一句如今很有名的评论中，时任美联储理事的伯南克承认了美联储在大萧条时的过失，他向米尔顿·弗里德曼打趣道："你是对的，我们确实犯了错，非常抱歉。但是谢谢你，我们不会重蹈覆辙了"（伯南克，2002）。

美联储的现实

唉，从一开始，现实就和美联储的说辞背道而行。美联储声称自己做的和将会做的事情，与它的实际行动及其后果相去甚远。它非但没有预防和缓解危机，反而造成并加剧了危机。它非但没有对抗通货膨胀，反而是通货膨胀的源头。它非但没有在政治上保持独立，反而在为政客服务。

他们最初声称，美联储将供应一种弹性的货币存量，从而使金融和经济危机再也不可能发生；然而实际上，联邦储备系统从一开始就被有意设计成由一家中央银行控制并保持整齐划一的通货膨胀引擎。

事实证明，伊莱休·罗脱（Elihu Root）是对的。在关于《联邦储备法案》的国会辩论中，他对于货币供应量的问题发出警告说，美联储的运行将只会导致货币扩张而非收缩（格罗斯克洛斯，Groseclose，［1980］2009，108-109 页）。这是因为美联储之下新的监管结构完全是有利于货币扩张的（罗斯巴德，2008，235-246 页；格罗斯克洛斯，［1980］2009，144-148 页；财政部报告，1915，479-480 页）。

首先，只有联邦储备银行才能印发纸币。各家成员商业银行再也无法印钞，只能通过提取自己在这家中央银行的存款来获得纸币。于是美联储现在就是整个银行业倒金字塔结构的单一基础。黄金都要集中在美联储，凭每一金美元（every dollar of gold）的准备，可以发行 2.86 美元存款或者 2.5 美元纸钞。

所有的国家银行（national banks，联邦政府发放牌照的银行）都必须成为联邦储备系统的成员，而州立银行（state-chartered banks，州政府发放牌照的银行）可以自愿选择。然而，非成员银行还是会受到操纵，为了帮客户获得现金，他们就不得不在有美联储权限的成员银行那里保留存款账户。

在几年时间里，美联储采取了从流通领域收回黄金凭证代之以联邦储备券的政策。这些联邦储备券只需要有 40% 的黄金凭证作为支持，也就是说，凭借释放出来的 60% 黄金作为基础，可以扩增出更多倍的银行纸币。因此，这种中央集权式的组织结构极大削弱了银行之间的竞争，在部分准备金制度之下，消除了对货币膨胀的一个重要制约（罗斯巴德，2008，132–134页）。

此外，《联邦储备法案》降低了存款的准备金要求。对于活期存款，中央储备城市各银行、储备城市各银行和各家乡村银行的法定存款准备金率分别下调至18%、15%和12%。对于定期存款，各类银行的法定存款准备金率全都降低至5%。《联邦储备法案》1917年的修正案再次调低了存款准备金率。这些举措进一步纵容了通货膨胀，破坏了银行体系的稳定性，因为各家银行都着手在资产中持有越来越多的定期存款，以便更好地利用较低的法定存款准备金率（安德森，1979，46页）。

这些制度改革的结果是惊人的。主要得益于较低的准备金要求，较之于此前的银行业历史，美联储在第一次世界大战期间大幅扩大了信贷规模（安德森，1979，45–47页，56页）。从1914年到1930年，银行贷款、投资和存款都翻了一番（菲利普斯等，［1937］2007，20页）。事实上，在此期间所增加的存款，超过了1914年以前美国银行体系整个历史上增加的存款总和。不足为奇的是，批发物价从1915年到1920年上涨了144%。正如菲利普斯、麦克马纳斯和尼尔森所指出：

> 要不是成立了联邦储备系统，战时银行的信贷扩张就会迅速达到一个极限——准备金在存款负债额中的比率就会降低到法定的最低限度，从而阻止了进一步的存款信用扩张，除非银行能通过某种方式获得新的准备金。联邦储备系统的建立，通过准备金的汇集和节约利用，允许在给定的准备金基础上实行更大的信用扩张，实际上起到了让银行体系获得新的准备金的作用。借助《联邦储备法案》的规定，可用准备金的信用扩张能力扩大了好几倍（菲利普斯等，［1937］2007，23页）。

20世纪20年代的货币膨胀是由美联储初次涉足公开市场操作来推动的。美联储在20年代以国债为对象开展了"巨量的"、大范围的公开市场收购（安德森，1979，155–157 页）。美联储的这种信用扩张使商业银行的准备金大幅增加，导致了 1922—1929 年的大规模的货币膨胀（菲利普斯等，[1937] 2007，79–91 页；安德森，1979，144–150 页）。这转而促进了直接投资领域和证券领域的"投资膨胀（investment inflation）"（菲利普斯等，[1937] 2007，103–114 页）。从 1921 年到 1929 年，各家成员银行的投资增加了 67%，证券贷款增加了 129%，城市房地产贷款增加了 214%。

第二次世界大战后，美联储积极寻求降低利率，以便协助美国财政部流动其债务（floating its debt）。这种做法实质上是在将美国的国债货币化。1948 年美联储再次降低法定存款准备金率，进一步助长了"二战"之后的通货膨胀。如此一来，廷伯莱克（1993）指出，尽管基础货币的年增长率还相对较低，货币存量增长就快得多了。事实上，M1 货币供应量（由银行存款和流通领域中的货币构成）从 1945 年底的 1 800 亿美元增加到了 1963 年底的 3 000 亿美元。美联储在 20 世纪 60 年代继续其货币化方式，到 1967 年，其累计的美国国债高达 433 亿美元（廷伯莱克，1993，328–331 页）。

从美国经济史可以很清楚地看出，那种认为美联储只是为了满足商业需要而维持一种弹性货币的观点是站不住脚的。如果真如此，持续通货膨胀的必然长期趋势也就不在预料之中，然而我们却见证了这一事实。在货币体系的每一次促进通货膨胀的制度改革中，基础货币的年增长率都升高了。从 1918 年到 1933 年，也就是罗斯福使我们脱离国内金本位的那一年，基础货币以年均大约 2.2% 的速度增长。从 1933 年到 1971 年，到尼克松将美元从国际金本位的最后残存中彻底剥离出去的时候，基础货币以年均 6.4% 的速度增长。而在我们彻底告别黄金之后，美联储以年均大约 9.8% 的速度增加基础货币。

货币存量也相仿相效。从美联储成立以来，到了 2012 年，广义货币供应量（M_2）增加了 100 064 亿美元。美联储存续期间，M_2 增幅超过了 452%［原文如此，此处似乎多了一个 %，实际数字可能是 452 倍。——译者注］。

正如人们所预料的那样，随着货币供应量在过去的一个世纪内持续增加，美元的购买力相对于美联储成立之前的那个世纪暴跌了。2013 年的消费物价指数高达 1913 年 1 月的 22.8 倍。

从 1800 年到大约 1895 年，美元的购买力差不多翻了一番。然后，在美联储成立之后，物价长期一路走高，美元的购买力则长期不断下滑，与 1800 年的美元相比，2009 年的美元货币购买力仅相当于大约 8 美分。维持美元价值、稳定价格以及仅仅为了商业需要而操纵货币供应？到此为止吧。

从历史记录来看，对价格紧缩的担心是可笑的。在过去的 100 多年中，明显的价格紧缩只发生了三次。美联储在 1920—1921 年衰退时期允许价格紧缩，这就是为什么衰退结束得如此之快的原因（安德森，1979：79-91 页；墨菲，2009）。1931—1933 年，阻止货币紧缩和价格紧缩没有取得效果，尽管美联储并非没有努力尝试过（罗斯巴德，[1963] 2000：214-216 页，239-241 页及 260-263 页；萨勒诺，2010）。

事实上，2008 年金融危机不过是美联储造成的经济崩溃的最近一次。在它成立之后不到 8 年，美联储一手炮制的通货膨胀式景气，引发了 1920—1922 年的经济衰退（安德森，1979；菲利普斯等，[1937] 2007）。同样，美联储在 20 世纪 20 年代中后期的经济衰退时引入通货膨胀，之后演变为大萧条（安德森，1979；菲利普斯等，[1937] 2007：78-174 页；罗斯巴德，[1963] 2000）。"二战"之后，美联储在 20 世纪 50 年代主持了通货膨胀和衰退。到 1963 年，在美联储支持下，通货已经膨胀得远远超出了美国的黄金储备，使其远远不足以保障美国履行布雷顿森林体系下的义务。实际上，情况非常糟糕，由于国外对美国的货币缺乏信心，美国财政部被迫以美元以外的其他货币从国外借款（格罗斯克洛斯，[1980] 2009：237-238 页）。美联储既没有阻止 1987 年的股市崩盘，也没有让对冲基金"长期资本管理公司"免予倒闭。1987 年股市大崩盘之后，新任美联储主席格林斯潘立即向投资者保证，美联储随时准备好提供任何必要的流动性，以维持市场的运转。为了应对 20 世纪 90 年代的经济衰退和墨西哥比索危机，美联储故伎重施——

通过信贷扩张实行通货膨胀。

被大量新钱刺激的投资者们在寻找机会，并追风下一个重大事件：科技与互联网。美联储在20世纪90年代的通货膨胀吹起了科技股泡沫，随后导致了2000年的经济衰退（卡拉汉和加里森，Callahan & Garrison，2003）。作为回应，美联储再一次操持它最驾轻就熟的事情：向投资者提供保证、扩张信贷和增加货币供应量，在"9·11"恐怖袭击之后再次"扩大容量"。很多投资者在科技股暴跌时吃尽了苦头，又在各种贷款调节的诱导下，将新钱投向房地产，接着投向抵押贷款支持证券，以及以这些证券为基础的金融衍生品。资本的再次错配导致了大衰退和最为糟糕的裙带资本主义（拉维尔和勒温，Ravier & Lewin，2012；萨勒诺，2012；斯托克曼，Stockman，2013；伍兹，2009）。经济史表明，美联储非但没有提供经济稳定，反而通过其通货膨胀式信贷扩张和利率操纵，一而再再而三地带来不稳定性和经济破坏。

结论

百年来，美联储一直宣称自己在经济上不可或缺。它把没有美联储的世界描绘成一派反乌托邦（dystopian）景象：社会蹒跚踯躅，从一场衰退走向另一场衰退，交替着经历失控的通货膨胀和高失业率。据说，多亏了美联储，我们才得以享受健全货币、较少的衰退、高就业率、稳定的物价以及日益提升的生活水准。换句话说，美联储对于全面的宏观经济稳定是绝对必要的。

然而，经济事实给我们上了截然不同的一课，因为经济法则会戳穿国家统制经济论者的说辞。美联储的既往就是一部充斥着货币膨胀、整体物价上涨、购买力下跌、经济衰退和数十年失落的历史。1913年这个国家播下了通货膨胀趋势的火种，一百年来我们始终在收获经济风暴的烈焰。

参考文献

Anderson BM（1979）Economics and the public welfare，2nd edn. Liberty

Press，Indianapolis，IN

Beckhart BH（1922）Outline of banking history：from the first bank of the United States through the Panic of 1907. In：Welton AD，Crennan CH（eds）The Federal Reserve System—its purpose and work. The American Academy of Political and Social Science，Philadelphia，PA，pp. 1–16

Bernanke BS（2002）Deflation：making sure "it" doesn't happen here. [Online] Available at：https：//fraser.stlouisfed.org/docs/historical/bernanke/bernanke_20021121.pdf. Accessed 18 June 2013 Bernanke BS（2006）Reflections on the yield curve and monetary policy. [Online] Available at：http：//fraser.stlouisfed.org/docs/historical/bernanke/bernanke_20060320.pdf. Accessed 18 June 2013 Bernanke BS（2013）Origins and mission of the Federal Reserve. [Online] Available at：http：//www. federalreserve.gov/newsevents/lectures/origins-and-mission.htm. Accessed 26 June 2013 Board of Governors of the Federal Reserve System（1947）The Federal Reserve System：its purposes and functions，2nd edn. Board of Governors of the Federal Reserve System，Washington，DC

Burns AF（1973a）Objectives and responsibilities of the Federal Reserve System. [Online] Available at：http：//fraser.stlouisfed.org/docs/historical/burns/Burns_19730908.pdf. Accessed 5 July 2013

Burns AF（1973b）Some problems of central banking. [Online] Available at：http：//fraser.stlouisfed.org/docs/historical/burns/Burns_19730606.pdf. Accessed 24 June 2013

Callahan G，Garrison RW（2003）Does Austrian theory help explain the Dod-Com boom and bust? Q J Austrian Econ 6（2）：67–98

Eccles MS（1933）Reconstructing economic thinking. In：Utah Education Association Bulletin. Utah Education Association，Salt Lake City，UT，pp. 11–20

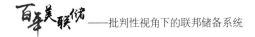

Eccles MS（1934）Remarks of Mr. Marriner S. Eccles, Governor of the Federal Reserve Board, at a meeting of the Federal Reserve Board with representatives of the industrial advisory commit- tees. [Online] Available at：http：//fraser.stlouisfed.org/docs/historical/eccles/074_06_0001. pdf. Accessed 21 June 2013

Eccles MS（1937）Statement of chairman Eccles with reference to his position on credit and moentary policies. [Online] Available at：http：//fraser.stlouisfed.org/docs/historical/eccles/ 092_06_0003.pdf. Accessed 21 June 2013

Eccles MS（1947）The current inflation problem—causes and controls. [Online] Available at：http：//fraser.stlouisfed.org/docs/historical/eccles/069_01_0008.pdf. Accessed 21 June 2013 Eccles MS（1948）Letter to Don T. Kyle. [Online] Available at：http：//fraser.stlouisfed.org/docs/historical/eccles/068_11_0007.pdf. Accessed 18 June 2013

Eccles MS（1949a）Purposes and functions of the Federal Reserve System. [Online] Available at：http：//fraser.stlouisfed.org/docs/historical/eccles/082_01_0001.pdf. Accessed 24 June 2013 Eccles MS（1949b）Statement of Marriner S. Eccles before the subcommittee on monetary, credit and fiscal policies of the joint committee on the economic report. [Online] Available at：http：//fraser.stlouisfed.org/docs/historical/eccles/070_02_0003.pdf. Accessed 21 June 2013

Federal Reserve Board（1920）Sixth annual report of the Federal Reserve Board. Government Printing Office, Washington, DC

Friedman M, Schwartz A（1963）A monetary history of the United States, 1867–1960. Princeton University Press, Princeton, NJ

Greenspan A（1988）The crash of October 1987：14 months later. [Online] Available at：https：// fraser.stlouisfed.org/docs/historical/greenspan/greenspan_19881228.pdf. Accessed 18 June 2013 Groseclose E [1980] 2009

America's money machine: the story of the Federal Reserve. The Ludwig von Mises Institute, Auburn, AL

Higgs R (1987) Crisis and Leviathan: critical episodes in the growth of American Government. Oxford University Press, New York, NY

Martin WMJ (1951) Our Federal Reserve System. [Online] Available at: http://fraser.stlouisfed.org/docs/historical/martin/martin51_1002.pdf. Accessed 21 June 2013

Martin WMJ (1953) The role of the federal reserve system. [Online] Available at: http://fraser.stlouisfed.org/docs/historical/martin/martin53_0121.pdf. Accessed 21 June 2013

Martin WMJ (1954) Monetary policy and the federal reserve system. [Online] Available at: http://fraser.stlouisfed.org/docs/historical/martin/martin54_0408.pdf. Accessed 21 June 2013 Martin WMJ (1958) The battle against recession. [Online] Available at: http://fraser.stlouisfed.org/docs/historical/martin/martin58_0422.pdf. Accessed 24 June 2013

Martin WMJ (1964) Our American economy and the Federal Reserve System. [Online] Available at: http://fraser.stlouisfed.org/docs/historical/martin/martin64_0730.pdf. Accessed 24 June 2013

McCabe TB (1948) The significance of membership in the Federal Reserve System. Federal Reserve Bulletin, November, pp. 1339–1343

Miller CW (1978) Speech given before the National Press Club. The American Banker, 12 June, pp. 4–9

Miller CW (1979) New directions: strategy for economic progress. [Online] Available at: https://fraser.stlouisfed.org/docs/historical/miller/Miller_19790719.pdf. Accessed 18 June 2013 Mises L (1953) The theory of money and credit. Yale University Press, New Haven, CT Murphy RP (2009) The depression you've never heard of: 1920–1921. Freeman 59 (10): 24–26

Phillips CA，McManus TF，Nelson RW [1937] 2007 Banking and the business cycle：a study of the great depression in the United States. The Ludwig von Mises Institute，Auburn，AL

Ravier A，Lewin P（2012）The subprime crisis. Q J Austrian Econ 15（1）：45–74

Rothbard MN（2000）America's great depression，5th edn. The Ludwig von Mises Institute，Auburn，AL

Rothbard MN（2008）The mystery of banking，2nd edn. The Ludwig von Mises Institute，Auburn，AL

Salerno JT（2010）Money and gold in the 1920s and 1930s. In：Salerno，JT（2010）Money sound and unsound. The Ludwig von Mises Institute，Auburn，AL，pp. 431–449

Salerno JT（2012）A reformulation of Austrian business cycle theory in light of the financial crisis. Q J Austrian Econ 15（1）：3–44

Secretary of the Treasury（1915）Annual report of the secretary of the treasury on the state of the finances for the fiscal year ended June 30，1914. Government Printing Office，Washington，DC Stockman DA（2013）The great deformation：the corruption of capitalism in America. Public Affairs，New York，NY

Thornton M（2003）Apoplithorismosphobia. Q J Austrian Econ 6（4）：5–18

Timberlake RH（1993）Monetary policy in the United States：an intellectual and institutional history. The Chicago University Press，Chicago，IL

Volcker P（1979）ABC news "issues and answers"．[Online] Available at：https：//fraser.stlouisfed.org/docs/historical/volcker/Volcker_19791029.pdf. Accessed 18 June 2013

Volcker P（1981）Dealing with inflation：obstacles and opportunities.

[Online] Available at：https：//fraser.stlouisfed.org/docs/historical/volcker/Volcker_19810415.pdf. Accessed 18 June 2013 Weston NA（1922）The studies of the national monetary commission. In：Welton AD，Crennan CH（eds.）The Federal Reserve System—its purpose and work. The American Academy of Political and Social Science，Philadelphia，PA，pp. 17–26

Woods TFJ（2009）Meltdown：a free-market look at why the stock market collapsed，the economy tanked，and government bailouts will make things worse. Regnery Publishing，Inc.，Washington，DC

欺骗性的传说：美联储独立性的神话

托马斯·迪洛伦佐（Thomas DiLorenzo ）[1]

[美联储独立性的] 这种神话，在每一个方面都恰恰和真相相反。不把这些欺骗性的传说揭穿并驳倒，我们就无法清晰地思考货币、银行业或者美联储本身。

——穆瑞·罗斯巴德《反对美联储的理由》
Murray N. Rothbard，The Case Against the Fed

认为美联储现在独立于政治而且应该如此的观点，是 20 世纪早期"进步主义时代"意识形态遗产的一部分。为了抑制美国政治中源于杰斐逊主义传统（即"最小的政府就是最好的政府"）的对政府干预由来已久的怀疑，进步主义者利用他们在学术界、新闻界和政府中的地位，发起一场运动来反对"政党分赃制"，也就是政府事业的管理者通常都是通过政治赞助而获得任命的制度（罗斯巴德，1995）。他们认为，应该有一支受过（进步主义知识分子）专业训练的官僚队伍，在理论上只服务于"公共利益"，尤其是公务员条例能够保护他们免受政治压力和被解雇的威胁，授予他们有效的终身职位。政府事业的管理者将不再随着选举周期而更换人选。据推测，这将保证政府雇员们服务于"公共利益"而不是私人的政治利益。

美联储成为美国联邦、各州和地方各级政府的数百家政府事业之一，它被莫名其妙地标榜为脱离和独立于政治的政治机构。同样地，美联储及其支

---

[1] 托马斯·迪洛伦佐

美国马里兰州巴尔的摩市马里兰洛约拉大学塞林格商学院 21210–2694
E-mail：tdilo@aol.com

持者开发出了独具其风格的宣传路线。正如罗斯巴德所描述道（2013）：

在美联储及其支持者的神话中，公众是一头巨兽，始终受到扩大货币供应量的欲望驱使，让经济蒙受通货膨胀及其可怕的后果。那些麻烦讨厌的、过于频繁的所谓"选举"，使政客们容易屈服于这些诱惑，尤其是像众议院那种机构，他们每两年就要面对公众，因而对公众的愿望特别敏感。而美联储则不同，在货币专家的引导下，不受公众对通货膨胀的欲望影响，随时准备筑起工事，展开与"通货膨胀戈耳工"①的永恒战斗，始终维护好长远的公共利益。简而言之，公众迫切需要美联储对货币的绝对掌控，好把他们从短视的欲望和诱惑中拯救出来，使其免受自己的伤害。

罗斯巴德说，这就是美联储的意识形态，反映在它自己的宣传活动、"建制派"新闻报道和无数经济学家的教科书声明之中。

这种意识形态的每一个方面——所谓不涉政治的公务员服务以及"独立的"美联储——都无疑是虚假的。很难想象，美国公众曾如此天真而容易上当，他们竟然相信政治机构会和政治无关。但这种观念在各个层面的教育、报纸、书籍、杂志以及政治本身当中不断地重复，显然说服了大量公众相信米尔顿·弗里德曼称为"汪汪叫的猫"（barking cat）的政治理论。正如不存在一只像狗一样叫唤的猫，弗里德曼喜欢这么说，也根本不存在无关政治的政治机构。

从本质上讲，进步主义的意识形态完全颠倒了詹姆斯·麦迪逊在《联邦党人文集》第 10 篇中的那句名言：如果人是天使，政府将不必要。而进步主义者坚持认为，人其实可以像天使一样，只要他们按照国家统制论的方法接受正确的进步主义教化。

---

① 戈耳工（Gorgon）希腊神话中头生毒蛇的女妖，令人闻名丧胆的美杜莎就是戈耳工之一。——译者注

进步主义的意识形态仍在广泛传播，尽管世事直接表明了它无疑是错的。在《保守主义的胜利》（*The Triumph of Conservatism*）一书中，历史学家加布里埃尔·柯尔克（Gabriel Kolko，1977）详尽地论证了，所有主要的政府监管机构，如联邦贸易委员会（FTC）和食品药品监督管理局（FDA），作为进步主义者的至高成就，从一开始就是彻底政治化的。它们都是进步主义知识分子和大企业利益集团之间邪恶联盟的结果，他们想利用"独立的"监管机构来阻挠较小对手的竞争，并阻止任何新来者进入他们的行业（罗斯巴德，2007）。法律学者巴特勒·谢弗（Butler Shaffer，1977）在他的《贸易限制》（*In Restraint of Trade*）一书中指出，所有这些干预措施不过是蒙上一层面纱的"公司福利"[①]。

有些芝加哥学派经济学家在研究了进步主义时代的监管机构后，提出了监管的"俘获理论"，即监管者在政治上被本应受到他们"为了公共利益考虑"进行监管的行业所俘获。"独立的"民用航空委员会为了维护航空公司的利益，数十年来强化了一项垄断的卡特尔化定价机制；州际商务委员会也为了卡车运输行业和铁路行业做了同样的事；诸如此类，不一而足。乔治·斯蒂格勒（George Stigler，1975）也许是和监管俘获理论有关的最著名的芝加哥学派经济学家，诺贝尔委员会在1982年授予他诺贝尔经济学奖时就提到了这一理论。

美联储作为主要服务于银行业利益的政府强制性卡特尔，很自然地符合这种俘获理论的模型，而银行业自始至终都是美联储获取政治支持的主要来源。例如，当众议员亨利·罗伊斯（Henry Reuss）在20世纪70年代提出一项法案，本想授权美国会计总署对美联储进行审计时，这一提案在银行家的游说之下被彻底否决了。据经济学家罗伯特·奥尔巴赫（Robert Auerbach，1985，52页）所记述，联邦储备委员会弗吉尼亚里士满分部主席在罗伊斯

---

① 公司福利，指政府通过法案、政策等措施为特定的公司提供税收减免和补贴等福利。——译者注

法案被否决之后的一次银行家会议上致贺："银行家们在本地区及其他地区做了大量的工作，帮助我们否决了《会计总署法案》。这表明，当全国银行家们联合起来时，能够取得何种成就。"

在 20 世纪 90 年代，当众议员亨利·冈萨雷斯（Henry Gonzalez）提出一项法案，试图将美联储的一些行为公之于众、付诸审查时，银行业的行业协会再次行动起来，发起了一场反冈萨雷斯改革的强有力且大获成功的政治运动。当众议员罗恩·保罗在 2009 年提出审计美联储的法案时，又发生了同样的事情。

当冈萨雷斯发起提案时，罗斯巴德（Rothbard，2013）尖锐地反问道："为什么银行家们这么时刻准备着维护一个对他们加以控制和监管、实际上决定着银行体系运作的联邦机构？私人银行难道不希望给他们的主宰者施加一些审查与约束吗？为什么一个受到监管和控制的行业会这么喜欢让自己的控制者拥有不受约束的权力？"

对这些问题的明确答案是：银行业之所以如此支持作为其"监管者"的美联储，是因为美联储对货币供应量的监管，以银行业利益而非"公众"利益为重。对银行业而言，美联储的权力越大（秘密越多），就银行业而言就越有利。

美联储是将银行业政治化的工具，而不是像它自己所宣传的那样，将银行业与政治分隔开来。如果美联储的所作所为真的是"为了公众利益"，那么我们就不会看到这些旨在维护美联储机密的精心策划、严密组织的政治行动。如果任何政府机构的所作所为真的是"为了公众利益"，那么这家机构就应当非常乐意于尽可能透明化地运作。

实际上，在 1913 年成立之后不久，美联储就顺应政客们的意愿，将为美国参加第一次世界大战提供资金的大量发行的债券予以货币化。因此，美联储和进步主义时代的其他监管机构一样，从一开始就是政治机构。事实上，美联储为后来所有的战争都提供了资金支持（泽曼诺维茨，Zelmanovitz，2010），福利国家的扩张也得到了它的资金支持。由于直接、明确的征税对纳税人来说更清晰可见而痛苦，美联储创造了一种公共选择经济学家所称的"财政幻觉"。也就是说，如果可以把政府项目（包括战争）的成本部分地隐藏于债务和价格膨胀之中，人们就会以为这些成本要低于实际情况。如果公众面对的是一份明确地将税收课征到他们头上的税单，战争可能就不会发生得那么频繁，持续时间也会缩短（萨勒诺，1999）。

与进步时代产生的"公共利益"监管理论相比，一个更大的神话（myth）或虚假传说是：自1913年以来，美联储一直都是对抗贪婪通货膨胀的斗士。回顾美联储"独立性"理论的关键，那就是，普罗大众想要一种通货膨胀的货币，而政客们无法抗拒诱惑，势必迎合如此庞大的投票集团。因此，英勇、无私和独立的美联储保护公众，使其免受自身的伤害，故事就是这么说的。但自从美联储成立以来，消费物价指数却上升了逾20倍。如果美联储的作用是"抗击"物价膨胀，那么它已经遭到了惨败。单凭这一事实，就足以揭穿标准宣传路线中的谎言：英勇、无私和独立的美联储通过控制物价膨胀来维护公众利益。

作为政治工具的美联储

经济学家罗伯特·温特劳布（Robert Weintraub，1978）发表的一项研究表明，美联储的政策照例遵循一个有权力重新任命美联储主席的人的意愿，此人就是美国总统。温特劳布展示了美联储在1953年、1961年、1969年、1974年和1977年历次货币政策路线的转变——所有这些年份中总统大位都发生了更替。

温特劳布的研究显示，当艾森豪威尔（Eisenhower）总统公开表示希望货币增速放缓时，在他执政期间，货币供应量只增加了1.73%，是十多年来的最低增速。之后，当肯尼迪（Kennedy）总统倡议货币增速多少快一些时，美联储也予以迁就。从1961年1月到1963年11月，货币供应量增长了2.31%。

林登·约翰逊（Lyndon Johnson）希望货币增速还要更快一些，以便为越战和他的"伟大社会"福利计划提供资金。货币增速翻了一番还多，年增长率达到 5%。这些各不相同的货币增长率，全都发生在同一位美联储主席——威廉·麦克切斯尼·马丁任内。马丁这么做的主要目的很显然是取悦于他的政治主人：制造合其心意的经济不稳定性，以此促进主人们的政治生涯。

马丁的继任者亚瑟·伯恩斯更是政治人物。正如经济学家、曾担任美联储得克萨斯州达拉斯分行副行长的杰拉尔德·奥德里斯科尔（Gerald O'Driscoll）在《华尔街日报》上所写道："［伯恩斯］在尼克松时代所记的日记证实，美联储的政策屈从于行政目标和总统的连任竞选活动。他在一篇日记中记载，他告诉尼克松'有我看管着货币政策，他不必担心美联储给经济断炊的可能性'。"

当伯恩斯公开支持尼克松总统实施的工资和物价管制（这是在经济学界业内几乎一致反对的政策）时，他就从根本上毁掉了自己作为一名严肃经济学家的声誉。此外，据温特劳布记载，当手下工作人员在 1972 年这个选举年的第三季度告诉伯恩斯，货币供应量年增长率将上升到强劲的 10.5% 时，伯恩斯仍确保要以更快的货币增速来给尼克松连任增添机会。温特劳布指出，1972 年的货币供应量增长速度是第二次世界大战结束之后最快的一年。这协助尼克松获得了连任，并且，如奥德里斯科尔（2013）指出，"其后果就是 20 世纪 70 年代的大规模通货膨胀"。

尼克松的继任者杰拉尔德·福特（Gerald Ford）总统对价格膨胀怀有戒心，公开呼吁放缓货币增长，然而为时已晚，通货膨胀已经如野马般脱缰而出。不过，亚瑟·伯恩斯治下的美联储遵从了总统的要求，将货币增速降低到 4.7%。然后，福特总统的继任者——自由派的民主党人吉米·卡特（Jimmy Carter）表达了货币增速还要快马加鞭的愿望，于是伯恩斯又服从了他的新主人，将货币供应量年增长率提高到 8.5%。按照温特劳布记载，沿袭了伯恩斯 / 尼克松的模式，1980 年大选前的 5 个月内，货币供应量增长了 16.2%。

在物价每年猛涨 13% 的情况下，新一任美联储主席保罗·沃尔克遵从里根（Ronald Reagon）总统的意愿，大幅削减了货币增长。艾伦·格林斯潘——八面玲珑的政治动物，在政治上对克林顿（Clinton）和布什（Bush）政府极尽逢迎之能事。如奥德里斯科尔写道："无论从什么意义上，都很难把本·伯南克主席治下的美联储描绘成是在独立运作。"就他长期忠实地实行超低利率而言，"伯南克将货币政策与奥巴马政府的财政政策捆绑在一起，力求抬高资产价格。这种做法有悖于中央银行据说应有的独立性，使得美联储与总统行政团队之间的关系，比自伯恩斯和尼克松以后的时期内的关系更加密切。"

美联储是一个如此政治化的机构，以至于每当发生经济衰退，甚至是失业率小幅上升时，它往往会成为国会议员们的政治替罪羊。经济学家爱德华·凯恩（Edward Kane）在《货币经济学杂志》（*Journal of Monetary Economics*）中写道，每当货币政策受欢迎时，政客就会声称这应当归功于他们对美联储施加的影响。当货币政策不受欢迎时，政客则会指责"冥顽不化"的联邦储备委员会拒绝服从其命令。凯恩写道，作为回报，美联储得到了允许，从它通过公开市场操作所购的政府证券当中，赚取利息收入，从而积聚了巨额的"受贿基金"（slush fund）。这就是美联储资助自身薪水和津贴（其中包括数万名高薪雇员、一架里尔喷气式飞机、一架小型客机、成队的"公司"汽车、价值数百万的绘画和雕塑收藏品、用于专业会员、娱乐和旅行的数百万开销以及大量房地产）的方式。

美联储作为"反向罗宾汉"（劫贫济富）再分配的引擎

在 2008 年"大衰退"的余波之后，美联储实际上已经放弃了一切"独立于"政治的伪装，尽管在其学院派支持者的帮助下，仍然在使用那些关于"美联储独立性"的话术和宣传。具体来说，美联储已经以行动再明白不过地表明，它首要关注的是保护华尔街投资银行巨头们的奖金，这些巨头接下来又会向行政、立法分支和两大政党提供数百万的竞选"献金"。（美国财政部长几乎总是高盛集团的高管，这可不是什么巧合。）美联储通过向经济注入更多的流动性来应对房地产和股票市场以及其他领域的泡沫破灭，从而制造新的泡沫——也为华尔街投机者们创造出新的获利机会。正如大卫·斯托克曼（David A. Stockman，2013，653 页）在他的《大变形》（*The Great Deformation*）一书中所写到的那样，"这家中央银行在该州的分行仍然受制于华尔街的投机者，他们威胁要进行疯狂的抛售，除非能够一再得到油水（juiced）。因此，货币政策成了'反向罗宾汉'式的再分配引擎；它肆意挥舞着准凯恩斯主义需求刺激理论的鞭子，惩罚'布衣街'（main street，美国城镇平民百姓生活消费的主街，和华尔街相对。——译者注）的储蓄者、劳动者和商人，却为华尔街赌场中的投机性收益……创造了无穷无尽的机会"。斯托克曼表示，多亏了美联储，国家机器和选举连任的机器变得密不可分。

通货膨胀让华尔街的"百分之一"大发其财，却使其他每个人都变穷。通过人为压低利率的政策遏制储蓄，美联储破坏了经济增长的许多基本要素——储蓄、投资和资本积累。

通货膨胀政策的另一项"姐妹政策"，也是为了维护百分之一阵营的利益，那就是每当美联储制造的泡沫破裂并造成衰退或萧条时，美联储就会出资救助这百分之一的人。斯托克曼（2013，xi 页）写到，美国人目睹了"裙带资本主义势力对国家、尤其是对其中央银行——美联储的俘获，深深地伤害了自由市场和民主"。

例如，在大衰退之后的 13 周内，美联储印出的钱几乎是整个 20 世纪印钞量的 2 倍，这些钱主要用来拯救华尔街投资者。实际上，如斯托克曼（2013，45 页）所述，2008 年与其说是"经济"在崩溃；不如说仅仅是"高盛及其他大型银行（如摩根士丹利）的股价"在崩溃。美联储向摩根士丹利提供的救助多达 1 070 亿美元。对该公司救助的结果类似于高盛的 100 亿美元救助："高盛到手了 100 亿美元，以免予其所谓的灭亡。但随后它转瞬之间就扭亏为盈，在仅仅 3 个月之后开始的那个年度创造了 290 亿美元的盈余——130 亿美元净收益外加 160 亿美元工资和奖金。"（斯托克曼，2013，

3 页）。同样，美联储在保险公司美国国际集团（AIG）还有 90% 的资产可用于偿付时，为其提供了 1 800 亿美元救助，这"完全是为了保住短期盈利和该年度高管及交易员的奖金"，而与"挽救"整体经济没有半点关系（斯托克曼，2013，7 页）。

美联储作为福利国家的融资者

美联储一直都是军事 / 工业 / 国会联合体的主要融资工具。它也日益成为华尔街大亨们继续发财的政治工具，这些大亨是华盛顿特区两大政党的政治建制派政治生涯的重要资金来源。除了资助战争国家和以华尔街为中心的公司福利国家以外，美联储还通过大举资助福利国家来讨好它的政治主人。如前所述，债务融资和货币创造营造出了一种关于福利国家乃至战争国家的财务幻觉。

美联储是 1977 年联邦《社区再投资法案》（*Community Reinvestment Act*，CRA）的主要实施者，作为福利国家的融资者，它表现得尤为活跃。根据这项法令，抵押贷款机构迫于压力，要接受对低收入者和少数族裔借款人的信贷配额。数十个由政府出资（至少是部分由政府出资）的"社区组织"——例如 ACORN（当前社区组织改革协会，Association of Community Organizations for Reform Now）——得到美联储的授权，只要宣称涉事银行没有对低收入者和少数族裔借款人（无论其信誉状况如何）提供足够的贷款，就可以对银行的合并、扩张或开立新分行提出反对。直到银行给这些组织本身一大笔钱，另外承诺发放数百万美元次级贷款，银行才可以进行合并、扩张等活动。这些款项一旦支付，美联储就会允许合并和扩张继续进行。其后果是，很多银行及其他抵押贷款机构被迫向不合格的借款人发放了数十亿美元的不良贷款。

例如，波士顿联邦储备银行（1997）发布了一份题为《缩小差距：平等贷款机会指南》的文件，威胁抵押贷款机构如果不遵守美联储的"平等机会"准则，就将面临巨额罚款。为了遵守美联储的指导方针，文件指示抵押贷款机构在处理由"少数族裔和低收入消费者"提出的贷款申请时，要忽略传统的信誉评价尺度。美联储建议，这些人无须提供收入证明，也无须提供房屋房龄、位置和状况等信息。对于低收入者和少数族裔借款人，传统的月供与收入比也应忽略，"信用记录缺失"也可以接受。

美联储和国会联手向银行施压，迫使他们为不合格借款人发放了数万亿美元的不良贷款。国会指示政府发起企业（GSE）房利美和房地美从抵押贷款机构那里采购不良或"次级"CRA 贷款，把它们"打包"成"证券"在二级市场上销售。美联储总是含蓄地承诺，如果二级市场崩溃的这一天来临，就会为其提供援助。事实也的确如此：2008 年美国国会批准向这两家政府发起企业提供了约 2 000 亿美元救助资金。

仅仅在此一年以前，美联储主席本·伯南克（2007）还在 2007 年 3 月 30 日一次题为《社区再投资法案：进化和新挑战》的演讲中，对《社区再投资法案》大加赞赏，把它捧上了天。这篇演讲是为了庆祝这一福利国家项目 30 周年而发表的。伯南克主席吹嘘道，在美联储对《社区再投资法案》执行之下：

经济适用房的证券化扩大了，同样这些贷款的二级市场也扩大了，这在某种程度上是 1992 年法令带来的，这项法令要求政府发起企业房利美和房地美将很大一部分活动致力于实现经济适用房这一目标。

伯南克深情地回忆道，在 20 世纪 90 年代，"［像 ACORN 这样的］倡议组织越来越多地采用公共意见程序（public comment process），基于社区再投资法案的理由对银行的各项申请提出异议"。仅仅一年之后，数千亿美元的这些不良贷款就会出现违约。到了那个时候，伯南克将整个混乱局面归咎于所谓的"系统性风险"失控——他声称这是资本主义的内在特征。

美联储对"次级"抵押贷款市场的推波助澜，是美国政府的"居者有其屋（自有住房）全国战略"的一部分。在此战略下，像首付款和当事人月供还款能力之类的东西都会被谴责为某种社会不公，与种族歧视无异。华盛顿的左翼政客们明白，大多数公众将会反对直接用纳税人的税款为其福利救济人员名册上的选民们购买私人住宅，因此他们运用美联储（以及其他）监管机构的强制力来逼银行就范，制造了数万亿美元的不良贷款。实际上，银行通过收取不良贷款的手续费，接着把这些贷款卖给房利美和房地美，从这一计划中获得了利益（尽管是暂时性的）。国会规定，房利美和房地美的总资产中必须有 56% 由 CRA 贷款构成（斯托克曼，2013，407 页）。

充当最后救助者的那只汪汪叫的猫

认为美联储曾经独立于政治的说法纯属无稽之谈。它在诞生之初，就是作为第一次世界大战期间战争国家的财政侍从而存在的，并且直到今天仍在扮演这一角色。货币政策的一波三折、大起大落，全都取决于各届美国总统在政治上的心血来潮，以及历任美联储主席对总统意愿的忠实遵从。

美联储的首要任务是为华尔街的超级富豪投机者们制造获利良机并提供救助，而正是这些人为无数华盛顿政客的职业生涯提供资金。没有什么比这更缺乏政治独立性了。

正如前文所讨论过的，美联储还通过印钞和监管活动，为政府的福利国家的扩张提供了重要资金。它是福利 / 战争 / 裙带资本主义国家最卓越的金融工具。随着"独立的美联储"这一虚假传说的破灭，美联储本身也理应走向消亡。

参考文献

Auerbach R（1985）Politics and the Federal Reserve. Contemp Policy Issues 3（5）：43–58

Bernake B（2007）The CRA：its evolution and new challenges. http：//www.federalreserve.gov/newsevents/speech/bernanke200703309.htm

Boston Federal Reserve Bank（1997）Closing the gap：a guide to equal opportunity lending. http：//www.bos.frb.org/commdev/commaff/closingt.pdf

Kane E（1980）Politics and Fed policymaking. J Monet Econ 6（2）：199–211

Kolko G（1977）The triumph of conservatism. Free Press，New York

O'Driscoll GP（2013）Debunking the myths about central banks. Wall Street Journal Online. http：//onlinewsj.com/article/SB100014241278873234686 04578252443925155434.html

Rothbard MN（1995）Bureaucracy and the civil service in the United States. J Libertarian Stud 11（2）：53–75

Rothbard MN（2007）World War Ⅰ as fulfillment：power and the intelectuals. http：//mises.org/daily/2543

Rothbard MN（2013）The myth of Fed independence. http：//mises.org/daily/6365/

Salerno JP（1999）War and the money machine：concealing the costs of war beneath the veil of inflation. In：John D（ed）The costs of war：America's pyrrhic victories. Transaction Publishers，New Brunswick，NJ，pp. 367–387

Shaffer B（1977）In restraint of trade. Associated University Presses，Cranberry，NJ

Stigler G（1975）The citizen and the state. University of Chicago Press，Chicago，IL

Stockman DA（2013）The great deformation：the corruption of capitalism in America. Public Affairs Press，New York

Weintraub R（1978）Congressional supervision of monetary policy. J Monet Econ 4（2）：341–362

Elmanovitz L（2010）Money and war in Murray Rothbard's a history of money and banking in the United States. http：//libertarianpapers.org/articles/2010/lp-2-17

镀上黄金外衣的美联储会
提供健全的美元吗

约瑟夫·萨勒诺（Joseph T. Salerno）[1]

自 1971 年以来，美国每一次经济危机或动荡的经历都一如既往地在财经记者、投资大师、政策专家、政客甚至少量经济学家中引发对"金本位"的怀旧情绪。一般来说，这些改革者的提议都是给真正的、古典金本位制大打折扣的版本。例如，20 世纪 70 年代的货币失调导致了大规模通货膨胀，引起了公众回归金本位的呼声，这种呼声在 1980 年达到了最高潮。同年 10 月，美国国会通过了一条法案，成立了后来被称为"黄金委员会"的机构，研究黄金在美国和国际货币体系中应该扮演的角色。1981 年 6 月，罗纳德·里根总统任命了 17 名委员会成员，该委员会在 1982 年 3 月向国会提交了研究报告。[2]

尽管黄金委员会考虑过各种不同的金本位制方案，但当时在主流媒体中曝光最多的，却是由供给学派经济学家和媒体撰稿人——包括罗伯特·蒙代尔（Robert Mundell）、亚瑟·拉弗（Arthur Laffer）和裘德·万尼斯基（Jude

---

① 约瑟夫·T. 萨勒诺

美国纽约州纽约市佩斯大学鲁宾商学院，10038

E-mail：jsalerno@pace.edu

② 安娜·施瓦茨（2004），委员会多数派报告起草者，坦率地提出质疑：建立黄金委员会是否是一次"研究金本位对公众福利贡献的严肃尝试"。从委员会的人员构成来看，很难不同意她所作出的评价。除了美国众议员罗恩·保罗和企业家刘易斯·E. 莱尔曼（Lewis E. Lehrman）之外，组成该委员会的那些政客、商人、美联储委员会理事和经济学家们对金本位毫无热情。在委员会的少数派报告中可以了解到保罗和莱尔曼的立场（保罗和莱尔曼，2007）。

Wanniski）——所提出的一个类似于布雷顿森林体系的方案。[①] 这一提议为参议员杰西·赫尔姆斯（Jesse Helms，共和党，北卡罗来纳州）在 1981 年向美国参议院提出的《黄金储备法案》奠定了基础。[②]

2007—2008 年的金融危机，以及随之而来的衰退和乏力的经济复苏，在最近又引发了恢复金本位制的呼声。再一次，得到最多支持和媒体关注的，又是呼吁建立一个弱化版的布雷顿森林体系：美联储按照法律要求锚定黄金价格。同样，这一方案也成了名为《2013 美元钞票法案》的 H.R.1576 号国会法案（2013）的基础，该法案由美国众议员泰德·波伊（Ted Poe，共和党，得克萨斯州）在 2013 年 4 月 16 日提出。[③]

在本文的第一部分，我将描述泰德·波伊法案中所展望的金本位的本质及其运作方式。在第二部分中我会分析波伊所提议的"美钞体系"（Dollar Bill system）中的主要缺陷。我认为，它无论在何种意义上都不是一个真正的金本位。第三部分将专门分析并批评波伊法案的拥护者们所提出的主要观点。我会尝试阐明，当代倡导金本位的改革者们所做的论证，同样建立在主流宏观经济学家和美联储政策制定者所信奉的根本谬误之上。而改革者不留情面加以谴责的正是这些人的学说和政策。在最后一部分中，我将以一些对如何回归健全货币的评论作出总结。

美元钞票体系

众议员波伊的法案在一开始就郑重其事地列举了一系列"研究结果"。这些研究对美联储自 1913 年被国会授予管控美元权力以来的表现构成了强烈的控诉。

---

① 该方案的内容详见拉弗（1980），以及：拉弗与迈尔斯（1982，399–401 页）、蒙代尔（1981）和万尼斯基（1981）。在威尔克（Welker，1980）和萨勒诺（［1982］2010）的文章中可以看到他们对当时流行的金本位方案的讨论和批评。

② 关于赫尔姆斯法案，参见威尔克文章中的引述（1980，7–9 页）。

③ 关于波伊法案，参见国会众议院文件 H.R.1575（2013）。

　　根据这些研究结果，美元相对于包括黄金和原油在内的实物商品、相对于外国货币"急剧"贬值，其价值变得"不稳定且不确定"。美联储"没有为美国创造一个稳定可靠的价值"，也无法"合理预期"它将这样做。研究结果接着详述了不稳定的美元给各方面带来的有害影响，包括经济增长、资本成本和长期投资风险、美国劳动者的真实收入、美国公众持有金融资产的价值、养老金计划和退休账户的真实价值、美国在世界上的经济和政治地位，以及金融市场上和广大民众心中的焦虑不安和不确定的程度。

　　为了防止美联储造成美元价值更不稳定，波伊法案要求美联储将黄金价格限定在一个狭窄区间之内。实施这一锚定金价制度的第一步，是由美联储委员会指定一个"目标周"，该周应当在自法案颁布之后不早于 90 天开始、不迟于 120 天结束。然后，委员会将采用一个未经说明的"随机过程"，在"目标周"中指定一个时刻（精确到日期、小时、分钟和秒）作为"目标时刻"，但不会向公众泄露。黄金的美元价格将设定为"目标时刻"下纽约商品期货交易所（New York Mercantile Exchange）中的商品交易所（COMEX）所执行的市场交易价格，且从那一刻起维持在上下浮动 2% 的范围（即"目标区间"）之内。①

　　美联储将"直接"采用公开市场操作的方式，将黄金价格维持在"目标区间"之内。并且，美联储不得采用间接手段（例如，像它如今所做的调整联邦储备基金利率）来执行该法案所赋予的任务。同样，法案也将禁止为银行存放在美联储的准备金支付利息的新近做法。

　　尽管该法案展示了"美元钞票体系"的基本政策框架，但它并没有描述为了"稳定"美元，实际是如何具体运行的。②不过，我们可以从法案主

---

　　①　法案中的措辞是让"美元的价值与黄金价格相等"，这是毫无意义的空话。一个人可以轻松地宣称，美元的价格与 iPad、大豆或者其他任何商品和服务的价格相等，因为美元的价值或购买力总是由所有它交换到的可替代商品包括黄金的价格（的倒数）所构成。"固定住黄金的美元价格"是对美联储实际上将要做的事情恰当而诚实的描述。

　　②　伍德希尔（2011）用"美元钞票体系"一词来描述波伊法案所引入的货币体系，以区别于布雷顿森林体系下的货币体系。

要支持者的著作中找到其运作的细节。这些支持者包括福布斯杂志的出版商及长期持供给学派学说的史蒂夫·福布斯（Steve Forbes，2013a，2013b），福布斯杂志经济记者路易斯·伍德希尔（Louis Woodhill，2011，2013a，2013b）以及投资人、专栏作家、两本关于金本位书籍的作者内森·刘易斯（Nathan K.Lewis，2007，2013）。

首先，在"美元钞票体系"下，黄金不会直接扮演货币的角色。美元仍然是不可兑换为黄金的纯粹法币。货币的基础仍然和现在一样，完全由不可兑换的美元构成，也就是说，包括由公众持有的、银行金库和自动提款机中存放的联邦储备券，加上各家银行在美联储的存款准备金。

因此美联储将继续掌控着基础货币，但它会根据黄金价格相对于"目标区间"内目标价格的涨跌，通过卖出和买入债券来控制基础货币。为简单起见，假设按照《美元钞票法案》所规定的程序确立的目标黄金价格为每盎司1 300美元。这就意味着，只要黄金价格升至每盎司1 326美元，处于目标价1 300美元之上2%，也就是目标区间的上限，按照法律规定，美联储就必须进行公开市场出售以减少基础货币。同样，当金价下跌至目标区间的下限1 274美元时，美联储就有义务通过公开市场购买来扩张基础货币。

"没有黄金的" 金本位

这一新的金本位制蓝图中存在着许多问题。可最重要的是，它是一个徒有其名的伪金本位制。它被人称为"没有黄金的金本位"（本科，Benko，2013）。不会有铸造的金美元在公众中流通，不会要求美联储维持美元和黄金之间的可兑换性，也根本不会持有任何黄金储备。因此波伊法案将使法币美元完好无损，而美元供应将继续受到美联储通过公开市场操作的绝对控制。实际上，"美元钞票体系" 不过是用价格规则而非数量规则来决定美联储运转程序的货币主义。

正如我在对以前拉弗提议的金本位制的批评中所指出的（萨勒诺，[1982] 2010，282–283 页）：

当我们剥除镀金外衣时，拉弗价格规则就似乎只是一种在当前法币本位下旨在控制通货膨胀的技术而已，因此与货币主义者提倡的数量规则之间仅仅存在一些技术细节上的不同……拉弗计划尽管提到了黄金，但在本质上是一种"价格规则的货币主义"。这两种货币主义的变体中存在的最大缺陷是，它们都未能找出造成通货膨胀的根本原因，即政府对货币的垄断。

实际上，波伊法案对美联储的限制比拉弗提案还要少。如上所述，拉弗的提议是参议员杰西·赫尔姆斯 1981 年的《黄金储备法案》的蓝图。至少在赫尔姆斯法案中，美元和黄金还可以在官方价格下进行自由兑换。此外，美联储有义务兑付金币，并将持有其美元负债的一定比例的黄金储备，尽管这些储备可以在一个很大的范围内变动，且储备量如果下降到远低于该范围下限时，也足以让美元的兑付合法中止。在经过一段时间的不可兑换和金价的自由波动之后，官方黄金价格将会重设于比先前价格水平更低的位置上。

波伊法案的支持者们清楚地认识到，美元仍将是在美联储垄断控制之下的不可兑换法币，而黄金也丝毫不会扮演货币的角色。事实上，他们还将此标榜为"美元钞票体系"的一大优点。例如，史蒂夫·福布斯（2013b）就提到了"无数种"的金本位，并对真正金本位的"共同特征"作出如下描述："理论上……你不需要一盎司黄色的金属来运转金本位制，你只需要在公开市场中参考黄金价格即可。"路易斯·伍德希尔（2013a）更是在一篇题为"黄金不是货币，但它应该被用来确定美元价值"的文章中明确反对让黄金充当货币。

可是为什么这些自封的金本位支持者们要让通货膨胀性质的美联储和一直在贬值的法币美元原封不动，却将黄金贬黜至普通市场商品的地位，只是把金价用作引导美联储操纵货币供应量的目标呢？为了解答这个问题，我们需要先考察一下他们关于货币的本质和功能的根本观点。

错误的货币学说

那些"没有黄金的"金本位制倡导者的论证下面隐含着三种错误的货

币学说。这些错误可以追溯到第一个有影响力的法币通货膨胀论者，18 世纪初的约翰·劳（John Law，［1705］1966）的著述，且在过去三个世纪中，已经一再地被古典主义—奥地利学派传统下的健全货币理论家们所揭露和驳斥。① 对这些学说加以分析，很明显就会发现，"美元钞票体系"的拥护者们与中央银行支持者、宏观经济学家和另一些被他们所激烈批评的现有法币美元体系的支持者们一样，持有着共同的谬误。

A. 作为政策工具的货币

古典金本位的支持者通常认为，货币——尤其是金本位制——是一种社会制度，是关涉到数百万人、历经千年演化的市场过程之产物。在他们看来，货币的主要功能就是充当一般交换媒介，由市场上众多的自发参与者以最经济的方式执行他们多样化的交易计划。同时，货币也为企业家提供了一种核算其投资和生产计划的预期成本和收入的可靠手段，从而指导他们有效地将生产资源配置到预计中对消费者最有价值的用途上面。②

"美元钞票体系"的拥趸们拒斥这种关于货币起源和功能的解释。他们不认为货币是一种自然演进而成的社会制度，而是将货币看作一种有意建构的政策工具，由政府及其中央银行支配，以便实现特定的宏观经济目标：比如充足的货币供应量、低利率、稳定物价、避免通缩和萧条，等等。在这种"建构主义"的货币叙事下，和其他货币制度一样，金本位纯粹是一种政府的政策发明，并且在历史上始终如一。

内森·刘易斯在他论述金本位的书（2013）中，详细阐述了金本位是一种政策工具的论点。在刘易斯（2013，28–29 页）看来，所有形式的金本位都是"更广义的固定价值政策类别的一个子类"，这些政策可能会、也可能不会采用黄金作为"价值标准"。在这一子类的政策中，金本位指的是已经存在或者可以构想的各种体系，在这些体系中货币的价值与金块的价格相关

---

① 关于对约翰·劳学说各种古老和现代形式的评论和批评，参见萨勒诺（［1990］2010）。
② 关于这种货币观的历史综述，参见萨勒诺（[1990]2010）。

联，银行钞票按照一个固定的或者"平价"与黄金进行兑换。因此，历史上所有金本位制——哪怕是在十七、十八世纪阿姆斯特丹银行发行的100%准备金的银行钞票——都是政府的政策发明，是"以黄金为政策目标的固定价值体系"。实际上，在他对金本位制运行的分析中，刘易斯（2013，159–169页）并没有将100%准备金的金本位和他所偏爱的"无金"的金本位之间作出根本性的区分。在他的"无金"体系中，货币管理人并不持有任何黄金储备、也不以任何平价购买或出售黄金，而是通过购买和出售债券甚至艺术品来锚定黄金价格。[1]

此外，据刘易斯所言（2013，30–31页），黄金本身在任何形式的金本位中都不发挥货币的作用。相反，固定黄金价格只是一种用来约束"货币管理人"的有效政策，以便人为地确保（由"无内在价值的钞票"构成的）货币供应量的稀缺，从而维持其价值。因此，确立固定的金价就给这些"无价值的纸钞"赋予了特定的价值，也就是使之等同于特定重量金块的价值。在刘易斯的分析中暗含着一个惊人的推论，即货币是以某种方式作为一种不可兑换的纸质法币出现的，没有确定的供应，也没有对于商品和服务的购买力，于是政府不得不想方设法保持它的稀缺，赋予它市场价值。这毫无疑问是荒谬的。即使有一个圣明的君主、政治家或中央银行家能够制定一项政策规则来确保维持纸币的稀缺性，它也无法从一开始就被引入以物易物的经济中去，因为在缺少新引进的纸币和真实商品及服务之间预先存在的一组交换比率的情况下，经济主体无法对纸币进行评值。[2]

刘易斯的货币观点与大多数主流经济学家的立场并无分别，他们都认为，凡历史上存在过的或可以设想的货币制度，都必须关涉到一种或明或暗

---

[1] 对于将金本位视为政府政策创造物的金本位早期倡导者的批评，参见萨勒诺（1992，102–107页）。

[2] 早在1912年，路德维希·冯·米塞斯就在他的"回溯定理"中证明了，货币必然在以物易物条件下起源于一种具有预先存在的市场价值的商品。参见米塞斯（1981，129–144页；1988，405–408页）。

的"政策规则"。现行货币制度的支持者与"美元钞票体系"的拥护者之间的区别就在于,前者认为锚定黄金价格是一种"次优政策规则",更优越的政策规则是以短期利率或者通货膨胀率为目标。

B. 货币是价值尺度

按照主流经济学教科书,货币的一大主要功能就是"度量"市场上交换的商品和服务的价值。弗雷德里克·米什金(2010,55页)在他的货币与银行学教科书中提供了这种观点的典型论述:

> 货币……被用来在经济中衡量价值。我们用货币来衡量商品与服务的价值,正如用磅来衡量重量,用英里来衡量距离一样。

当货币被当成是价值尺度时,其政策含义就是:中央银行的主要目标之一应该是维持稳定的物价水平。他们认为这可以去除经济当中的通货膨胀干扰,确保货币价格所发生的任何变化,都趋向于反映商品及服务对消费者来说的相对价值的变化。因此,对主流经济学家来说,稳定一个建立在武断选择并加权的一篮子消费品基础之上的物价指数(如CPI、核心CPI、PCE等),是使货币成为大体上固定的价值尺度的先决条件。

在一定时期内,不同行为主体相互间用某些数量货币交换某些数量的各种商品的一系列行为,莫名其妙地产生了一个价值尺度——这个想法是又一条可以追溯到约翰·劳的古老谬论。劳([1705]1966,52页,61页,92页及102页)多次提到货币是"用来衡量商品价值的尺度"。这种谬论在别处已经被驳倒了。一言以蔽之,衡量这一行为涉及用一件物品和另一件物品相比较,该物品是客观存在的,其相关的物理维度、它与其他物理现象之间的因果关系是绝对固定的,且不随时间推移而变化,例如一段标尺或一柱水银。与此相反,一个人赋予一定数量的货币或任何商品以价值,都是基于主观的判断,是一种没有物理维度的纯粹心理强度属性。因此,货币的价值随着时间发生变化,在不同人之间也存在差异。在一次具体的交易行为中,为某件商品支付的价格并不是测量了这件商品的价值；确切说它表达了这样一个事实，买方和卖方对于货币和所支付的价格作出了相反的评价。基于这个理由，货币或者任何其他商品都不能成为价值尺度。[①]

不幸的是，以金价为目标的政策倡导者们全心全意地接受了这种主流学说，尽管给了它一种奇怪的扭曲。他们始于一个完全没有依据的假设，即黄金作为一种商品，其价值是稳定的，因此可以充当那一枚孤星——或刘易斯（2013）所称的"货币北极星"，给美联储的货币政策指路。史蒂夫·福布斯（2013）认为各种真正的金本位有一个共同点，"它们都将黄金作为衡量标准，以便保持货币价值的稳定。为什么？因为这种黄色的金属比这个星球上任何其他东西都更能保持其内在价值"。

伍德希尔（2013a，2013b）以类似风格写道：

金本位的根本有效性基于这样一个前提：黄金的真实价值在长时间内维持稳定……作为测量单位，最根本的特征就在于它是稳定的……黄金不是货币，它也不应当是货币。然而我们可以并且应该使用黄金来界定美元的价值。

这些段落反映出一种近乎神秘的信念：就所有实践的目标而言，黄金的"内在"或"真实"价值是永恒不变的。那些决定了动态市场经济的因素包括人类价值取向、资源（包括黄金本身）储量、科技以及企业家判断的持续变动都无法对它产生影响。此外，关于"内在价值"这一概念到底是什么意思，它以什么单位来表示，从来没有人给出过一个明确的定义。

历史经验清楚地表明了，黄金相对于其他商品的价值几个世纪以来一直都在波动，哪怕是在黄金作为货币本位时也是如此。例如，美国在内战结束后恢复金本位时，就出现了这种情况。从 1880 年到 1896 年，美国批发物价

[①] 对于货币是或者可以被用作度量价值这一观点的批评，参见罗斯巴德（2009，843–851 页）和米塞斯（1981，51–62 页；1998，220–229 页）。

水平下降了 30%。从 1897 年到 1914 年，批发物价水平上涨了接近 50%，年均上涨 2.5%。物价上涨主要是由于 1890 年到 1914 年全球黄金存量几乎翻了一番，这是人们在阿拉斯加、科罗拉多以及南非发现新的金矿，并且改良了黄金开采和冶炼技术造成的（弗里德曼和施瓦茨，1971，135–137 页）。

因此，黄金价格锚定政策的支持者们似乎既忽略了理论，也无视历史，他们假定一旦黄金的美元价格得到固定，货币自身的价值也就变得永远稳定，不受到市场供需力量的影响。于是，通货膨胀和通货紧缩就在事实上从经济中被放逐了。这意味着，在固定黄金价格制度下，货币数量的任何变化，都被理解为货币供应量适应货币需求量变化而进行的良性的、稳定化的调整。正如福布斯（2013a）所称：

> 这黄色金属只不过是一种衡量美元价值的手段。一英尺有 12 英寸这一事实，并不会对你的房屋面积产生什么限制。一磅有 16 盎司这一事实，也不会限制到你的体重，唉——这就是衡量手段而已……合理构建的金本位的优点就在于，它既稳定又灵活——拥有稳定的价值，并可以灵活地满足市场对货币的自然需求。如果经济快速发展，这样**以黄金为基础的**体系就会允许货币供应量的快速扩张。

换言之，福布斯的"稳定而灵活"的金本位将促进并掩盖货币供应量的通货膨胀式扩张，而在奥地利学派看来，这将扰乱资本市场并导致资产泡沫。[1] 如今的固定金价论者的座右铭似乎是："我们需要健全的货币——而且需要很多的货币。"[2]

刘易斯将"黄金是绝对固定的价值尺度"这一观点推向了其顺理成章

---

[1] 可参见萨勒诺（2012）和伍兹（2009）。

[2] 我曾听到奥本大学经济学家罗杰·加里森（Roger Garrison）用这句话来形容 20 世纪 80 年代供给学派的货币计划。

的（荒谬）结论。他推断，如果黄金从本质上讲有着恒定的价值，那么与经通货膨胀调整过的法币美元计算相比较，以黄金的美元价格来计算的劳动收入的"等额的黄金价值"就能让我们更真实地了解实际工资的趋势。于是刘易斯构建了一个"以黄金盎司计算的美国全职男性中位数收入"图表。根据这一图表，收入从 1955 年的每年 125 金盎司，上升到 1970 年的战后最高值 250 盎司。到了 1980 年，真实收入急剧下降到大约 25 金盎司。而在之后的 20 年时间里，除了偶尔的轻微波动之外，它稳步上升到了一个局部峰值 125 盎司——终于又回到了 1955 年的水平。从那时起，实际收入又一路滑坡，到 2010 年下降到 35 盎司。

很难想象，刘易斯实际上是在宣称，以所谓恒定价值单位测量的 2010 年工资中位数收入——即实际工资——是 1970 年的 14%、2001 年的 28%。然而，人们还能怎样解释刘易斯从他的图表中得出的结论（23 页）呢？

自重商主义货币时代［即 1971 年］以来，美国全职工作男性收入的等额黄金价值大幅下降。美元自 2001 年以来的贬值，当然加速了这一下行趋势，随着美元价值的下降，用美元支付的工资价值也降低了。

图表当然没有显示出这种情况。图表显示的是，愈演愈烈地膨胀并引起通货膨胀预期的不可兑换法令纸币，会使通货膨胀对冲工具（如黄金）的价值相对于其他商品和服务发生变化。居于同样的原因，我们还会发现，如果劳动收入表现为其他的单位——如艺术品、古董和其他收藏品——它也会随着时间推移而呈现出相似的变动轨迹。

C. 通缩恐惧症

最后一种谬论可以概括为"通缩恐惧症"。[1] 波伊法案的支持者们始终生

---

[1] 关于通缩恐惧症的本质及其最近爆发的原因，参见萨勒诺（［2003］2010，267–269 页；［2004a, b］2010）。其他认识到这一现象的经济学家还有马克·桑顿（2003）和布兰登·布朗（2013，58–63 页）。

活在对物价下跌的恐惧之中，他们害怕物价下跌会造成金融崩溃，且使实体经济螺旋下滑、陷入毁灭性的萧条。从这个角度来说，这些人与他们所批评的主流经济学家和他们想要约束的美联储政策制定者并没有什么分别。[①]

伍德希尔就是极端通缩恐惧症的范例，**这种恐惧激励了典型的锚定金价制支持者**。伍德希尔（2013a）直言不讳地断言：

决定一种金本位制可行与否的根本问题，就在于它是否试图用黄金充当货币。任何金本位体系，只要其基础货币的规模是由黄金的物理供应量决定，最后都会遭遇通缩式的崩溃。

然后伍德希尔指出，20世纪30年代的经济崩溃是"不可避免的"，这是由当时的金本位制设计方式所决定的。奇怪的是，虽然他承认有不同种类的金本位——有的可行、有的不行，但是他却没有提到1930年所施行的金本位制实际上是金兑汇本位制。这是一种将古典金本位极大削弱后的形式。老实说，金兑汇本位制与他所偏爱的"无金"的金本位制非常相似。金兑汇本位制的设计意图就是"节约"地利用黄金，使公众只持有很少量的金币，黄金储备都集中在美联储和其他几家重要的中央银行。而各家中央银行，尤其是美联储和英格兰银行之间通力"合作"，以便扩张国内的货币供应量，同时保持其货币和黄金之间的法定平价（legal parities）不变。[②]比较起来，在古典金本位制下，一种使用金币作为货币的真正的金本位制，在一个世纪的时间内都表现得非常好，直到1914年遭到准备参加第一次世界大战而急需财政收入的政府蓄意破坏。[③]

---

① 参见伍德希尔（2013b）对美联储政策和为之辩护的货币经济学家提出的尖锐批评，这篇文章有着很贴切的标题——"美国不需要货币政策，也不需要经济学家"。然而，稍后我们将看到，伍德希尔的通缩恐惧症甚至比伯南克还要盲目和狂乱。

② 关于对金兑汇本位的完整历史、分析和批评，参见罗斯巴德（2005，351–433页）。

③ 在第一次世界大战爆发后仅仅两个星期之内，每一个参战国政府都中止了金本位制。至于战争为什么必然导致金本位制遭到废除，参见萨勒诺（1995）。

伍德希尔还很随便地忽略了这样一个事实：在古典金本位制下，曾有几次通货紧缩时期，都伴随着强劲的经济增长。例如，在 1880 年到 1896 年，美国的批发物价水平大约年均下降 1.75%，总共下降了接近 30%。而在这段时期内，实际收入提高了 85%，年均增长率大约为 5%（弗里德曼和施瓦茨，1971，94–95 页；萨勒诺，[2003] 2010，273–274 页）。事实上，通货紧缩的 19 世纪 80 年代是美国历史上实际收入增长率最高的十年。即使美联储的一些经济学家都开始承认，这种类型的通货紧缩是一种"良性"或"好"的通货紧缩，是由降低了生产成本、扩大了商品和服务供应的技术进步和资本积累导致的（克利夫兰联邦储备银行，2002；布拉德和霍卡耶姆，Bullard and Hokayem，2003，第 1 页）。在过去的几十年中，正是同一良性过程使得电脑、电视游戏系统、高清电视、激光眼角膜手术等的价格急剧下降，极大造福了消费者。另一个最新例子是 1998 年至 2001 年的中国，在这一段时期内，实际收入年平均增长率为 7.6%，而零售价格逐年下降，其间每年的通货紧缩率从 0.8% 到 3% 不等（克利夫兰联邦储备银行，2002，10 页）。

这种"增长型通缩"过程是健康的资本主义经济在市场供应的商品货币（如黄金）体系下自由运转的自然结果。物价的持续下降反映了以下二者之间的均衡调整过程：一端是劳动生产率快速提高、生产成本下降以及不断增加的商品数量，另一端是固定的或者缓慢增长的货币供应量。①

伍德希尔对这种货币调整过程缺乏理解，这导致他展现出了一个将真正的金本位制高度扭曲的图景。据伍德希尔所说，如果货币是黄金，黄金供应的缓慢增长将面临"新的、潜在的无限需求"的挑战。最终，对黄金的货币需求将导致黄金的实际价格（乃至美元价格）上涨——即通货紧缩，从而"引发金融和经济危机"。而金融危机接着又会引起货币需求的进一步增长，因为每个人都争相提高自己的流动性。这将进一步带来黄金需求的增加，并加剧危机，"导致整个金融体系和实体经济的彻底崩溃。这正是 20 世纪 30 年

---

① 关于"增长型通缩"参见萨勒诺（[2003] 2010，272–274 页）。

代所发生的事"。

这就是遐想联翩的通缩恐惧症。在这个噩梦般的场景中，伍德希尔没有在任何地方提到宝贵的供求机制的运转，这一机制会在商品市场中调节价格，允许货币交易在没有危机或萧条的情况下平稳进行。实际上，伍德希尔对 1930 年的引证并不是像他所认为的那样是对黄金货币和通货紧缩的控诉。恰恰相反：这一引证揭示的是，金兑汇本位制未能限制美联储 1922 年到 1928 年扩张货币、操纵利率，制造出了大量股市和房地产泡沫，这些泡沫在 1929 年破裂，导致了 1930 年的金融危机。20 世纪 20 年代和 30 年代货币紊乱发生了，尽管——其实是因为——美联储在将黄金价格固定在法定平价的同时，操纵货币供应量来"稳定"国内物价水平，并帮助英国试图摆脱通货紧缩（英镑以高估的战前平价回归金本位，这一有缺陷的决策必然引起通货紧缩）。美联储政策从而阻止了商品价格在经济快速增长时自然而然地向下调整。[①] 此外，与伍德希尔歇斯底里的论断相反的是，最近的实证研究表明，从统计数据来看，在通货紧缩和经济萧条之间没有明显的关联。（阿特基森和基欧，Atkeson and Kehoe，2004；萨勒诺，[2004a，b] 2010）。[②]

最后，让我们看看历史上的一些通缩阶段，在这些时期发生了大规模的货币供应量紧缩，其原因要么是金融危机，要么是在不可兑换法币大幅扩张之后恢复了真正的金本位制。[③] 即使在这些情况下，只要价格还存在合理的

---

① 关于国际金兑汇本位制度是如何在 20 世纪 20 年代促进了通货膨胀性资产景气，这种景气又在 20 世纪 30 年代初导致萧条和这种本位制度的崩溃，参见罗斯巴德（2005，351–433 页）的详细叙述。罗斯巴德（2000）还专门阐述了美联储如何操纵金本位，从而引起了 20 世纪 20 年代美国的通货膨胀式景气和大萧条。

② 阿特基森（Atkeson）和基欧（Kehoe，2004）在研究中采用了来自 16 个国家、超过 100 年的时间跨度、涵盖了 73 个通货紧缩阶段和 29 次萧条的原始、未经调整的样本数据，得出结论说（2004）：

"这些数据表明，通货紧缩与萧条之间没有紧密联系。通过广泛的历史研究发现，很多通缩时期都伴随着合理的经济增长而非萧条。而更多的萧条时期都伴随着通货膨胀而非通缩。总体而言，数据显示，在通缩和萧条之间几乎不存在联系。"

③ 应当注意的是，由金融恐慌引起的货币紧缩只能是先前在部分准备金银行体系下货币供应量扩张的结果。关于此问题，参见豪登（2012）。

灵活性，就没有伴随实体经济中的萧条，或者只发生了剧烈而短暂的萧条。在美国历史上，1839—1843 年的金融危机和通货紧缩，以及 1876—1879 年为了恢复金本位而故意减少了不可兑现法币的存量，都没有造成真实经济的负增长，而仅仅是引起了物价的下跌。第一次世界大战之后美国剧烈的货币紧缩，也没有使美国经济陷入萧条的恶性循环。[①] 事实上，1920—1921 年的萧条十分短暂，在国会还没来得及出台一项公共工程法案之前，就已经结束了。[②]

关于回归到黄金货币的总结

现在也许有人会从本文论点中推断，探讨中的货币改革的问题就在于，它不会立刻实现真正的金本位，但情况未必如此。这并不是否认，像 19 世纪古典金本位那样的货币制度，远胜于上述所谓"美元钞票本位"和实行管理汇率的现行国家法币制度。但在当前政治化的货币制度下，从短期来看，正式恢复古典金本位制可能不切实际。

以刘易斯·莱尔曼（Lewis Lehrman，2012）最近提出的恢复"真正的"金本位制为例。莱尔曼在书中以深思熟虑和令人信服的理由，支持将美元重新打造成真正的黄金货币。在莱尔曼的"货币改革计划"中，美元将再次被法律定义为特定重量的黄金，在黄金与美元钞票和存款之间，将实现不受限制的兑换。因此，金币将被铸造出来并在公众手中流通。莱尔曼还提出了一项从当前体系回归金本位的详细过渡计划，可以由美国单方面实行，也可以通过多边国际会议来实行。如今，任何从当前的不可兑换法币制度向传统金本位制过渡的计划，无论是国内的还是国际的，只要由政府管理，就都不可避免地要牵扯到利益相关的中央银行和政府官僚。在莱尔曼的计划中，情况

---

① 关于 1839—1843 年的萧条，参见特敏（Temin，1969，155–165 页）。关于 1876—1879 年货币紧缩的简述，参见金达尔（Kindahl，1971）及布拉德和霍卡耶姆（2003）。

② 对 1920—1921 年萧条进行过研究的有怀尔（Weiher，1992，26–27 页）、德根（Degen，1987，30–40 页）、安德森（1979，61–89 页），以及戈登（Gordon，21–22 页）。

也是如此。

然而，这样的计划面临着一个无法克服的问题。例如在美国，美联储、美国财政部及其学术顾问、其在政治和金融上的支持者，都沉湎于前面所批评过的错误货币理论。他们都毫无疑问地接受这样的观点：货币是一种有意识设计的政策工具，用于实现总量上的统计目标，包括（且尤其是）稳定某种被武断地构建出来的物价指数。他们还都是些通缩恐惧症的重症患者，通常把物价的普遍下跌——哪怕是在生产率增长情况下的这种下跌——当成是经济毁灭之路，要不惜一切代价加以避免。至少从 20 世纪 60 年代以来，这样的观点就已经在货币政策制定者和绝大多数货币经济学家脑中根深蒂固。实际上，穆瑞·罗斯巴德（2000，169–181 页）认为，这些观点在 20 世纪 20 年代就已经盛行于英美经济学家和政策制定者之中了。考虑到这些观点已经深深根植于政治机构的智识文化中，要让这些机构来操持可兑换黄金的美元体系的恢复，即使是最精心构思的过渡计划，也会以悲剧而告终。

鉴于从当前混乱而不稳定的货币与金融制度向金本位制的过渡，不可能一蹴而就，而是需要经历相当长的一段时间。例如，莱尔曼的计划中就规定，从宣布恢复可兑换体系之日起，过渡期不应超过 4 年。在这段可能不到 4 年的时期，美联储和财政部的政策制定者需要进行大量彻底的政策改革，为恢复金本位制做好准备。不仅这些改革与他们根深蒂固的观点和倾向相左，而且在金融部门出现的不可预知的周期现象和不稳定状况，也会给他们提供充足的理由，来中止或逆转这些改革政策的实施，直到危机过去。我们也不应该忽视这样的可能性，即很多美联储和财政部官僚，由于他们的岗位在恢复金本位之后会被淘汰，他们会很易于对其政治和私人部门选区所施加的压力作出响应，对过渡进程加以阻挠。总之，我们有充分的理由相信，在现行的政治体制下，向真正的黄金美元的转变几乎是不可能的。

通向健全货币和金本位制，有一条更简单、阻力更小的途径，那就是允许不可兑换法币美元面临其他替代性货币的竞争。换言之，让美国公民享有不受限制地选择使用金、银、日元、欧元等货币签订合约和付款的权利。这一竞争性货币的建议最初由哈耶克（2009）在1974年所提出的，之后得到很多人的提倡，包括亨利·黑兹利特（Henry Hazlitt，2009）和汉斯·森霍尔茨（Hans Sennholz，1985）。这项改革不会直接涉及美联储和美国财政部，也不需要复杂而耗时、容易受到官僚阻挠的计划。它所涉及的全部，只是废除赋予法币美元以一般交换媒介特权的法偿货币法，并取消对交易和持有黄金、白银以及外币存款所征收的一切消费税、销售税和资本利得税。任何阻碍私人公司严格按照纯度和重量铸造金币及银币的立法都必须被废除。美国的各家银行将从一切监管和立法限制中解放出来，得以接受并持有任何种类的金属硬币或外币存款，同时免予联邦储备系统、联邦存款保险公司等的强制性的成员身份。银行业准入和针对跨州开立分支行的法律门槛也要废除。

这一计划将有力地限制美联储的通货膨胀倾向，因为这样一来美国公民在交易和现金持有中，将可以自由地选择任何他们认为更为稳定的交换媒介，来替代快速贬值的美元。美联储对于货币供应的垄断将被有效地消除，任何意义上的货币政策都将被废除。在最坏的情况下，如果美联储继续采取通货膨胀性货币政策，人们会迅速放弃美元，转而使用竞争性货币，那么届时市场上自然而然产生硬通货黄金本位制（或平行的金/银复本位制）的条件就已经成熟了。

参考文献

Anderson BM（1979）Economics and the public welfare: a financial and economic history of the United States，1946–1949，2nd edn. Liberty Press，Indianapolis，IN

Atkeson A，Kehoe PJ（2004）Deflation and depression: is there an empirical link. Am Econ Rev Pap Proc 94（May）: 99–103

Benko R（2013）Gold defined money and monetary history at the Cato Institute: a velvet underground event. Forbes（July 29）

Brown B（2013）The global curse of the Federal Reserve: how investors can survive and profit from monetary chaos. Palgrave Macmillan, New York

Bullard JB, Charles MH (2003) Deflation, corrosive and otherwise. Federal Reserve Bank of St. Louis National Economic Trends (July). http: // research.stlouisfed.org/publications/es/03/ ES0317.pdf

Degen RA (1987) The American monetary system: a concise survey of its evolution since 1896. D.C. Heath, Lexington, MA

Federal Reserve Bank of Cleveland (2002) Deflation. 2002 Annual report. http: //www.levelandfed.org/Annual02/Essay.pdf

Forbes S (2013a) Advance look: what the new gold standard will look like. Forbes (May 8). http: // www.forbes.com/sites/steveforbes/2013/05/08/ heres-what-a-new-gold-standard-could-look-like/

Forbes S (2013b) Introduction to Nathan K Lewis, Gold: the monetary polaris. Canyon Maple, New Berlin, NY

Friedman M, Schwartz AJ (1971) A monetary history of the United States, 1867–1960. Princeton University Press, Princeton, NJ

Gordon RA (1974) Economic instability and growth: the American record. Harper and Row, New York

H. R. 1576 113th Congress (2013) Dollar bill act of 2013. http: //beta. congress.gov/bill/113th/house-bill/1576/text

Hayek FA [1976] (2009) Choice in currency: a way to stop inflation. Ludwig von Mises Institute, Auburn, AL. http: //library.mises.org/books/ Friedrich%20A%20Hayek/Choice%20in%20Currency.pdf

Hazlitt H [1978] (2009) The inflation crisis and how to resolve it. Ludwig von Mises Institute, Auburn, AL. http: //mises.org/books/inflationcrisis.pdf

Howden D (2012) Deflation's inflationary source. Mises Daily (February 16). http: //mises.org/daily/5905/Deflations-Inflationary-Source

Kadlec C (2012) A path to a 21st century gold standard. Forbes.com (May

21）. http：//agoldenage.com/a-path-to-a-21st-century-gold-standard/#more-234

Kindahl JK（1971）Economic factors in specie resumption：the United States，1865–1879. In：Fogel RW，Engerman SL（eds）The reinterpretation of American economic history. Harper and Row，New York

Laffer AB（1980）The reinstatement of the dollar：a blueprint. A.B. Laffer，Rolling Hill Estates，CA

Laffer AB，Miles M（1982）International economics in an integrated world. Scott，Foresman，and Co.，Glenview，IL

Law J [1705]（1966）Money and trade considered with a proposal for supplying the nation with money. Augustus M. Kelley，New York

Lehrman LE（2012）The true gold standard：a monetary reform plan without official reserve currencies，2nd edn. The Lehrman Institute，New York

Lewis NK（2007）Gold：the once and future money. Wiley，Hoboken，NJ

Lewis NK（2013）Gold：the monetary polaris. Canyon Maple，New Berlin，NY

Mishkin F（2010）The economics of money，banking & financial markets. Business school edition，2nd edn. Addison Wesley，New York

Mundell RA（1981）Gold would serve into the 21st century. Wall Street J（September 30），p. 33

Paul R，Lehrman L（2007）The case for gold：a minority report for the U.S. gold commission. Ludwig von Mises Institute，Auburn，AL，http：//library. mises.org/books/Ron%20Paul/Case%20for%20Gold.pdf

Rothbard MN（2000）America's great depression，5th edn. Ludwig von Mises Institute，Auburn，AL，http：//mises.org/rothbard/agd.pdf

Rothbard MN（2005）A history of money and banking in the United States：the colonial era to World War II Ludwig von Mises Institute，Auburn，

AL, http：//mises.org/books/ historyofmoney.pdf

Rothbard MN（2009）Man, economy, and state：a treatise on economics with power and market：government and the economy. Scholars edition, 2nd edn. Ludwig von Mises Institute, Auburn, AL. http：//library.mises.org/books/ Murray%20N%20Rothbard/Man, %20Economy, %20and% 20State, %20 with%20Power%20and%20Market.pdf

Salerno JT（1992）Gold and the International Monetary System：the contribution of Michael A. Heilperin. In：Llewellyn HR Jr（ed）The gold standard：perspectives in the Austrian School, 2nd edn. Ludwig von Mises Institute, Auburn, AL, pp. 81–111. http：//mises.org/books/ goldstandard.pdf

Salerno JT（1995）War and the money machine：concealing the costs of war beneath the veil of inflation. Journal des Economistes et Etudes Humaines 6（March）. Reprinted in idem, Money：sound and unsound. Ludwig von Mises Institute, Auburn, AL, pp. 237–265. http：//library.mises. org/books/ Joseph%20T%20Salerno/Money, %20Sound%20and%20Unsound.pdf

Salerno JT（2012）A reformulation of Austrian business cycle theory in light of the financial crisis. Q J Austrian Econ 15/1（Spring）：3–44

Salerno JT [1982]（2010）The gold standard：an analysis of some recent proposals. Cato Institute Policy Analysis No. 16（September 9）, 15 pp. Reprinted in idem, Money：sound and unsound. Ludwig von Mises Institute, Auburn, AL, pp. 375–401. http：//library.mises.org/books/Joseph% 20T%20 Salerno/Money, %20Sound%20and%20Unsound.pdf

Salerno JT [1991]（2010）Two traditions in modern monetary theory：John Law and A.R.J. Turgot. Journal des Economistes et Etudes Humaines 2（June/September）. Reprinted in idem, Money：sound and unsound. Ludwig von Mises Institute, Auburn, AL, pp. 1–60. http：//library.mises. org/books/ Joseph%20T%20Salerno/Money, %20Sound%20and%20Unsound.pdf

Salerno JT [2003]（2010）An Austrian taxonomy of deflation—with applications to the U.S. Q J Austrian Econ 6/4（Winter）：81–109. Reprinted in idem，Money：sound and unsound. Ludwig von Mises Institute，Auburn，AL，pp. 267–314. http：//library.mises.org/books/Joseph%20T%20Salerno/ Money，%20Sound%20and%20Unsound.pdf

Salerno JT [2004a]（2010）Did greenspan deserve support for another term? Indep Rev 9（1 Summer）：117–126. Reprinted in idem，Money：sound and unsound. Ludwig von Mises Institute，Auburn，AL，pp. 555–569. http：// library.mises.org/books/Joseph%20T%20Salerno/ Money，%20Sound%20 and%20Unsound.pdf

Salerno JT [2004b]（2010）Deflation and depression：where's the link. Mises Daily（August 6）. Reprinted in idem，Money：sound and unsound. Ludwig von Mises Institute，Auburn，AL，pp. 595–602. http：//library.mises. org/books/Joseph%20T%20Salerno/Money，%20Sound% 20and%20Unsound. pdf

Schwartz AJ（2004）The 1981–1982 gold commission：dialogue with Walker F. Todd. American Institute for Economic Research. https：//www.aier. org/sites/default/files/images/stories/news/ documents/anna-schwartz/GC-1.pdf

Sennholz H（1985）Money and freedom. Libertarian，Spring Mills，PA

Temin P（1969）The Jacksonian economy. W.W. Norton，New York

Thornton M（2003）Apoplithorismosphobia. Q J Austrian Econ 6/4（Winter）：5–18

Von Mises L（1981）The theory of money and credit（trans. HE Batson），3rd edn. Liberty Classics，Indianapolis，IN

Von Mises L（1998）Human action：a treatise on economics. Scholars Edition. Ludwig von Mises Institute，Auburn AL. http：//library.mises.org/ books/Ludwig%20von%20Mises/Human%20Action.pdf.

Wanniski J（1981）A job only gold can do. New York Times（August 27），p. A31

Weiher K（1992）America's search for monetary stability：monetary and fiscal policy since 1913. Twayne，New York

Welker EP（1980）Plans to revive the gold standard. American Institute for Economic Research，Great Barrington，MA，https：//www.aier.org/sites/default/files/publications/EEB198010.pdf Woodhill L（2011）Stop the madness make the dollar as good as gold. Forbes（March 30）. http：//www.forbes.com/sites/louiswoodhill/2011/03/30/stop-the-madness-make-the-dollar-as-good-as-gold/

Woodhill L（2013a）Gold isn't money，but it should be used to define the value of the dollar. Forbes（April 18）. http：//www.forbes.com/sites/louiswoodhill/2013/04/18/gold-isnt-money-but-it-should-be-used-to-define-the-value-of-the-dollar/

Woodhill L（2013b）America doesn't need monetary policy，and it doesn't need economists. Forbes（August 14）. http：//www.forbes.com/sites/louiswoodhill/2013/04/18/gold-isnt-money-but-it-should-be-used-to-define-the-value-of-the-dollar/

Woods TE Jr（2009）Meltdown：a free-market look at why the stock market collapsed，the economy tanked，and government bailouts will make things worse. Regnery，Washington，DC

亚瑟·伯恩斯：博士本位制（Ph. D. Standard）的开始与独立性的终结

道格拉斯·弗伦奇（Douglas French）[1]

吉姆·格兰特（Jim Grant）——《巴伦》杂志（*Barron's*）前撰稿人、时事刊物《格兰特利率观察家》（*Grant's Interest Rate Observer*）的编辑——希望将当今的货币制度与各种组合的金本位区分开来。他认为不可兑换法币美元建立在"博士本位制"之上（格兰特，2013，1 页）。

1970 年 2 月 1 日，美国的中央银行改变了它的管理哲学，首次聘用了一位拥有博士学位的经济学家担任主席。从那时起，它的主席几乎全都是博士，唯一例外是 G. 威廉·米勒（G. William Miller），他在接替亚瑟·伯恩斯之后，只在主席位子上待了 17 个月。并非巧合的是，货币供应量从此直线上升。美联储由中央银行变成了中央计划机构。人们认为它有能力解决任何困扰经济的问题。

在伯恩斯被聘用之前，担任美联储主席的都是工业界或商业银行界的人士。他们根据现实世界的经验，对于用政府的货币政策去驾驭经济没有那么强的信念。伯恩斯的就任，开启了一个全新的学院派修补匠时代，他们都以数学和凯恩斯宏观经济理论为武装。象牙塔使这些人狂妄自负，他们自以为可以通过中央银行拥有的一大工具——货币，以及永远更多的货币——来引导经济。

① 道格拉斯·弗伦奇
美国阿拉巴马州奥本市卡西研究所
E-mail：douglas.e.french@gmail.com

合格的资历

亚瑟·伯恩斯是美联储理事会第 10 任主席。在他之前的九任主席，用米尔顿·弗里德曼的话来说，"在经济问题上全都没有接受过任何训练，也不具备任何专业能力"（牛顿，Newton，1983：154 页）。

再次引用弗里德曼的话，在他之前的主席们都是"具备高度诚信和服务水平的德能兼备者"。这种绵里藏针的恭维相当于在说，这些人都善良而诚实，只是不够睿智，以致无法胜任这份工作。他们都没有大局观，只具备"个别企业或金融机构的经验"（牛顿，1983：155 页）。

另外，弗里德曼写道，亚瑟·伯恩斯"在被任命的委员会主席中，是第一位有合格资历、可以胜任这一岗位的人"（牛顿，1983：155 页）。

伯恩斯是弗里德曼在哥伦比亚大学的教授。弗里德曼，这位将来的诺贝尔奖得主，始终是伯恩斯的好友及支持者，正如伯恩斯的另一位高徒——第 13 任美联储主席艾伦·格林斯潘的关系一样。弗里德曼写道："除了我的父母和妻子以外，没有人比亚瑟对我的人生影响更大了。"（如怀亚特·威尔斯的书中所引述，Wyatt Wells，1994：6 页）

弗里德曼在 1970 年 2 月 2 日的《新闻周刊》（Newsweek）专栏中写到，美联储一直秉承着错误的理念运作，即货币政策与信贷相关。弗里德曼表示，这种偏见导致了中央银行把重点放在利率和对个别银行活动的监管上面。

以往的美联储主席都是银行家和商人出身，所以他们从微观的角度看待这个世界当属情理之中。但弗里德曼指出，美联储对联邦债务的过分关注，导致中央银行把注意力都放在了"枝节问题"（sideshow）上，而实际上，"美联储的核心职能——它能够且只有它才能够发挥的职能——是控制货币的数量"（牛顿，1983：155 页）。

货币数量增长的不稳定，导致了经济不稳定和价格膨胀。弗里德曼写道："亚瑟·伯恩斯不会犯这种错误。"（如牛顿在书中引述，1983，155 页）

伯恩斯在现实世界中毫无经验，而弗里德曼，尽管被认为是有史以来最伟大的自由市场思想家之一，却相信伯恩斯的经历对于管理中央银行来说堪称完美。让弗里德曼所信服的是伯恩斯作为大学教授和为政府工作的经验。

政治攀爬者

伯恩斯在 1953 年至 1956 年曾担任总统的首席经济顾问，并且是德怀特·艾森豪威尔（Dwight D. Eisenhower）第二任期内的社会保障融资咨询委员会（the U.S. Advisory Council on Social Security Financing）成员。有一次，艾克（Ike，艾森豪威尔的昵称，他曾在竞选口号中使用该称呼。——译者注）对伯恩斯说："亚瑟，如果是在战争时期，你会成为一位出色的参谋长。"伯恩斯在他的余生中将这句恭维话奉为珍宝（威尔斯，1994：16 页）。

重要的是，他"与艾森豪威尔的副总统理查德·尼克松建立了非常密切的关系"，杰罗姆·塔希尔（Jerome Tuccille）写到。伯恩斯对尼克松评价甚高，他认为："这么多年来，他在知识分子中如此不受欢迎，这不太正常了。他其实是我们中的一员。"（威尔斯，1994：17 页）

"伯恩斯喜欢靠近政府权力的中心：他在自己的岗位上勤奋工作，对于总统十分忠诚"，牛顿写道，"他对总统的恭维非常缺乏抵御力，尤其是当被告知一些'内幕消息'或作为一个'洞悉内情者'时。"身为一位美联储主席，这是一种很危险的品质（牛顿，1982：169 页）。

尽管人们以为美联储主席都是些书呆子气十足的经济学家，不出入交际场，但根据一位朋友的说法，伯恩斯是"社交动物"。"他的举止彬彬有礼、生性热情"，怀亚特·威尔斯在《动荡世界中的经济学家：亚瑟·伯恩斯和美联储，1970—1978》（*Economist In An Uncertain World*：*Arthur Burns and the Federal Reserve*，1970—1978）一书中写道，"例如，他从来不会忘记帮别人按电梯按钮，或是在某人的配偶或孩子生病时致以问候，而且他在女性中尤其受到欢迎，她们很欣赏他的殷勤之态"（威尔斯，Wells，1994：

12–13 页）。

伯恩斯对待女性的态度和方式，影响了他在哥伦比亚大学的学生艾伦·格林斯潘。这位美联储第 13 任主席被誉为"女性之友"。《星期日泰晤士报》（*Sunday Times*）的记者莎拉·巴克斯特（Sarah Baxter）用"迷人而殷勤"来形容上了年纪的格林斯潘。

从放任自由（Laissez Faire）到凯恩斯主义

当伯恩斯离开哥伦比亚大学时，他也抛弃了其不干预主义（自由放任，laissez faire）的观点，塔希尔解释说，他成了一名"实践中的凯恩斯主义者"。在课堂上坐而论道固然不错，但伯恩斯觉得，他还必须干出一些实绩，好在华盛顿获得奖赏。"伯恩斯认为，政治就是在一个不完美的世界中进行治理的艺术。"（塔希尔，2002：75–76 页）

伯恩斯的哲学不仅左右着他在美联储主席任上的行为，而且这一处世之道还深深地影响到了他的学生格林斯潘。"这可能是艾伦从亚瑟·伯恩斯的友谊与教导中得到的最难忘的信息。很多人都注意到这两个人的生活中有着惊人的相似之处。"（塔希尔，2002：76 页）

根据弗里德曼的说法，伯恩斯是一位商业周期专家。"他对**货币体系**与经济之间的关系有着深刻而精妙的理解，任何一位前任主席都无法与之相提并论，"弗里德曼感情流露地说到（牛顿，1983：155 页）。

弗里德曼一方面视美联储主席为美国经济的监督者，另一方面以倡导"弗里德曼 K% 准则"而闻名，这一准则要求货币供应量每年以一个恒定的百分比增加。弗里德曼想必认为，一台电脑就可以管理美联储运作。然而，在他的《新闻周刊》文章中，弗里德曼给人的印象是，伯恩斯的判断将非常有利于经济。

"亚瑟·伯恩斯善谋其职，因为货币措施对整个经济有着极其重要的影响，还因为美联储是世界上最卓越的金融机构。"弗里德曼继续写到，现在正是由伯恩斯这样的人改变美联储的"基本理念"，并让这家中央银行转向

"更宽松的政策"的大好时机。（牛顿，1983：155页）。

伯恩斯在哥伦比亚大学时是著名商业周期经济学家韦斯利·克莱尔·米切尔（Wesley Clair Mitchell）的弟子。他从米切尔的学生到同事，最终接替了米切尔在国家经济研究局的职位。"伯恩斯的思想很有力，但并不特别有独创性，"威尔斯写道。米切尔向伯恩斯提供了施展才华的框架，"米切尔的理念在伯恩斯的余生中支配着其思想"，威尔斯写道（1994：4页）。

伯恩斯被描述成一副"1940年左右的小镇药剂师"的样子。他把白发梳成中分，戴着无框的金丝边眼镜，身材魁梧，始终叼着一个"保罗大叔"（Oom Paul）烟斗（威尔斯，1994：16页）。据说他非常聪明。马丁·迈耶（Martin Mayer，401页）写到，他"从没怀疑过自己观点的正确性"。根据怀亚特·威尔斯的记述，"亚瑟·伯恩斯从一开始就展现出不可动摇的唯我独尊感"（威尔斯，1994：1页）。

尼克松与伯恩斯

当理查德·尼克松在1968年赢得大选时，伯恩斯与尼克松之间的密切关系得到了回报。伯恩斯是深得新任总统信赖的知己，在大选期间和选后为尼克松立下了汗马功劳。

大选一结束，尼克松就告诉当时担任美联储主席的威廉·麦克切斯尼·马丁（William McChesney Martin），他一上任就会任命亚瑟·伯恩斯为美联储主席。当选总统以为马丁已经同意在1969年中期退位，然而他实际上并没有这么做。马丁一直留任到1970年1月任期结束（马图索，Matusow，1998：19页）。

尼克松本来就不喜欢马丁，并将自己在1960年大选的失败归咎于他。这位总统一上任，就确信马丁会拼命给自己使绊。1969年6月，有人引述马丁的话，说美国经济是个"纸牌屋"，并且他提高了联邦基金利率，停止了货币增长。尼克松对此大为恼火（马图索，1998：18页，25–26页）。

刚就职时，尼克松对颇令他厌烦的经济问题没有什么兴趣。他的就职演说中，只有一句话提到了经济。到了 1971 年初时，情况发生了变化，当时他对乔治·舒尔茨（George Shultz）说："如果我在任上只做成一件事，那就是当我们度过任期时，美联储将不再独立。"（马图索，1998：9 页，62 页）

在美联储主席的位子空出来之前，尼克松希望伯恩斯作为他的幕僚。伯恩斯先是有所抗拒，但最终还是抵挡不住尼克松对他的讨好，担任了总统顾问。尼克松计划由伯恩斯协调国内政策和内阁成员，让这一届政府有一个良好的开端，然后再接管美联储。

事实证明，与总统共事比计划的要复杂了一点。据一位朋友说，当尼克松还是副总统和总统候选人时，年长一些的伯恩斯对待尼克松，态度上"有点居高临下"。而如今尼克松掌权了，"伯恩斯很难把自己调整到一名下属的位置，"威尔斯写到。

一名白宫工作人员说，伯恩斯"做派有如长辈一般，把尼克松气得发疯"。这位新任总统顾问很重视自己的角色，在一些相关问题上会长篇大论地向他的老板说教。"伯恩斯也会直言不讳地反驳总统或者任何与他意见相左的官员，尽管那位行政长官讨厌对峙，"威尔斯写到。尼克松开始害怕和伯恩斯对话。

伯恩斯还惹恼了尼克松的两大主要助手：约翰·埃利希曼（John Ehrlichman）和 H.R. 霍尔德曼（H. R. Haldeman）。他们告诉老板，伯恩斯是个自吹自擂的家伙，没有能力将细微琐事和重大信息区分开来。这种厌恶感是相互的。伯恩斯"认为霍尔德曼和埃利希曼是不配位的低级文员，并将他们称为'地下室小子'，"威尔斯写到（1994：26–30 页）。

伯恩斯在白宫的角色很快就被削弱了，他与总统的会面时间被限制为每周半小时之内。与此同时，尼克松的另一位幕僚丹尼尔·帕特里克·莫伊尼汉（Daniel Patrick Moynihan）则开始得到总统的宠信。"和帕特待在一起四分钟，"据说尼克松表示，"顶得上和亚瑟·伯恩斯在一起的四个小时。"（威尔斯，1994：30 页）

伯恩斯在 1969 年 2 月 25 日的日记中记载了他与美联储主席比尔·马丁

共进的午餐。马丁先前曾经语带嘲讽地评论了伯恩斯"出任美联储职位的劣势",并为此向伯恩斯道歉。伯恩斯写道:"可怜的家伙,自以为是美联储的主人,突然发现自己有多么不可或缺,这个岗位不可以交给其他任何人(即使法律要求如此)。可悲的笨蛋!"(费雷尔,Ferrell,2010 页)。

1969 年 10 月,尼克松任命亚瑟·伯恩斯接替马丁。尼克松对伯恩斯的亲近还是占了上风。总统不信任中央银行,但有了伯恩斯,他就可以让自己人掌管它了。与此同时,当伯恩斯于 1970 年 1 月宣誓就职时,尼克松说:"我对经济问题有一些很强烈的观点,我向你们保证,我会私下将这些观点有力地传达给伯恩斯博士……我尊重他的独立性。但是,我希望他能够独立地得出结论说,我的观点应该被采纳。"

当伯恩斯还沉浸在观众热情的起立鼓掌中,尼克松一句话打断了他的思绪:"你看,伯恩斯博士,这就是向低利率和增加货币提前致敬的起立表决。"后来,尼克松私下对他的新任美联储主席说:"你务必保证:不能有经济衰退。"(威尔斯,1994:42 页)

管理者伯恩斯

伯恩斯在美联储专横跋扈、盛气凌人,制造了"美联储中的混乱失序"。威廉·普尔(William Poole)、吉姆·皮尔斯(Jim Pierce)和达里尔·弗朗西斯(Daryl Francis)等美联储高级官员都因伯恩斯而离职。圣路易斯联邦储备银行的一位官员对麦克斯威尔·牛顿(Maxwell Newton)说:

"伯恩斯是个小气的家伙,刻薄寡恩、十分记仇、报复心强。"(牛顿,1983:171 页)

牛顿提到了财经记者桑福德·罗斯(Sanford Rose)告诉他的一个故事。罗斯供职于《财富》杂志时,曾写过一篇文章,讲述了伯恩斯在 1972 年与一名联邦公开市场委员会成员之间发生的争执。罗斯的一名内线爆料人告诉他，当伯恩斯无法说服委员会投票支持他更强烈的刺激计划时，他勃然大怒、愤而离场，直到一个小时之后才回来，告诉他们，"我刚刚跟白宫谈过了"。

"那篇文章本身没有什么了不起的。唯一令人惊奇的是，亚瑟·伯恩斯花了很大力气要杂志社炒我的鱿鱼，"罗斯告诉牛顿。

牛顿在圣路易斯联邦储备银行的线人告诉他，伯恩斯把美联储主席的工作视为"一场十字军讨伐——为了他自己。这是他扮演大师的机会"。线人还透露说，当伯恩斯上任时，美联储的内部人士尽其所能地去了解关于他的一切，但还是被引入歧途，以为"他会听从实事求是的观点"（牛顿，1983：174 页）。

向牛顿提供消息的人回忆道："当然，事实上，他压根不会去看什么证据"（牛顿，Newton，1983：174 页）。

据迈耶称，这位主席会率先投票，好让公开市场委员会的成员跟着他投。伯恩斯领导下的美联储工作人员"养成了一种习惯，即认为自己是为主席而不是委员会工作"（迈耶，1997：402 页）。

伯恩斯不愿举行正式的投票，而是宁愿用"意见采样"的办法，来规避法律关于投票必须向公众披露的规定。例如有一次投票陷入 6 票对 6 票的僵局时，伯恩斯说："以最微弱的优势，这 6 票获胜。我希望重新计票后，12 票对 0 票"（牛顿，Newton，1983：174 页）。出于对《信息自由法》（*Freedom of Information Act*）要求的担心，伯恩斯索性不再保存记录（牛顿，1983：174 页）。

货币工程

伯恩斯上任之初，经济增长缓慢，失业率居高不下，而物价和工资也持续攀升。1971 年上半年的 GDP 增长不足 3%，而失业率则停留在 6%。

电话行业劳动者的工资在未来 3 年内会上涨 33%，邮政行业劳动者的工资每年增加 7% 到 9%，铜矿行业劳动者的薪水在 3 年内将上升 31%，铁路行业劳动者的收入在 42 个月内增加了 42%，而钢铁行业劳动者在 3 年内获得 31% 的加薪（Wells，威尔斯，1994：71 页）。

货币供应量迅速增长，在第一季度的年化增长率为 8.3%，紧接着在第二季度的年化增长率达到惊人的 10.6%。伯恩斯也认为货币增长得太快了，但由于失业率仍然居高不下、经济增长依旧不温不火，他不愿意提高利率或停止货币放水。

他的解决方案是"收入政策"，即由政府强制实行工资管制。伯恩斯相信，通货膨胀是造成失业的原因。因此，如果政府控制工资，就会压低物价，进而刺激经济复苏。

伯恩斯对货币增长的后果视而不见，相信自己可以通过政策来解决经济问题。他开始为经济工程奠定基础，告诉国会委员会，"经济法则已经不再以过去的那种方式发挥作用了。尽管我们国家中存在大量的失业现象，工资水平的增长却没有放缓。尽管工业产能大量闲置，商品价格却在持续快速上涨"（威尔斯，Wells，1994：72 页）。

伯恩斯成为团队合作者

尼克松的白宫对这位美联储主席并不满意。总统认为他的伙计伯恩斯正在破坏他们的政策，损害商业信心。考虑到收入政策是民主党的一个关键计划（尼克松政府是共和党。——译者注），尼克松相信他在美联储的伙计已经背叛了他。"也许最糟糕的是，总统是一个多疑的人，他认为伯恩斯在帮助自己的敌人，"威尔斯写道（1994：71–73 页）。

此外，尼克松希望任何大胆行动都来自白宫而非美联储。根据这位美联储主席日记记载，伯恩斯在 6 月 28 日被召去和总统会面。伯恩斯写道，（其他暂且不说，）他被告知"尽管我处于特别的位置，我也应该遵从行政当局公开宣布的政策，我在非货币事务上的提议或评论，都被广泛地诠释为行政当局的政策——因为我和总统之间的交情人尽皆知"（费雷尔，Ferrell，2010：45 页）。

伯恩斯写道，那一天他在总统身上见识到了"不受控制的残忍"，他"突然陷入了恐惧之中，为我们的国家安全是如此地依赖这样一个不可靠的人而感到担心（我脑海中闪现出早先的一次谈话，当时他要求我一旦觉得是时候发动一场国际货币危机就通知他，并一边暗中眨眼一边补充说，'我不在乎危机'——语气着重强调'我'字）"（费雷尔，Ferrell，2010：46 页）。

伯恩斯回忆说，总统在那次会议上表现出"帝王般"的气势。伯恩斯也许曾经是他的一位朋友，但"他终究是帝王，所以我应该乖乖听令——就像每个好市民一样，尤其是那些声称是他朋友的人"。伯恩斯在日记结尾处写道，"现在我知道了，我只有压抑自己的意志，彻底屈服于他的权威——哪怕在法律和道德上是错误的——将来才能得到认可"（费雷尔，2010：47–48 页）。

尼克松通过败坏这位美联储主席的名誉来让他闭嘴。他指使一名亲信查尔斯·科尔森（Charles Colson）散布谣言，说伯恩斯曾要求加薪50%：伯恩斯当时正抱怨工会协商的工资上涨，这对他来说是一项毁灭性的指控。

事实上，行政管理和预算局（the Office of Management and Budget，OMB）曾建议参考其他中央银行行长的收入水平，给这位美联储主席大幅加薪（接近50%），然而伯恩斯拒绝了这一提议。

为了给这位主席制造不安，传言还透露，美联储委员会的席位将从7个增加到14个，这家中央银行也将被置于白宫管辖之下（费雷尔，Ferrell，2010：48 页）。

伯恩斯被这一诽谤所激怒，并寻求国会的支持。与此同时，华尔街也为白宫与美联储之间的争执而感到恐慌。尼克松让步了，他在一次新闻发布会上说："亚瑟·伯恩斯……遭到了很不公平的待遇。"这一切就足以平息伯恩斯的怒火了。对他的朋友的这句评论，伯恩斯说，"我已经很多年没有这么感动过了……这证明了总统是一位多么温和正派的人"（威尔斯，1994：74 页）。

1970 年 8 月 12 日，英国政府要求美国对其持有的 7.5 亿美元提供担保，这加速了白宫的经济议程。13 日星期五早上，白宫经济智囊团[①]与总统一道从五角大楼乘直升机前往戴维营——位于马里兰州山区的总统度假营地，从周五到周日都"闭门不出"。

总统向智囊团传达了其大胆的经济计划，他"即使不完全也主要受到政治动机的支配；他作出了这样的决定：我们正在讨论的改革——关于物价、工资、税收等——对于 1972 年大选至关重要"（费雷尔，2010：53 页）。

政府实施了为期 90 天的工资及物价冻结，对进口商品征收 10% 关税。作为刺激措施，总统会要求国会重新启动投资税收抵扣、废除汽车消费税、并扩大对个人所得税的减免。最后，黄金窗口会关闭，美国拒绝将美元兑换成黄金。

这一议程和伯恩斯所鼓吹的一切都一拍即合，唯独一点例外：他在黄金问题上持不同意见（威尔斯，1994：75–76 页）。"我表达了对关闭黄金窗口的担忧，深怕这会导致金融市场的混乱，"伯恩斯在日记中写道，"并且这有可能会引发贸易战、货币战和政治摩擦——就像在三十年代所发生的那样。"（费雷尔，Ferrell，2010：52 页）

但最首要的是，美联储主席是一位团队合作者。他写道，"我让总统放心，我会全力支持他的计划。除了黄金的中止偿付之外，我可以欣然完成这项工作"（费雷尔，2010：53 页）。

这位美联储主席对总统在戴维营的行动进行了反思，这一反思可算不上是恭维。伯恩斯写道，"那个周末确证了我日益增强的一种感觉：总统要以满足自己渴求戏剧化和新奇效果的方式来采取行动；他缺乏真正的自信，因此需要一些戏剧性的行动来树立自己是个强大领袖的自信；他的偏见（或者我该说这是他的原则？）在明显的证据面前站不住脚，政治风向需要改变（费

---

① 智囊团中包括约翰·康纳利（John Connally）、保罗·沃尔克、乔治·舒尔茨、保罗·麦克拉肯（Paul McCracken）、赫伯特·斯坦（Herbert Stein）、彼得·G. 彼得森（Peter G. Peterson）、H.R. 霍尔德曼、约翰·埃利希曼、威廉·萨菲尔（William Safire）和亚瑟·伯恩斯（威尔斯，1994：75 页）。

雷尔，2010：53 页）。

随着 1972 年大选临近，尼克松政府担心紧缩的货币政策可能会扼杀经济复苏。然而他的担心是多余的。伯恩斯在 1971 年和 1972 年将货币增长目标定为 6%，每年的活期存款也以更快的速度扩张（威尔斯，Wells，1994：90-91 页）。伯恩斯写道，"有我看管着货币政策，他不必担心美联储给经济断炊的可能性"（费雷尔，2010：54）。

的确，1972 年下半年的货币供应量**的年增长率超过了** 8.5%。美联储也确实多少加了息，然而，信贷需求非常强劲，以至于无法减缓货币扩张速度（威尔斯，1994：98 页）。

伯恩斯没有出手控制货币供应的快速增长，因为他并不认为货币是造成物价上涨的原因。"他认为，通货膨胀之所以持续，是因为它在商人、工人和消费者的态度中是根深蒂固的，采取一项有效的收入控制政策，是改变他们这种态度最好的办法。"（威尔斯，1994：100-101 页）

当年担任总统经济顾问委员会主席的赫伯特·斯坦（Herbert Stein）也认为货币增长没有什么问题。"我们都认为，'我们还远远没有达到充分就业，我们仍然有很大的经济扩张空间，而且通货膨胀率也很低。"（威尔斯，1994：101 页）

这不是美联储的错

尽管经济基础不牢、十分脆弱，消费物价却随着伯恩斯的货币扩张而飞速上涨。1973 年，CPI 上涨 6.2%，与 1972 年的 3.3% 相比几乎翻了一番。1974 年，这一数字再次接近于翻倍，达到 11%。从 1975 年到 1981 年，CPI 年增长率在 5.8% 的最低点和 1980 年 13.5% 的最高点之间起起伏伏（牛顿，1983：185 页）。

再一次，伯恩斯将物价上涨归咎于除了货币增加之外的一切因素。这位美联储主席在 1975 年 4 月对众议院银行委员会说，"实际情况是，通货膨胀始于 20 世纪 60 年代中期，主要是由联邦预算年复一年的巨额赤字造成的。

长期的宽松财政政策制造了过度的需求，其结果是私营部门的工资螺旋式上升，通货膨胀率也开始加快加速"（牛顿，1983：188 页）。

在 1976 年的一次演讲中，伯恩斯视商界的"旺盛情绪"和"投机风潮"为导致通货膨胀的原因（牛顿，1983：188 页）。

在离开中央银行之后，伯恩斯于 1979 年 9 月 30 日在塞尔维亚贝尔格莱德发表了佩尔·雅各布森（Per Jacobsson）[①] 演讲。在他冗长的演说中，伯恩斯承认中央银行"参与了工业国家陷入通货膨胀的过程，但它们扮演的是次要角色"（伯恩斯，1979：21 页）。

伯恩斯继续描述通货膨胀"顽固的持续性"，并为中央银行家们在通货膨胀中起到的任何作用进行开脱，因为他们的行为并没有改变。这种持续性反映了"自大萧条以来、尤其在 20 世纪 60 年代中期以后，对经济生活造成了冲击的一些哲学和政治思潮"。中央银行家们"遏制长期以来一直由政治力量驱动的通货膨胀的实际能力非常有限"（伯恩斯，1979：21 页）。

伯恩斯的言外之意是他的前雇主本可以随时停止通货膨胀。"它之所以没有这么做，是因为美联储自身也陷入了这场正在改变美国人生活和文化的哲学与政治思潮之中"（伯恩斯，1979：15 页）。

当财政政策扩大了"惠及广大民众或者某些（这个或那个）集团的利益时，隐含的假设就是，货币政策将以某种方式响应这些行动"（伯恩斯，1979：15 页）。伯恩斯说，美联储在 1966 年、1969 年和 1974 年都踩下了刹车，但时间总是不够长（伯恩斯，1979：16 页）。

伯恩斯表示，他的"意思并不是说，中央银行家对于通货膨胀毫无责任，因为通货膨胀是我们的共同传承。毕竟每一家中央银行都有一定的自由裁量空间，而在独立性较强的中央银行中，这一空间是相当大的"（伯恩斯，1979：16 页）。

[①] 佩尔·雅各布森是瑞典经济学家，自 1956 年开始担任国际货币基金组织（IMF）的总裁，直到 1963 年去世。同年，佩尔·雅各布森基金会成立，之后每年都会请知名金融界人士进行演讲。——译者注

尽管美联储的主宰者们有自由裁量权，自视甚高的伯恩斯承认了他们中的很多人也会犯错。"在一个快速变化的世界中，犯错的机会非常多。即使是关于当前情况的事实，也有可能被错误地解读。"（伯恩斯，1979：16页）

结论

随着美国总统挑选了亚瑟·伯恩斯担任美联储主席以及美元与黄金的脱钩，美国人把他们对于货币的信任寄予了博士经济学家们。这些博士坚信，他们知道该按下哪一个货币开关，懂得该用多大的力度去制造他们或他们的老板——美国总统——想要的结果。

伯恩斯在他自己的贝尔格莱德演讲中已经表达得再清楚不过了。"在大多数国家，中央银行都是政府行政分支的一个工具——按照政府首脑或财政部的意愿来执行货币政策"（伯恩斯，1979：15页）。

在过去的43年（除了那17个月以外）中，掌管美联储的一直是专业经济学家：人们认为他们具有指挥货币政策乃至于整个经济的超人技能。这些大人物们（迄今为止）被认为有旁人目光所不及的见识，能理解常人无法渗透的经济复杂性。人们相信这些货币官员不仅能够见微知著，而且有着完全独立的思想。

如我们所见，伯恩斯是社交动物，喜欢听奉承话，持续追求地位和仰幕。他的学生兼朋友艾伦·格林斯潘也是如此。安·兰德（Ayn Rand）谈到格林斯潘时说，"哦，艾伦非常聪明，但他是个热衷于攀高结贵的人"。这种对攀附的热忱，甚至延伸到了他约会女友的习惯。在与安德莉亚·米切尔（Andrea Mitchell）结婚以前，格林斯潘曾与凯·贝利·哈奇森（Kay Bailey Hutchinson）和芭芭拉·史翠珊（Barbara Streisand）交往过[①]。这位被称为

---

① 这几位都是社交名媛：格林斯潘的妻子安德莉亚·米切尔是NBC新闻台驻华盛顿的知名电视记者和评论员；凯·贝利·哈奇森先后担任得克萨斯州众议员、财政部长和联邦参议员；芭芭拉·史翠珊是大名鼎鼎的歌手和演艺明星。——译者注

"大师"的人物，被华盛顿上流社会的生活方式所深深吸引（斯坦和麦金泰尔，Stein and McIntyre，2004）。

在他们的岗位上，这些存在缺陷的博士们制造了各种各样的扭曲和通货膨胀，在伯恩斯时代是消费物价，在格林斯潘和伯南克时代则是资产价格。

膜拜美联储主席是极其错误的。经过反思，伯恩斯理解了人是不完美、有缺陷的，故经常犯下各种类型的错误。这是他最接近于要为20世纪70年代和80年代的通货膨胀负责任的表现了。同样，他的高徒艾伦·格林斯潘将不会为他的宽松货币政策所引起的房地产泡沫承担任何责任。

和他的导师米切尔一样，伯恩斯非常依赖于实证研究（威尔斯，1994：4页）。伯恩斯相信他能够依靠数据来制定政策、使经济走上正轨。但这从没奏效过。

讽刺性的是，当伯恩斯还在美联储主席的位子上时，哈耶克在1974年12月11日发表了题为《知识的僭妄》（*The Pretense of Knowledge*）的诺贝尔奖获奖感言。哈耶克谈到了像伯恩斯这样的经济学家，他们相信"在总就业和商品（服务）总需求大小之间存在着简单的正相关关系；这使人相信，将总货币支出维持在一个适当的水平，我们就可以永久地保证充分就业"（哈耶克，1989）。

这在物理科学中也许行得通，但正如哈耶克所解释道的那样，"像市场这样取决于众多个体行为的复杂现象，对过程的结果起决定作用的所有条件……几乎不可能被了解和测量"（哈耶克，1989）。

考虑到演讲的时机，当哈耶克说出"（他们）几乎把全副注意力都用在可定量测量的表面现象上，由此产生的政策使事情变得更糟"这句话时，心中想到的或许正是伯恩斯（哈耶克，1989）。

哈耶克继续讲道，"当人致力于改善社会秩序时，若不想使带来的弊害多于益处的话，他就必须明白，在这个领域，就像其他所有本质上由复杂体系所主导的领域一样，他无法掌握足以主宰世间万象的全部知识"（哈耶克，1989）。

在他的结论中，哈耶克告诫那些努力控制社会的人要当心了。那种"努力不但会使他成为自己同胞的暴君，还会使他成为文明的破坏者。这一文明并非出于某个头脑的设计，而是形成于千千万万个体的自由努力之中"（哈耶克，1989）。

人类不应对货币制度下手。不管这些经济学家把什么样的资历带上（美联储主席）这个岗位，他们所拥有的知识只会使他们变得危险。我们可以肯定的是，只要博士们还继续执掌着中央银行，货币和市场的乱局就仍将延续。

参考文献

Baxter S（2007）Sarah Baxter meets Alan Greenspan. The Sunday Times，September 23

Burns A（1979）The anguish of central banking. Per Jacobsson Lecture（September 30）. International Monetary Fund，Washington. [Available] http：//www.perjacobssson.org/lectures/1979. pdf

Ferrell RH（ed）（2010）Inside the Nixon administration：the secret diary of Arthur Burns，1969–1974. University Press of Kansas，Lawrence，KS

Grant's Interest Rate Observer（2013）Welcome to the revolution（May 31，2013）. Grant's Interest Rate Observer 31（11）

Hayek FA（1989）The pretence of knowledge. Am Econ Rev 79（6）：3–7

Matusow AJ（1998）Nixon's economy：booms，busts，dollars，and votes. University Press of Kansas，Lawrence，KS

Mayer M（1997）The bankers：the next generation，the new worlds of money，credit and banking in an electronic age. Truman Talley Books，Dutton，NY

Newton M（1983）The Fed：inside the Federal Reserve，the secret power center that controls the American economy. Times Books，New York

Stein T，McIntyre S（2004）The dark side of Alan Greenspan. The Texas Hedge Report，September 28

Tuccille J（2002）Alan Shrugged：Alan Greenspan，the world's most powerful banker. Wiley，Hoboken，NJ

Wells WC（1994）Economist in an uncertain world：Arthur F. Burns and the Federal Reserve，1970–1978. Columbia University Press，New York

美联储的房地产泡沫和摩天大楼的诅咒

马克·桑顿（Mark Thornton）[1]

一直以来，有好几种商业周期理论得到了广泛的接受。这些理论为房地产泡沫提供了几种解释，至今仍很流行。本文对这些理论和解释进行批判性的审查。分析的结果显示，如何将奥地利学派商业周期（Austrian Business Cycle）理论与这些解释中可以结合的一些元素结合起来，为房地产泡沫危机给出一个连贯而全面的阐述。实际上，这种阐述可以应用于美联储所统治的一百年间所有的主要经济危机。

另外，本文研究和房地产泡沫危机相关的"摩天大楼的诅咒"。劳伦斯（Lawrence，1999）最先提出，在创纪录的摩天大楼和世界经济危机之间存在"怪异的相关性"。桑顿（2005）表明，创纪录的摩天大楼和世界经济危机之间的相关性比先前所认为的更强。此外，他还为解释这两种现象之间的关联给出了理论联系。这些联系是奥地利学派商业周期（ABC）理论的组成部分。该理论提供了能够同时解释商业周期和创纪录摩天大楼现象的因素。本文的最后一部分将分析从房地产泡沫迄今所发生的一些摩天大楼事件，也就是摩天大楼发出的警讯。证据表明，一场世界性的经济危机很有可能正在迫近。

---

[1] 作者要感谢保罗·崔克（Paul Cwik）、罗伯特·埃克隆德（Robert Ekelund）、大卫·豪登和约瑟夫·萨勒诺所提供的帮助。

马克·桑顿

美国阿拉巴马州奥本市路德维希·冯·米塞斯研究院，36832

E-mail：drmarkthornton@gmail.com

理论和解释

凯恩斯主义的商业周期理论建基于这样一种观点：周期是由总需求的变化所导致的。然而，这种理论并没有为商业周期提供纯粹的经济原因。在凯恩斯主义理论中，周期的动因（instigator）或原因是一种由所谓的"动物精神"所驱动的**心理**因素。企业家乐观和悲观的情绪一旦有微小的变化，就会影响到他们投资决策，并且扩散蔓延开来，像滚雪球一样失控，导致总需求、利润和就业的急剧增加和减少。在凯恩斯主义的框架下，对于这些问题的一般解决方案，是由公共部门代替私人部门来减少或增加总需求。增加公共部门总需求的主要手段是增加由借债而非税收作为资金支持的政府开支。为了抑制经济的过热，可以通过增加税收和预算盈余来减少总需求。这种凯恩斯主义方法的有效性受到了众多的审视，然而更重要的是，这种短期解决方案（预算赤字）已经在诸多重要经济体中造成了严重的长期财政问题（巨额政府债务）。

如前所述，凯恩斯商业周期**理论**的问题在于，它没有为周期提供经济原因。周期就这样发生了，要么是由随机的外生因素所带来的。就拿房地产泡沫来说，人们就这样动手建造了太多的房子，然后意识到他们犯了错误。这时，意气消沉的动物精神取而代之，于是经济——尤其是房地产和银行业——就失去了控制。凯恩斯主义对房地产泡沫危机的解释在某一方面是对的，即人们的预期在泡沫膨胀期间受到了积极的影响，在泡沫破裂之后又受到了消极的影响，因此在描述周期现象的叙述中确实起到了一定的作用。

根据"真实商业周期"（Real Business Cycle，RBC）理论，对整体经济产生正负面影响的是"技术冲击"，比如新科技、恶劣天气和疾病冲击、油价飙升以及新的环境或劳动法规等。RBC理论认为，市场会自行出清，政府不应对短期波动作出反应，而应该致力于公共产品的长期改善。

RBC理论可以出色地描述房地产泡沫及随后的崩溃。房地产泡沫被解释为一系列因素的后果，如20世纪90年代末的《社区再投资法案》的扩张、日益增加的住宅不动产税收优惠（tax advantage），以及住宅房产融资"技术"的新发展——如住房抵押贷款支持证券（MBS）和债务担保证券（CDO）。此外，油价也的确在周期顶点附近出现过飙升。最后，人们对奥巴马医改、监管与政府开支的扩张有着合理的预期，这些因素都会被认为是对经济的负面冲击，从而使新近的借款人更难以偿还他们的抵押贷款。

RBC 理论在预测房地产危机所造成的后果方面也表现得不错。对金融行业的"冲击"会加剧危机的烈度，而政府应对危机所采取的大规模凯恩斯主义措施，也与 RBC 理论的忠告背道而驰。具体而言，RBC 理论建议尽可能减少在货币和财政政策方面的反应。因此，"大规模"的应对措施会被视为对经济的一种拖累，因为它扰乱了人们对未来的预期。按照希格斯（1997）所定义的"政权不确定性"（Regime Uncertainty），政府的政策、作为和不作为，都增加了企业家的不确定性，从而减少经济活动。

遗憾的是，虽然 RBC 理论可以提供一个漂亮的事后解释，它所依赖的若干类真实变化因素却不容易模式化，也难以事先了解。因此，尽管它是"真实的"，却不能真正帮助我们理解现实。可无论如何，这一理论关于经济衰退的政策蕴含是正确的，即基本上奉行无为而治、任市场自行出清。关于奥地利学派视角下对于经济衰退的政策建议，参见萨勒诺（2009）。

奥地利学派商业周期（ABC）理论认识到了上述理论的方方面面，并且可以轻易地和其他理论，例如政治商业周期理论和乔治主义（Georgist）商业周期理论相结合。这是因为，大多数商业周期理论实际上只是基于不同的标准（如心理学或技术）对商业周期进行描述。例如，凯恩斯主义者着重于心理层面，而 RBC 论者则强调经济中真实实体的变化。

很难否认，在市场上、在人们心中存在心理变化，这些变化，发生于商业周期过程中。在真正的景气经济中，人人都在赚钱，并且可能赚得比他们所期待的还要多。财富、收入和工资都以极快的速度增长。飞涨的资产价值促进炫耀性的消费。同样，当景气转向萧条，人们首先倾向于否认经济中发生了任何根本性的改变。阿克塞尔罗德（Axelrod，2006）解释说，下一阶段就是愤怒、讨价还价、沮丧乃至最终接受。从时间长短和影响程度来看，沮丧是经济萧条当中的主导阶段。然而，就像在心理学文献中一样，这些心理体验应当被视为结果而非成因。尽管库伯勒—罗斯（Kubler-Ross，2005）严格版本的"哀伤五阶段"模型显然是错误的，尽管心理学文献中采用的术语是"反应"而不是"结果"，这些情绪反应无疑是由某些事件所引起的，例如所爱之人去世、身患绝症、创伤性经历或者化学物质失调。

同样很难否认，真实因素的变化和冲击会发生于商业周期尤其是景气时期。实际上，大多数景气和泡沫都和新技术以及特定的行业与产品有关。房地产泡沫与"次贷"和相关的金融创新有关。20世纪90年代的"科技"或互联网泡沫、20世纪80年代的日本泡沫、蓬勃的20世纪60年代和咆哮的20世纪20年代等，都是在关于产品及生产、分销和管理过程等方面的新技术基础上扩张起来的。

出于同样的原因，也很难否认熊彼特（Schumpeter）的商业周期理论中的主要特征。新的产品和创新与银行业的资产负债表一并扩张，景气出现。随着这些创新过程接近尾声，经济又不可避免地陷入萧条。

ABC理论则问道：为什么会这样？前述这些理解商业周期的方法描述出的周期性过程到底有什么终极原因？在自由市场经济模型中，价格理论意味着，不存在超出经济（储蓄）趋势增长（trend growth）的全面扩张，也不存在随后到来的持续性全面过剩。凯茨（Kates，1998）和安德森（2009）指出，价格理论描述了这一结果，并提供了一个模型——这通常被称为"萨伊定律"。

对于奥地利学派而言，在宏观经济层面，最重要的"价格"就是利率，不管是贷款利率、资本回报率，还是整个经济当中建立在时间偏好基础上的自然利率。自然利率是决定着资源如何在未来投资和当前消费之间分配，也同样决定着一个经济体中整个生产结构投资的利率。在纯市场经济中，贷款利率会跟随自然利率。奥地利学派经济学家已经发展出了利息理论，解释了自然利率是基于社会时间偏好的观点。

当贷款利率偏离自然利率时，就会产生商业周期的问题。尽管这种偏离也会发生在自由银行体系中，但重大的偏离发生于中央银行体制下，当中央银行通过向货币体系长时间注入货币而大幅降低利率之时。于是越来越多的贷款就成为可能。正如萨勒诺（2012）所提醒我们的，低利率会增加投资和消费而减少储蓄。经济中的这些变化为经济景气提供了条件。如果新钱流入某个特定的部门，就可能导致泡沫。

在典型情况下，美联储会刻意以联邦基金利率为目标，这是银行为维持法定准备金而相互拆借的利率。如果联邦基金利率高于锚定的目标，美联储可以从银行买入政府债券，为其提供更多的现金余额，满足其准备金要求或增加贷款。这是美联储扩大基础货币的传统方式。如果这些货币被银行体系贷出，它会对新增的信用、借贷和投资总量产生乘数效应。美联储的目标利率在本质上对经济是破坏性的，因为：（a）其他利率会受到美联储目标利率的影响；（b）其目标几乎不会是市场自然趋向的同一"目标"。

请留意，在中央银行调整利率之前，所有创造财富过程的资金都来源于留存收益（retained earnings）或银行贷款。当新贷款注入经济中，获得这些贷款的人就会依照他们的偏好和现有经济条件进行支出或投资。这创造了一种不同于本来会出现的需求模式，而经济中某些领域的利润也会高于其他领域。这些利润接下来又会影响到新投资，使之服务于这种新的需求模式。这种资本投资的新模式被称为"坎蒂隆效应"，以经济学家理查德·坎蒂隆（Richard Cantillon，1755）的名字命名。桑顿（2006）讲述了坎蒂隆是如何第一个指出：一旦新钱的影响发挥殆尽，这些投资就很难转化而适应新兴的需求及价格模式。

在 ABC 理论所预测到的具体的不当投资模式中，当利率被人为压低时，会出现生产结构的延长。举例来说，以服务于地区性消费的商业化乳制品制造来代替传统的本地乳牛场，就是一种生产结构的延长。这需要更长的生产周期和更多个生产阶段。例如，巴氏灭菌牛奶就是延长了生产结构的一种新产品，它需要通过加热牛奶来杀菌，从而延长产品的保质期。

信贷扩张始于一个均衡的生产结构，它将主要地趋向于延长现有产品的生产结构，或者干脆建立一种新产品的新生产结构，这种新产品本身往往代表着更长的生产结构和更迂回的生产方式。因此，ABC 理论预测，就改变现有产品进入市场的方式和向市场人为地引入新产品的意义而言，信贷市场的扭曲实际上会造成技术冲击。

总而言之，ABC 理论并不否认商业周期中会出现心理因素和技术冲击；实际上它涵盖了这些因素。然而，它探寻商业周期的经济原因，并利用价格理论这一工具找到了它。最终，我们发现周期的原因就在于中央银行所制造的利率扭曲。

桑顿（2004b）表明，应用 ABC 理论，奥地利学派经济学家们可以观察21 世纪初期的经济，并洞察到他人所察觉不到的房地产泡沫存在的迹象。布拉克（Block）指出，许许多多奥地利学派经济学家和"奥派"金融分析家都发布了针对房地产泡沫的警告。这些警告出现在泡沫开始破裂之前，并且指明了造成泡沫的原因。当时，绝大多数的主流和政府经济学家并没有看见经济中存在什么重大问题。事实上，桑顿（2009）指出，当我们越是接近泡沫的破裂，对房地产泡沫的否认就越多，主张出现一种新范式的声音也越多。

例如，兰道尔·霍尔科姆（Randall Holcombe）和本杰明·鲍威尔（Benjamin Powell，2009，ⅶ页）在他们最近所编撰的一本关于房地产危机的书籍中指出（其中涉及的远不止于房地产泡沫问题）：

值得注意的是时间，因为（他们编撰的这部作品的）大多数章节都写于2006 年，当时房地产在全国许多地区都一片兴旺、正值顶峰。尤其值得一提的是马克·桑顿的那一章，因为很多观察者认为房价将会继续无限上涨之时，他却在讨论房地产泡沫不可避免的破裂。桑顿的文章为房价崩溃提供了很好的事后解释，但值得注意的是，桑顿的事后说明其实是先见之明：他在崩溃实际发生之前就已经在探讨它了。

事实上，奥地利学派经济学家在认准经济泡沫方面有着悠久的历史。例如，桑顿（2008a）指出，米塞斯、哈耶克和其他奥地利学派经济学家都意识到了20世纪20年代是一个景气状态不可持续和金融失衡的时期，而此时的欧文·费雪却宣称经济处于永远的高位，并在股市历史性崩盘期间继续否认（泡沫）问题。桑顿还发现（2004a），黑兹利特、米塞斯和罗斯巴德在20世纪60年代晚期撰文，直言反对美国政府的经济政策，指出美元（即布雷顿森林体系）所面临的危险，而凯恩斯主义经济学家如总统顾问委员会主席亚瑟·奥肯（Arthur Okun）却宣布商业周期已经被击败了。而即将来临的就是布雷顿森林体系的瓦解和20世纪70年代的滞胀。桑顿（2004b，2004c）发现，在科技/互联网泡沫和房地产泡沫中，又重现了这种奥地利学派和主流经济学家相反预测的同样模式。

在房地产泡沫破裂之后，人们开始对导致房地产泡沫和金融危机的原因提出了一系列的解释。房地产泡沫的"原因"包括：（1）金融市场监管不足；（2）对银行业的监管放松和《格拉斯—斯蒂格尔法案》的废除；（3）政府通过《社区再投资法案》以及房利美和房地美来实现的可负担（平价）住房强制性要求；（4）由抵押贷款支持证券等创新金融产品造就的次级贷款；（5）狂躁、投机等心理因素，加之媒体推波助澜的反馈效应。

对房地产泡沫危机的各种事后解释所鉴别出的这些因素，都不应被视作危机的原因。不过，它们确实解释了为什么这是一场房地产泡沫。换言之，这些因素的组合，可以解释"房地产泡沫"中的形容词（房地产），但无法解释其中的名词（泡沫）。它们可能也有助于我们理解泡沫的规模和给房地产市场解除泡沫这一矫正过程所持续的时间。与其他泡沫相比，房地产市场的矫正过程困难更大、耗时更久。例如，当合成抵押贷款支持证券（MBS）的市场崩溃时，完成止赎（丧失抵押品赎回权）程序就变得非常困难。对于那些与合成的MBS相关联的房屋，无法明确界定其抵押贷款的抵押权人。

危机过后，人们提出并实施了各种各样的补救措施。桑顿（2008b，2009b，2010a，2010b）表明这些措施并没有奏效，反而把情况变得更糟，并制造了新的麻烦。对于泡沫和经济危机，桑顿（2008c，2008d，2009c）提出的真正解决方案，与本·伯南克和保罗·克鲁格曼等人支持的那些解决方案恰恰相反。重申一下，造成经济中的泡沫或景气的是中央银行的货币政策。美联储为景气和泡沫提供了必要条件和主要成分。

摩天大楼指数

ABC 理论的一个有意思的应用是摩天大楼指数。劳伦斯（Lawrence，1999）的研究表明，在全球最高摩天大楼的修建与世界经济危机之间存在一种诡异的联系。1907 年恐慌、大萧条、布雷顿森林体系崩溃以及 20 世纪 70 年代的滞胀、20 世纪 90 年代末的互联网泡沫和房地产泡沫等，全都与创纪录摩天大楼的修建有关联。这种关联被称为"摩天大楼指数""摩天大楼指示器"甚至"摩天大楼诅咒"。过去一个世纪的关键危机时点，屡屡出现"摩天大楼诅咒"，这一事实表明它确实是 ABC 理论的一个例证。[1]

在劳伦斯（1999）所提相关性的基础上，桑顿（2005）阐述了这种相关性和 ABC 理论之间的联系。创纪录摩天大楼的产生条件和在经济中制造景气所需的条件是一样的。这些条件包括人为压低的利率、信贷增长率加速和快速扩张之中的货币供应量。长期景气状态会导致企业家的过度自信和极端投机行为。这体现为"炫耀式"（trophy）的建筑，要么通过不寻常的建筑设计，要么通过创纪录的高度，或二者兼有来实现。创纪录摩天大楼通常伴随着持续已久的经济景气、"虚假的基本面"和自我崇拜的狂妄。

"虚假的基本面"一词指的是，泡沫确实改变了经济计算的基本事实。这些事实包括利率、增长率、就业率、破产率等。例如，抵押贷款支持证券（MBS）行业可以观察近期的止赎历史，发现平均违约率低于百分之一，并

---

[1]　罗斯巴德（1994，106 页）指出，1907 年恐慌是美国财政部长莱斯利·肖（Lesley Shaw）试图像中央银行一样将财政部资金非法注入受优待的大型银行的结果。另可参见玛丽·托娜·罗杰斯（Mary Tone Rodgers）和贝里·K. 威尔逊（Berry K. Wilson）的著作（2011）。

参考这一数据来创设 MBS 产品的模型。当止赎率以意料之外的数量大幅上升时，这些模型和产品就失败了。要注意的是，房地产泡沫本身压低了止赎率，因此在一个充满泡沫的世界里，基本面是不可信的。

创纪录摩天大楼是一个突出例子，说明了利率扭曲（即实际利率低于"自然"利率）如何以一种不可持续的方式改变了经济中的生产结构，但经济危机显然并不是修建一座高耸入云的大楼所导致的。利率扭曲对经济最普遍的影响是，生产结构重新调整，转向耗时更久和更加迂回的生产过程。创纪录摩天大楼往往需要大量的新的技术工艺程序和技术体系，而这些都必须有自己的生产、分销、安装和维护体系。这就是整个经济处于虚假景气的症状。对经济的另一个普遍影响是，投资和消费数量增加，而储蓄减少。这意味着企业的资产负债表有相对较高的杠杆率，因此企业更容易破产。

有了摩天大楼和与之相关的市场，产能——即办公室空间的数量及其相关服务——也大幅增加，这意味着预期的未来价格不太可能实现，因此预期的利润也如此，亏损则将会增加。一旦景气转为萧条，现存的用于修建新的超级摩天大厦的产能，将会大大超过建造摩天大楼的需求，而在萧条中幸存下来的建筑和材料公司的利润空间将受到严重挤压。

在桑顿（2005）提出摩天大楼指数之后的第一次主要检验，就是美国和其他地区的房地产泡沫。桑顿（2007a）于 7 月底报告了预示着世界性危机的摩天大楼信号出现：

在阿拉伯联合酋长国正在修建一座新的创纪录摩天大楼。根据摩天大楼指数预测，经济萧条和 / 或股市崩盘将会在这座摩天大楼完工之前到来。

危机信号是基于创下世界摩天大楼高度纪录的迪拜塔（现在的哈利法塔）。当旨在打破世界、大洲和国家纪录的建筑项目"破土动工"时，"摩天大楼警报"就拉响了。相比之下，危机的"摩天大楼信号"，出现在建筑进度实际超越了以往纪录之时。两者之间的区别体现了并非所有这样的项目都能够按计划完成的认识。

就在这个时候，美国股市到达了顶峰并开始下行。多年来一直强劲的房地产市场终于陷入停滞，然后在房屋开工、房屋销售和房价等方面都走向了颓势。抵押贷款融资公司开始举步维艰、纷纷倒闭。建筑业的就业率开始迅速下跌。桑顿（2007b）甚至指出，来自墨西哥的非法移民开始返回家乡，因为缺乏工作机会。到年底时，从景气中矫正或纠错的过程真正开始了。

然而，到2008年1月，美联储开始采取超出其传统政策范围的行动。他们超越了降低联邦基准利率和贴现率这一典型的政策举措，开始了一长串前所未有的旨在救助大型银行的政策举措，据称是为了防止危机在更广泛经济领域中的"传染效应"（contagion effects）。美国财政部也非常积极地尝试以一种非正统的方式救助经济。

桑顿（2009d，2010c）报告称，迪拜开始陷入财政困境，不得不延期偿付为哈利法塔融资时发行的债务。到2010年1月迪拜塔正式开放时，建造这座摩天大楼的阿联酋主权基金破产，并不得不让阿布扎比酋长为其提供100亿美元的援助。CNN记者凯文·沃伊特（Kevin Voigt，2010）当时指出：

> 有一个人不会为哈利法塔（在本周一由迪拜塔改名，为了致敬最近向迪拜豪掷100亿美元救命钱的阿布扎比酋长）落成时所遭遇的困境感到意外，他就是奥本大学的经济学家马克·桑顿。他在两年前就预测到酋长国要面临的艰难时期。

下一个摩天大楼信号是区域性的或洲陆范围内的。当夏德塔（又称碎片大厦）建设高度超过了1 000英尺、创造了欧洲摩天大楼新纪录时，桑顿（2011）向欧洲发出了摩天大楼信号。当时欧元区危机已经开始在欧洲边缘的一些小国显露出端倪，但人们普遍认为欧洲的主要股市和欧元走势强劲。到2010年7月夏德塔正式开放时，主权债务危机冲击着"欧猪六国"（PIIIGS，即葡萄牙、意大利、冰岛、爱尔兰、希腊和西班牙这几个国家英文首字母的组合），欧元区危机已经显而易见了。

对欧元未来的担忧四处蔓延。最近塞浦路斯发生了银行危机，萨勒诺（2013）认为这可能是部分准备金银行制瓦解的开始。另外桑顿（2013）还注意到了，德国央行要求将其部分黄金储备从纽约运回德国，围绕着这一事件的不确定性正在扩大。桑顿（2012）报告说，在随后的救助行动中，大多数欧洲股市和主权债务的问题都被掩盖了，但是总体债务水平和失业率仍处于危险的高水平。根据联合国国际劳工组织的报告（2013），体现为抗议和示威等形式的社会动荡仍处于高水平。

下一个摩天大楼"事件"发生在美国，世贸中心一号楼在2013年5月达到了创纪录的高度。这本该成为北美的摩天大楼信号，但其高度纪录是基于固定在大楼顶部的天线。这使得这个伪纪录作为摩天大楼事件处于一种模棱两可的状态。

最后一个摩天大楼信号出现在今年（2014年）的中国，上海中心大厦成为中国最高的摩天大楼。据《美联社》（*Associated Press*）报道，这座摩天大楼超越了2008年创下全国纪录的上海环球金融中心（该大厦本身即2008年中国经济危机的一个摩天大楼信号）。到目前为止，和这一最新的全国性信号伴随的，是股市下跌，以及人们对经济增长率下降及政治领导层变动的普遍担忧。

最后，中国最近还拉响了一起摩天大楼警报。蒂博（Thibault，2013）报告称，计划修建成世界最高摩天大厦的"天空城市"项目最近举行了奠基仪式。该项目最值得关注之处在于，由于公司采用了预制装配式建筑工艺过程，工期非常短。如果按照目前的时间表，摩天大楼信号将会发生在2014年底或2015年初。然而，这个项目是否会被允许继续进行或者能否达到高度纪录，都还存在着疑问[1]。《人民日报》最近的一篇社论批评该计划"不

---

① 长沙的"天空城市"项目开始之后不久即告停工，烂尾至今，其建筑基坑变成了养鱼场。——译者注

切实际", 甚至还提到了摩天大楼的诅咒。但是, 对一个创纪录项目的行政阻挠, 可能无法阻止摩天大楼的诅咒, 正如摧毁世贸中心大厦, 并不能逆转金本位和布雷顿森林体系的消亡。沙特阿拉伯也宣布了将建造世界最高的摩天大厦。

欧洲、北美和中国的地区性摩天大楼信号和预示着世界经济危机的摩天大楼警报汇集在一起, 就可以清楚地认识到一场世界经济危机可能正在迫近。这种模式与以往发生的历次摩天大楼纪录 (包括 1907 年恐慌、大萧条、20 世纪 70 年代滞胀、互联网泡沫和房地产泡沫) 非常相似。与这些以摩天大楼为基础的预测相联系, 我们可以为世界经济危机正在迫近的观点来确立一个基本理由。大多数世界主要经济体都面临着紧迫的经济困境, 包括美国、欧洲、日本和中国。此外, 根据里卡兹 (Rickards, 2011) 的分析, 各国中央银行已经展开了一场全球货币战争, 其规模是人类历史上前所未有的。

结论

中央银行所宣称的目标是用货币政策来稳定和增强经济活动。中央银行达成这些目标的一个标准是实现物价水平稳定和自然失业率。为了达到这些效果, 中央银行常常会以利率为目标并加以调整, 以鼓励 "恰当数量" 的信贷流通。依照我们对官僚体制和中央计划者能力的了解, 中央银行如果能够在一个前后一贯的基础上实现这些目标, 那将会是非常神奇的。实际上, 很多经济思想学派, 尤其是奥地利学派, 都把中央银行看作是导致商业周期的不稳定力量。然后, 中央银行所固有的不可靠性, 往往又被部分准备金银行体系以一种随机的方式加以放大。

只有 ABC 理论创造了一种商业周期的纯粹经济原因的理论。其他的研究路径通过结合心理变化和技术冲击等特征, 提供了历史叙述的诸元素, 从而更全面地描述了商业周期。这些元素可以很容易地纳入 ABC 理论。摩天大楼指数是 ABC 理论的一个很有意思的应用以及对该理论的 "有如混凝土般坚实的"（concrete）例证。它揭示了奥地利学派在百余年中所形成的理论。摩天大楼纪录的历史也提醒我们，美联储长达一个世纪的统治证明了中央银行是危险的，因为它们导致了经济危机。当前的摩天大楼指数已经为世界经济危机发出了高度警戒的信号。

参考文献

Anderson W（2009）Say's law and the Austrian theory of the business cycle. Q J Austr Econ 12（2）：47–59，https：//mises.org/journals/qjae/pdf/qjae12_2_4.pdf

Axelrod J（2006）The 5 stages of loss and grief. Psych Central. http：//psychcentral.com/lib/the-5- stages-of-loss-and-grief/000617. Accessed 4 Sept 2013

Block W（2010）Who predicted the housing bubble? LewRockwell.com，December 22. http：// www.lewrockwell.com/2010/12/walter-block/who-predicted-the-housing-bubble/

Cantillon R（1755）Essai sur la Nature du Commerce en Général. Fletcher Gyles，London

Higgs R（1997）Regime uncertainty—why the great depression lasted so long and why prosperity resumed after the war. Indep Rev 1（4 Spring）：561–590

Holcombe RG，Powell B（eds）（2009）America's housing crisis：a case of government failure. Independent Institute，Oakland，CA

International Labor Organization of the United Nations（2013）World of work report 2013：repairing the economic and social fabric，June. http：//www.ilo.org/global/research/global-reports/world-of-work/2013/WCMS_214476/lang–en/index.htm

Kates S（1998）Say's law and the Keynesian revolution：how

macroeconomic theory lost its way. Edward Elgar，Cheltenham

Kü bler-Ross E（2005）On grief and grieving：finding the meaning of grief through the five stages of loss. Simon & Schuster，New York

Lawrence A（1999）The curse bites：skyscraper index strikes. Property Report，Dresdner Kleinwort Benson Research（March 3）

Rickards J（2011）Currency wars：the making of the next global crisis. Portfolio/Penguin，New York

Rodgers MT，Berry KW（2011）Systematic risk，missing gold flows，and the panic of 1907. Q J Austrian Econ 14（2 Summer）：158–187，https：// mises.org/journals/qjae/pdf/qjae14_2_2.pdf

Rothbard MN（1994）The case against the Fed. Ludwig von Mises Institute，Auburn，AL Salerno JT（2009）Rothbard vindicated. Mises Daily Article，September 4. https：//mises.org/daily/3689/Rothbard-Vindicated

Salerno JT（2012）A reformulation of Austrian business cycle theory in light of the financial crisis. Q J Austrian Econ 15（1 Spring）：3–44，https：// mises.org/journals/qjae/pdf/qjae15_1_1.pdf Salerno JT（2013）The Cyprus deal and the unraveling of fractional-reserve banking，circle Bastiat Blog，March 27. http：//bastiat.mises.org/2013/03/the-cyprus-deal-and-the-unraveling-of-fractional-reserve-banking/

Thibault H（2013）Les villes chinoises veulent toutes leurs gratte-ciel géants（Chinese cities are all their giant skyscraper）Le Monde，August 3. http：//www.lemonde.fr/economie/article/2013/08/ 03/les-villes-chinoises-veulent-toutes-leurs-gratte-ciel-geants_3457102_3234.html

Thornton M（2004a）The "New Economists" and the great depression of the 1970s. Mises Daily Article，May 7. https：//mises.org/daily/1507/The-New-Economists-and-the-Great-Depression- of-the-1970s

Thornton M（2004b）Housing：too good to be true? Mises Daily Article，

June 4. https：//mises.org/ daily/1533/Housing-Too-Good-to-Be-True

Thornton M（2004c）Who predicted the bubble，who predicted the crash? Indep Rev 9（1 Summer）：5–30

Thornton M（2005）Skyscrapers and business cycles. Q J Austrian Econ 8（1 Spring）：51–74 Thornton M（2006）Cantillon and the cause of the business cycle. Q J Austrian Econ 9（3 Fall）：45–60

Thornton M（2007a）New record skyscraper（and depression?）in the making. Mises Economic Blog，August 7，2007. http：//archive.mises. org/6948/new-record-skyscraper-and-depression-in-the-making/

Thornton M（2007b）Illegal immigrants and the housing bubble. http：// www.LewRockwell.com，March 1. http：//www.lewrockwell.com/2007/03/ mark-thornton/the-housing-bubble-caused- illegal-immigration/

Thornton M（2008a）The great depression：Mises vs Fisher. Q J Austrian Econ 11（3）：230–241，https：//mises.org/journals/qjae/pdf/qjae11_3_5.pdf

Thornton M（2008b）Bennie and the monetary jets. Mises Daily Article，February 29. https：//mises.org/daily/2905/Bennie-and-the-Monetary-Jets

Thornton M（2008c）How to avoid another depression. Mises Daily Article，September 10. https：//mises.org/daily/3103/How-to-Avoid-Another-Depression

Thornton M（2008d）Slash and burn. Mises Daily Article，November 18，2008. https：//mises.org/daily/3201/Slash-and-Burn

Thornton M（2009a）The economics of housing bubbles. In：Benjamin P，Randall H（eds）America's housing crisis：a case of government failure. Independent Institute，Oakland，CA，pp. 237–262

Thornton M（2009b）Bernanke's Apoplithorismosphobia. Mises Daily Article，August 19. https：// mises.org/daily/3625/Bernankes-Apoplitho-rismosphobia

Thornton M（2009c）Austrian recipe vs. Keynesian fantasy. Mises Daily Article，May 21. https：// mises.org/daily/3465/Austrian-Recipe-vs-Keynesian-Fantasy

Thornton M（2009d）Delay in Dubai. Mises Economic Blog，November 27. http：//archive.mises. org/11107/delay-in-dubai/

Thornton M（2009e）Getting nasty in Dubai. Mises Economic Blog，December 4. http：//archive. mises.org/11107/delay-in-dubai/

Thornton M（2010a）Hoover，Bush，and the great depression. Q J Austrian Econ 13（3 Fall）：86–100 Thornton M（2010b）Bernanke's solutions are the problem. Mises Daily Article，November 5. https：//mises.org/daily/4798/Bernankes-Solutions-Are-the-Problem

Thornton M（2010c）What goes way up and what must come down. Mises Economics Blog，January 8. http：//archive.mises.org/11408/what-goes-way-up-and-what-must-come-down/ Thornton M（2011）Skyscraper curse to hit Europe. Mises Economic Blog，September 5. http：//archive.mises.org/18338/skyscraper-curse-to-hit-europe/

Thornton M（2012）European crisis signal. The Circle Bastiat（Mises Economic Blog），July 5. http：//bastiat.mises.org/2012/07/european-crisis-signal/

Thornton M（2013）Germany repatriates its gold. Mises Daily Article，January 31. https：//mises. org/daily/6351/Germany-Repatriates-Its-Gold

Voigt K（2010）As skyscrapers rise，markets fall. CNN.COM，January 8. http：//www.cnn.com/ 2010/WORLD/asiapcf/01/08/skyscrapers.rise.markets.fall/

瞒天过海的美联储会计报告

威廉·巴内特二世（William Barnett II）[①]

从行政命令、章程、法案和《美国法典》（*U.S. Code*）——它们构成了相关的法律法规——的角度来说，在（1）联邦储备系统管理委员会（下文简称"委员会"）；（2）联邦储备银行（下文简称"联储银行"）；（3）联邦储备系统（下文简称"系统"）之间加以区分是很有必要的。这些定义——委员会、联储银行和系统——不能互换使用。系统中至少包括委员会、12家联储银行（切凯蒂，2008，276页）。不过，有时公开市场委员会、系统成员银行和联邦储备咨询委员会也被包括在内（切凯蒂，2008，276页）。

《联邦储备法案》要求委员会每年向众议院议长提交一份关于其运作的完整报告（美国法典条款：12 USC §225b）。这份报告包括委员会官方经审计的财务报表和12家联储银行的合并报表（委员会，2012，339页及后续）。[②]

我坚信，按照传统会计标准，12家联储银行的官方经审计的财务报表——尤其是他们的资产负债表[③]——是欺诈性的。这些欺诈之处包括：（1）将黄金凭证计为资产；（2）将联邦储备券（［Federal Reserve Notes］下文简称"联储券"［FRNotes］）和以美元结算的存款计为债务（"联邦储备券"

---

① 威廉·巴内特二世

美国路易斯安那州新奥尔良市新奥尔良洛约拉大学约瑟夫·A.巴特·S.J.商学院，70118

E-mail：wbarnett@loyno.edu

② 最近可查的是2012年度报表。（截至本书英文版出版之时。——译者注）

③ 这里的"资产负债表"是指"联邦储备银行合并条件报表"（Federal Reserve Banks Combined Statements of Condition）。

即为人们日常流转使用的美元纸钞。——译者注)[①];(3)没有计入尚未发行的联储券。这种欺诈的根源在于,当美国政府开始了黄金的去货币化过程时[②],联储银行未能根据新的货币现实状况调整其会计程序。此外,它还尤其要为大规模的债务货币化(主要是美国财政部——下文简称为 UST——的债务,但也包括近年来的私人债务)这一混淆行为而负责。

在"'独立审计'报告[③],注释 4——重要会计政策"(委员会,2012:375–376 页)中声称(强调字体为笔者所加):

对于拥有国家中央银行这样独特权力和责任的实体,会计标准设定机构尚未制定出相应的会计准则。管理委员会制定了它认为适合于中央银行的性质与职能的专门会计准则和惯例。这些会计准则和惯例记载于管理委员会发行的《联邦储备银行财务会计手册》(*FAM*)中。按照要求,联邦储备银行须采用与 FAM 一致的会计政策和惯例,合并财务报表也依照 FAM 而编制。

由于储备银行作为国家中央银行的一部分,具有独特的权力和责任,且考虑到美联储系统在执行货币政策方面独一无二的责任,在 FAM 的会计准则和惯例与通用会计准则(GAAP)之间存在着**有限的区别**。**主要区别**在于将所有的 SOMA(系统公开市场账户)证券列为摊销成本,以及基于结算日期对 SOMA 证券进行记录。

[……]

此外,储备银行不会按 GAAP 所要求的那样出具《综合现金流量表》(*Combined Statement of Cash Flows*)……除了上述区别之外,在 **FAM** 的政策和 GAAP 之间没有其他显著差异。

---

① 加以必要的修正,关于这些具体债务的论述适用于联储银行所有其他的以美元结算的所谓"债务"。

② 黄金的去货币化过程始于 1933 年 4 月 5 日的 6102 号行政命令,完成于 1971 年 8 月 15 日——即尼克松总统(1972)中止美元与黄金之间的兑换。

③ 审计者是德勤会计师事务所(Deloitte & Touche LLP)(委员会,2012,341–342 页,360–361 页)。

如果 FAM 采用与 GAAP 不同的"资产"或"负债"的定义，那肯定是事关重大的。（巴格斯和豪登，2009a，2009b）因此，既然德勤没有将这些定义列入 DAM 和 GAAP 之间有限的差异之中，那么在联储银行的财务报表中所采用的这些定义就应该与 GAAP 的要求一致。

本文的第一部分对联储银行资产负债表中的资产进行分析，给出其涉及欺诈的理由。第二部分从负债的角度进行同样的分析。第三部分探究"丢失的货币"。第四部分说明导致这种欺诈的原因。第五部分作出总结。

资产

在此引述联储银行的合并资产负债表（委员会，2012，364 页），重点关注与我们的研究目标相关的部分。

所有数字的单位均为百万美元。

资产		负债	
黄金凭证	11 037	未结算的联储券 [a]	1 034 052
		总存款	1 562 253
所有其他资产	2 907 833	所有其他债务	268 767
		总负债	2 865 072
		总资本	53 798
总资产	2 918 870	总资本及负债	2 918 870

a. 联储券总额扣减储备银行所持有的联储券

请注意资产一侧的"黄金凭证"。依照 GAAP 的要求，什么是资产？在美国，作为仲裁机构的财务会计标准委员会（FASB）规定[①]：

一家实体的资产是指某项现存经济资源，该资源的主张权或其他支配方

---

① http：//www.fasb.org/project/cf_phase-b.shtml.

式由此实体拥有，而不属于其他实体······

"现存"的含义为，在财务报表日当天，该经济资源存在且其主张权或其他支配方式属于此实体，而非其他实体。

"经济资源"是指某一稀缺事物，它能够单独或与其他经济资源一起、直接或间接地产生现金流入或减少现金流出······

"不属于其他实体的主张权或其他支配方式"，这使得此实体可以使用该项经济资源，而其他实体对该项资源的使用被排除或受到限制。"不属于其他实体的主张权或其他支配方式"受到法律或其他同等手段的强制保障。

区别于上述定义，1933 年 4 月 5 日的 6102 号行政命令，第 2 节规定（部分引述）：

兹要求所有人［个人、合伙人、协会或公司］在 1933 年 5 月 1 日或之前将他们所拥有（或在 1933 年 4 月 28 日之前即将获得）的金币、金块和黄金凭证上交到联邦储备银行或其支行，或其代理机构，或任一联邦储备系统成员银行，以下情况除外［后面列出了几个少数例外情况］：

根据第 4 节，接收金币、金块或黄金凭证的联储银行或成员银行要为此向上交者支付"同等数额的、依照美国法律铸造或发行的任何其他形式的铸币或纸币"。第 5 节要求成员银行向联储银行上交其所拥有的——包括他们在第 2 节中所接收到的——金币、金块和黄金凭证，他们会为此而"收到信用或付款"。

1933 年 8 月 28 日的 6260 号行政命令撤销了 6102 号，但在民众拥有相关物品的权利方面，它并没有什么实质性的影响。因此，所有的货币性黄金，不管是金币、金块还是黄金凭证，都归联储银行所有。

当 1934 年 1 月 30 日通过《黄金储备法案》时，另一只靴子落地了（克罗斯，Kroos，1983，240 页）。该法案第 2 节规定：

本法案一经批准，联邦储备委员会、每一家联邦储备银行和每一个联邦储备代理商对其所持有的任意及全部金币和金块的全部权利（right）、所有权（title）、权益（interest）及要求权（claim）都转归美国国家所有；作为相应的付款，在财政部迄今为止已根据《联邦储备法案》第十六段 16 小节授权、以及依照本修正法案所授权的账户中建立同等数额的美元信贷（《美国法典》Title 12，§ 467）。这些账户中的余额应以黄金凭证支付，该黄金凭证的形式和面额由财政部长决定。

于是，联储银行按照法律要求将所有的货币性黄金转交给财政部，并为此获得黄金凭证。然而联储银行不能将这些凭证兑换为金币或金块，因为正是同一法案的同一条款已经规定：联储银行持有货币性黄金是非法的！（罗斯巴德，1994，138 页）

这样一来，UST（财政部，2011）声明道：

按照美国法典（31 USC § 5117）规定，财政部持有的黄金储备部分地被财政部长按照法定兑换率向 FRBNY［纽约联邦储备银行］签发的黄金凭证所形成的负债所抵销。自 1934 年以来，财政部以非标准型和账面登记的形式向 FRBNY 发行黄金凭证。根据合并资产负债表的报告，财政部就其所发行的黄金凭证而负有的债务以财政部所持有黄金的法定价值为限。当黄金凭证发行给 FRBNY 时，该凭证带来的收益被存入美国政府的运营现金之中。财政部发行的所有凭证均应向 FRBNY 偿付。

读了这段文字，人们也许会认为，财政部有一项黄金储备资产——至少部分地——冲抵 FRBNY-UST 的黄金凭证债务。但是，《联邦储备法案》明确规定，委员会和任何联储银行对财政部的黄金都没有所有权、权益或要求权。因此，联储银行所谓的资产——黄金凭证，根本就不是资产。事实上，它们只是一种凭据，证明美国政府从"所有人"那里剥夺了货币性黄金的"全部权利、所有权、权益及要求权"。它首先要求"所有人"将他们的货币性黄金直接或间接地交给联储银行，换得"同等数额的、依照美国法律铸造或发行的任何其他形式的铸币或纸币"。然后，联储银行及其代理商在货币性黄金上的所有权利、特许权等都归美国所有，作为回报，他们获得财政部账户中"同等数额的美元信贷"，以财政部黄金凭证的形式给付。因此，财政部的黄金凭证就相当于盗贼写给他的受害者的便条，承认他偷了受害人的黄金；但它们绝对不是一种承诺会归还被盗物品的借据。

因此，联储银行合并资产负债表上所列出的黄金凭证一项并不是真正的资产。

负债

根据《统一商法典》[*UCC* § 3–104（a）（b）及（e）]，一张钞票（note）就是一份无条件的承诺，即随时按持票人的要求支付一定数额的货币。但联储券既是应为其支付货币的钞票，同时又是货币本身，很显然这些"钞票"根本就不是钞票，而是"支付承诺"。可是"支付承诺"用什么来支付呢？答案是"联储券"（维埃拉，Vieira，2002，827–828 页）。这样一来，它们从任何意义上讲都不是债务（许尔斯曼，2008，162 页）。

此外，FASB 规定[1]：

一个实体的负债是指该实体作为债务人的当前经济义务……"当前"的含义是：在财务报表日，该经济义务存在，且以该实体为债务人。

经济义务是指关于"提供或放弃经济资源"（包括风险保护）的无条件承诺或其他要求。

如果一个实体被要求承担经济义务，且这一承担经济义务的要求可通过法律或其他同等手段强制执行，则该实体为债务人。

---

[1]　http://www.fasb.org/project/cf_phase-b.shtml.

联储银行没有不以美元核算的债务。在述及联储银行的负债时，委员会指出：①

一家美国的存款机构在为了满足其客户需求时，要求储备银行向它发行更多的联邦储备券。储备银行将通货运送到该机构，并在此机构的联邦储备账户中将所运送的金额列为借项。于是，在联储银行之外所增加的联邦储备券就被银行和其他存款机构在他们的联邦储备账户中的准备金余额减少所抵消。

如果联储银行的存款人想要赎取其存款，该款项以联储券支付。在这种情况下，在联储银行的资产负债表上，存款减少，而（未结算的）联储券以同样的数额增加。因此，对于联储银行来说，在联储银行中的存款和未结算的联储券是可以完全互换的。那么，这种存款就与联储券一样，是联储银行的负债。

美国法典（12 USC §411）规定，联储券可以兑换为"法定货币"（lawful money）。西蒙斯（Simmons, 1938, 108 页）指出：

法庭上经常使用"法定货币"一词，它被赋予各种不同的含义。它反复出现在美国的货币和银行业法律之中，但却没有清晰的定义。由于使用了一个含糊不清的术语，货币银行学的学生面临着一种令人困惑的境况。他永远也无法确定当遇到这个术语时，它的含义是什么。有时它指的是法偿货币（legal tender）②，但它被频繁地诠释为更加宽泛的含义。

---

① http://www.federalreserve.gov/monetarypolicy/bst_frliabilities.htm.

② 本文中需要区分法偿货币（Legal Tender）和法定货币（Lawful Money）这两个术语。前者明确指"法律认可的可用于偿付公私一切债务的指定对象"，而后者的含义更为宽泛而模糊。——译者注

西蒙斯（1938，117 页）继续写道："赎取的意思想必就是将一种纸币兑换为某种形式的纸币或者硬币。很显然，联邦储备券可以兑换为联邦储备券，以及其他类似形式的联储券本身。"

克罗斯（Cross，1938，412–413 页）指出："金币和银币从来都没有被国会指定为法定货币，也没有通过任何其他法令明确允许它们被用作合法的准备金，尽管它们从最开始时就被货币监理署作为'法定货币'准备金的一部分而接受。"克罗斯继续（1938，413 页）写道：

最后一个例证可以显示出，国会在采用"法定货币"这一术语时是多么宽泛。在 1933—1934 年的立法之前，联邦储备券在任何一家联邦储备银行都可以被兑换为"黄金或法定货币"，而联邦储备银行被强制性要求以"黄金或法定货币"的形式持有其存款总额的 35% 作为准备金支持。国会并没有采用"以黄金或其他形式的法定货币"这样的措辞。它明确地将二者进行对照，这会使人推测它没有将黄金视为法定货币，这样的结论太荒谬，无法予以考虑。

因为金币再也不是法定货币，那么问题来了："什么才是?"委员会解释道[1]：

1933 年，国会修订法律，使所有的美国硬币和纸币（包括联邦储备券）——不管发行于何时——在任何目的下都构成"法偿货币"。从此之后，联邦和州法院一再将联邦储备券视为"法定货币"。

也就是说，联储券必须被兑换成法定货币，而联储券本身就是法定货币。联储银行（或财政部）可以将联储券兑换为（其他的?）联储券。既然

---

[1] http://www.federalreserve.gov/faqs/money_15197.htm.

唯一的义务是将联储券兑换为其他联储券，那么这当然就不是一种须放弃经济资源的无条件或其他形式的承诺或要求。因此，根据 GAAP/FASB 对经济义务的定义[①]，联储券不是负债。

因为财政部可以将联储银行的资产——黄金凭证——兑换为法定货币或法偿货币，而联储券同时是这两种货币，这就使得联储券成为联储银行的资产。但是联储券不能既是联储银行的资产，同时又是其负债。这是个逻辑问题，也是个法律问题。

那么，联储银行从一开始是怎样获得联储券的呢？委员会告诉我们（委员会，2013）："美联储向 BEP（Bureau of Engraving and Printing，雕刻印刷局，即印钞局）支付印刷新纸币的成本，安排将纸币从 BEP 在华盛顿特区和得克萨斯州沃斯堡的印钞厂运输到储备银行的现金办公室，并支付运输费用。"目前，这一成本介于每张 5.2 美分（对面值为 $1 和 $2 的钞票来说）到每张 9.2 美分（对面值为 $20 和 $50 的钞票来说）之间（委员会，2013）。

委员会关于收入与开支，以及累计经营结果变化的报表（委员会，2012，344 页）中包括一个名为"货币成本"的小节。其中的两个项目及二者之间的区别如下：

摊派给联邦储备银行（已征收或将要征收）的货币成本	$650 010 597
货币相关成本开支	650 010 597
超过（低于）总开支的货币评估	0

委员会财务报表的注释 10 以"联邦储备银行"为标题，它指出："委员会将其运营开支摊派给联邦储备银行，其中包括与货币责任有关的开支，以及被要求提供给印钞局和现金办公室的资金。"它还显示，所评估的联储银行被征收或将被征收的货币开支正好是 650 010 597 美元。

---

① http://www.fasb.org/project/cf_phase-b.shtml.

题为"货币"的委员会财务报表注释15（委员会，2012，359页）指出："雕刻印刷局（BEP）是唯一的货币印刷供应处，并且提供货币回收服务。"它也显示，由委员会产生的货币成本为650 010 597美元。

这意味着什么？委员会以承担全部成本的形式从印钞局购买联储券[①]。它以同样的数额将其摊派给联储银行，并向联储银行发行联储券。然后，当联储银行转而向成员银行发行联储券时，这些钞票被——按面值，而不是成本价——计为联储银行的负债。然而，委员会发行（并摊派成本）给联储银行的那些联储券中，仍存在联储银行保险库中的那部分，却没有体现在联储银行的资产负债表中。也就是说，联储银行为之付款的那些联储券并没有出现在他们的账目中！

如前所述，2011年联储银行支付了6.5亿美元采购联储券，在将其发行至流通领域时，他们声称这是负债。如果事实上这些联储券成为联储银行的债务，为什么联储银行还要为获得联储券而付款呢？

如果委员会对联储券进行正当的核算，从印钞局购得联储券的交易将只是委员会账目中的一个过账（流水）项目。委员会为新的联储券向印钞局支付的费用和委员会把这些券摊派给联储银行而获得的收入相等，因而不会影响到委员会的账目。

然而，当联储银行获得新的联储券、之后再发行给成员银行时，如果这些交易被正当核算的话，联储银行的账目就会受到很大的影响。下面是一个例子[②]，显示了对此类交易该如何进行正当的核算：

示例：以美元计的日记账

---

① 它是怎样向他们付款的呢？有人猜测，财政部在联储银行的一般账户中贷记（入账）了相应的金额。但借记（出账）的是什么账户就不得而知了。

② 下文还提到了另一种方法，但此方法更为清晰易懂。

表 2	以美元计的日记账		
账户		借记	贷记
库存联储券——单张面额 $100		0.08	
应付账款			0.08
用于记录库存一张面额 $100 联储券的采购成本			
应付账款		0.08	
财政部一般账户			0.08
用于记录支付应付账款——清偿委员会对财政部（印钞局）为面额 $100 联储券所负债务			
应收账款——来自成员银行		100.00	
销售一张面额 $100 联储券给成员银行			100.00
用于记录销售一张面额 $100 联储券给成员银行			
成员银行在联储银行的活期存款		100.00	
应收账款——来自成员银行			100.00
用于记录成员银行向联储银行的付款			
所售货物成本（一张面额 $100 联储券）		0.08	
联储券库存			0.08
用于减去库存并确认所售券的成本			

损益表：

销售（收入）	100.00
库存货物成本减少（开支）	0.08
损益	99.92

结账分录：

账户	借记	贷记
损益	99.92	
资本		99.92

资产负债表变化

资产		负债	
		成员银行存款（100.00）	
		财政部一般账户 0.08	
		资本 99.92	
总资产 $0.00		总负债及资本 0.00	

根据上述情况对联储银行的资产负债表重新整理，会得到以下结果。所有数字单位均为百万美元。

资产		负债	
黄金凭证	11 037	未结算的联储券 a	1 034 052
	0		0
		总存款	1 562 253
			0
所有其他资产	2 907 833	所有其他债务	268 767
	2 918 870		0
		总负债	2 865 072
			0
		总资本	~~53 798~~
			2 918 870
总资产	2 918 870	总资本及负债	2 918 870

a. 联储券总额扣减储备银行所持有的联储券

或者，再简单些：

资产		负债	
总资产	29 18 870	总资本	2 918 870

即使仅对重新整理过的资产负债表进行简要的审视，也会消除对联储银行过度杠杆化或面临破产危险的担忧。对于前者，杠杆率是零。而对于后

者，哪怕联储银行所拥有的全部资产都变得分文不值，其负债总值（零）也不会超出资产。既然负债为零，当然就不可能有什么流动性或者清偿能力的问题。

丢失的货币

联储银行财务报表（委员会，2012，382 页）注释 4k 声明道："合并条件报表中的'未结算的联邦储备券净额'指银行 [原文如此][1] 未结算的联邦储备券，减去储备银行的货币持有量 1 720 亿美元（2011 年 12 月 31 日）和 1 800 亿美元（2010 年 12 月 31 日）。"如前所述，联储银行的资产负债表中将"未结算的联邦储备券净额"列为负债。也就是说，委员会向联储银行发行联储券，后者再转而发行给成员银行，并将其簿记为负债。这就是为什么负债账户名为"未结算的联邦储备券净额"，即：这是委员会所发行的联储券减去尚未由联储银行发行给成员银行的净额。但是，那 1 800 亿美元非未结算的联储券去了哪里？或者说，那些尚未发行给成员银行、还存在联储银行保险库中的联储券在哪？它们并没有被计入联储银行的合并资产负债表（委员会，2012，364 页）中。那些报表中只列出了两个量级足够大（即等于或大于 1 800 亿美元）的资产账户：（1）"财政部国债，净额"约 1.75 万亿美元；（2）"联邦机构和政府支持企业的抵押贷款支持证券，净额"约 8 500 亿美元。但是，这两个类别中都不包括未发行（给成员银行）的联储券。[2]

也无法说，联储券直到发行给成员银行才被计入委员会的账目（委员会，2012，343 页），这与联储银行的账目不一致。这是因为在它的账目中最大

---

[1]　作者在此处标记"原文如此"，是因为结合语境来看，此处的"银行"似乎应为"委员会"。——译者注

[2]　有两个量级足够大的负债账户，"未结算的联邦储备券，净额"约为 1 万亿美元，和"储蓄机构的存款"约 1.56 万亿美元。然而，这两个类别中都不含联储银行未发行的联储券。此外，无法想象这些未发行的联储券会被视为联储银行的负债。

的资产账户"财产、设备和软件净值"也"只有"大约 1.82 亿美元，大概是未入账的联储券价值的 0.001%。一个必要的结论是，联储银行的未发行联储券并未出现在其资产负债表或委员会的资产负债表之中。就好像它们并不存在，或至少在联储银行将其发行给成员银行之前没有任何价值。

报表造假的原因

很容易找到联储银行财务报表造假的直接原因。联储银行以支付成本（每张低于 10 美分）的方式获得联储券，而这些钞票在事实上和法律上都按照它们的面值计价。这意味着，联储银行在他们所获得的每张联储券上都"赚取"了利润（不管是已经发行出去、还是存在保险库中），其差价介于每张 0.95 美元（面值为 $1 的联储券）和每张约 99.92 美元（面值为 $100 的联储券）之间。然而，他们并不记录这些获取联储券的交易，否则将显示出他们以支付成本的方式获取联储券而得到的利润。相反，当他们用联储券向成员银行兑付存款时，联储券才首次出现在他们的账目中，并且被错误地计为负债。

美国法典（31 USC § 5103）规定："美国的硬币和纸币（包括联邦储备券）是法偿货币……"联储银行在资产负债表上将美国硬币列为资产，却在同一份资产负债表中将联储券列为负债。于是，尽管美国硬币和联储券都是法偿货币，在联储银行的账目中前者是资产，而后者却是负债。也许这是纸制品和金属制品之间的化学差异？这是会计创新的魔力吗？还是纯属魔法？如果有炼金术士的话，谁还需要会计？

这种欺诈的最终原因是美国政府没收了货币性黄金。曾几何时，联储券是联储银行的负债。1913 年 12 月 23 日的《联邦储备法案》最初的内容是（节选）："它们［联储券］应在任意一家联邦储备银行被兑换……为黄金或法定货币"（克罗斯，1983，第 4 卷，21 页）。然而，正如我们所见，国会从未给出"法定货币"这一术语的定义。如果国会实际上想让联储券本身成为法定货币，那么要求其能够被兑换为法定货币就毫无意义。唯一合乎逻辑的结论就是，国会并没有打算让联储券成为法定货币。因此，联储券必须被兑换为黄金或法定货币，使得联储券成为联储银行的债务。

大约 20 年之后，1934 年 1 月 30 日的《黄金储备法案》修订了《联邦储备法案》的第 16 节，其内容为（节选）："它们［联储券］应当在哥伦比亚特区华盛顿的财政部或任一家联邦储备银行按需被兑换为法定货币"（克罗斯，1983，第 4 卷，240 页）。这样一来，修订之后的法律排除了黄金的赎取。然而，同样是这份《黄金储备法案》的第 15 节（节选）首次宣称，联储券是法偿货币："…… '美国货币'一词是指在美国作为法偿货币的流通货币，包括……联邦储备券……"（克罗斯，1983，第 4 卷，249 页）。也就是说，联储券曾经可兑换为"黄金和法定货币"（后者中不包括联储券本身），后来变成只能被兑换为联储券。因此，联储券的本质就已经从负债变成了资产。这是不折不扣的欺诈。

结论

本文所考虑的这些问题本是可以避免的，如果在没收货币黄金时，有关当局（1）宣布"未结算的联储券"不再是联储银行的负债；（2）将"未结算的联邦储备券"这一负债账户清零并删除；（3）将与负债账户中所减少的数额相对应的金额增加到资本账户中去。此后，未来所获取的联储券将被按照面值记录为资产账户中的增加项（未发行联储券）。在这一增额中，按照全部成本支付给印钞局的金额将被纽约联储银行财政部账户中的增额所冲抵，二者间的差额将被记录为资产账户中的增额。[①]

无论在何种意义上定义"欺诈"一词，委员会和联储银行目前的财务报表都是欺诈性的。根据《韦氏词典》第 11 版：欺诈是（1.b.）"一种欺骗或歪曲的行为：诡计"。《牛津英语词典》（在线版）的（4.a.）条将"欺

---

① 很显然，也可以采用其他方法，如前文所用到的示例，能够显示从损益表进入资产负债表的那些交易。

诈”定义为"一种诈骗或欺骗的方法或手段；一个欺诈性的产物，在现代口语中指某种伪造的或欺骗性的事物"。或许拿了丰厚酬金的律师们能够以别的含义来说服法庭，但如果发生这种事的话，让我稍加修改地引用狄更斯（Dickens）的话："如果法律认为是这样，那么法律就是个笨蛋加白痴。"

联邦政府偷了美国人的黄金，然后又做假账来加以掩盖。

致谢：作者要感谢瓦特·布拉克提供的有益评论，以及大卫·豪登在细心编辑中发现了一个严重的错误。任何其他错误都由我一人负责。

参考文献

Bagus P，Howden D（2009a）Qualitative easing in support of a tumbling financial system：a look at the eurosystem's recent balance sheet policies. Econ Aff 29（4）：60–65

Bagus P，Howden D（2009b）The Federal Reserve System and eurosystem's balance sheet policies during the financial crisis：a comparative analysis. Rom Econ Bus Rev 4（3）：165–185

Board of Governors of the Federal Reserve System（2012）Ninety-eighth annual report：2011 Board of Governors of the Federal Reserve System（2013）Coin and currency services

Cross IB（1938）Lawful money：a note. J Polit Econ 46（3）：409–413

Department of the Treasury（2011）Agency financial report：fiscal year 2011

Hulsmann JG（2008）The ethics of money production. Ludwig von Mises Institute，Auburn，AL Kroos HE（1983）Documentary history of banking and currency in the United States，vols Ⅲ and Ⅳ. Chelsea House，New York

Nixon RM（1972）Third annual report to the congress on United States foreign policy Rothbard MN（1994）The case against the Fed. Ludwig von Mises Institute，Auburn，AL

Simmons EC（1938）The concept of lawful money. J Polit Econ 46（1）：108–118

Vieira E Jr（2002）Pieces of eight，2nd revised edn，Vol 1. Sheridan Books，Chelsea，MI

法币与收入及财富的分配

约尔格·吉多·许尔斯曼（Jörg Guido Hülsmann）[1]

本文探讨货币政策对于收入和财富的影响。[2]我们首先会讨论一些基础理论问题，然后就美国的情况提供一些统计上的例证。

如今，货币政策这一术语通常被理解为，中央银行或类似的公共及半公共权威机构所采取的行动，这些机构控制了"印钞机"，从而控制了法币的生产。事实上，若不是能够以几乎为零的成本生产法币，就不会存在货币政策这种东西（米塞斯，1981，250 页）。

法币体系被创造出来，是因为它能够比传统的商品货币体系更快、更大量地生产货币。在历史上，政府想方设法促进货币的生产，其主要原因在于，人为增加货币供应量是填补国库最容易的办法。此外，有各种理论认为"弹性的"货币供应可能有助于促进经济增长。

从根本上说，在法币体系下，货币供应是由人的意志支配的，因而会比在商品货币体系下更快地增长。这一事实会给真实收入和货币收入带来什么样的后果？它对财富总量和财富结构意味着什么？接下来，我们就从货币生产对收入分配的影响开始说起，然后再分析它对财富分配的影响。在此我们将要论证的是，法币体系倾向于扩大收入和财富之间的差距，也就倾向于将收入差距放大为更大的财富差距。最后再通过分析统计证据来为我们的研究收尾。

---

[1] 约尔格·吉多·许尔斯曼

法国昂热市昂热大学法律、经济与管理学院

E-mail: guido.hulsmann@univ-angers.fr

[2] 本章基于许尔斯曼（2013）的观点，并加以扩充。

货币生产和收入分配

对于我们的主题进行的任何认真思考，其出发点都是这样的事实：货币生产不会为所有人带来统一的、同时的变化。货币供应增加倾向于导致更高的物价水平，但是个别价格的变化发生在不同的时点，且变化幅度各有不同（即坎蒂隆效应）。

货币生产的后果是制造了赢家和输家。赢家是那些能够率先使用新货币的人，因为那时其他商品的价格还比较低。由于这些新的支出，各类物价和收入逐渐增加，于是货币以这种方式扩散到经济之中。这个过程中的输家是那些较晚（或最后）获得更高货币收入的人。这是因为，在他们的收入还处于先前较低的水平时，就已经不得不承担被新货币的早期获得者增加的货币支出所抬高的物价了。

严格来说，这种分配效应与新增货币是否实际上已经被花掉以及这种开销是否引起了物价的变化无关。例如，在过去的 5 年中，美联储已经多次大规模地增加基础货币的供应，而物价水平受到的影响还处于较为温和的程度。[①] 尽管如此，基础货币的增加还是意味着大规模的再分配，因为某些市场参与者在总体货币供应（包括商业银行所制造的信用媒介）和物价水平还相对稳定的时候，就已经收到了大量的质量更好的货币（基础货币）。[②] 打个比喻，可以设想一个赌场的庄家在扑克牌局开始时给其中一位玩家发了几张

[①] 美联储将基础货币供应量从 2008 年 8 月的 8 480 亿美元增加到了一年后的 1.711 万亿美元，增幅达到 102%；之后又从 2010 年 10 月的 1.961 万亿美元增加到了一年后的 2.638 万亿美元，增幅为 35%；然后再从 2012 年 6 月的 2.619 万亿美元增加到了一年后的 3.201 万亿美元，增幅 22%（所有数据来自圣路易斯联储银行，时间序列表 BOGMBASE）。与之类似，欧洲央行（ECB）在 2011 年将基础货币供应量从约 1.9 万亿欧元增加到了约 2.7 万亿欧元，而物价水平在当年及随后的两年中并没有剧烈上涨。

[②] 关于物价水平，约翰·威廉姆斯（John Williams, shadowstats.com）对可用数据的质量提出了质疑。他认为，劳工统计局（BLS）在过去 30 年中给出的物价统计数据保持相对稳定，在很大程度上要归因于新的官方物价计算方式。通过应用传统的计算方法，威廉姆斯发现，目前用旧方法得出的通货膨胀数字比新方法得出的数字高 7%。

额外的 A。游戏还没开始，所有玩家手中牌的数量相同，但是那名受到优待的玩家已经占了上风。在货币问题上的情况同样如此。总的货币供应还没有增加，因此物价还没有上涨，但是某些市场参与者已经相对于其他人极大改善了他们的地位。

货币生产的分配效应存在于每一种货币秩序之中。[①] 然而，在基于金和银的自然秩序中，货币生产造成的分配影响是很有限的，因为货币生产本身就受到了其高昂成本的限制。在我们当代的法币系统中，情况就完全不同了。在这里，货币生产被推到远远高于自由市场本应达到的水平。结果就是，它会导致收入和财富的再分配，其程度远远超出在自由市场中可能存在的分配效应。

有些经济学家不同意这种观点。他们认为：在我们当代的货币体系中，货币是以信用的形式被创造出来的。中央银行和商业银行不是从地下挖出货币并花掉；他们通过创造信用的方式来创造货币。在这种情况下，谁先得到新钱都没有关系，因为收款人并没有变得比以前更加富有。毕竟，新钱是借给他，而不是送给他的。收到款项的人的总财富的确增加了，但是他的债务也在同样的程度上增加了。例如，如果琼斯先生贷款一百万美元去买了一所房子，他的净财富并没有增加一分钱。没错，他的总财富变多了——也就是那一百万美元，但他的债务也增加了同样的数额。

看起来似乎有道理。但是，即使我们对总财富和净财富之间的差异给予足够的关注，也无法改变这样的事实：琼斯是否因货币创造而得到房子是有区别的。区别在于，现在琼斯住进了漂亮的房子，而如果没有创造新货币的话，这所房子本该以更低的价格卖给其他人。现在他带着家人住了进去，在屋里招待他的客人。如果是关于公司的资金，影响甚至更大。同样，货币的创造不一定会使公司的净财富发生变化，但它影响到了现在进入市场的产品

---

① 此外，严格地说，并不是只有货币生产才造成这种效应，任何生产过程都会产生这样的结果（米塞斯，1981，237f 页）。

类型。给一家男鞋生产商提供的贷款使他能够实现计划。因为有了贷款，他可以比女包厂商支付更高的工资、以更高的价格采购皮革。鞋子的生产得到扩张，而皮包的生产处于停滞或萎缩。穿鞋者的供应状况得到改善，而挎包者的供应状况发生恶化。

因此，我们可以确认这一结论：货币的生产总是会影响到真实收入的分配。首先使用新钱的人占便宜，最后用到新钱的人吃大亏。但是，货币生产还会影响到社会的金融结构，从而影响到财富的分配。这一影响非常复杂，我们在这篇文章中无法完全展开讨论。[①] 在这里我们只希望重点关注一个重要的方面，即这样的事实：在我们所处的这个法币体系中，货币以债务的形式被创造出来，与商品货币体系相比，金融市场倾向于以更快的速度增长。

货币生产、金融市场与收入—财富差距

众所周知，在二十世纪的大部分时间及二十一世纪至今为止，几乎所有发达国家中的金融市场都比"实体"经济中的生产要素市场和产品市场发展得快（德米尔古奇—昆特和莱文，Demirguç-Kunt and Levine，2001；莱文，2005）。这一趋势在最近的 30 年里变得尤为明显。学术文献通过关注金融市场的服务（尤其是金融中介）来解释这种超比例增长。相比之下，货币系统在这一增长过程中所起到的作用几乎被完全忽略了。[②]

如我们最近曾经论述过的（许尔斯曼，2013，第 8 章），法币体系至少可以通过三种机制或渠道来加速金融市场的发展：（1）因为金融凭证是债务合同中特别有用的证券；（2）因为法币体系普遍会导致物价通货膨胀的预期，从而抑制货币的积存，同时鼓励金融凭证的需求和供给；（3）因为央行的货币生产完全是出于人的意愿，它会制造道德风险，导致对金融凭证大量的虚高需求和虚高供给。

---

① 更为详尽的论述，参见韦尔塔·德索托（2006）和许尔斯曼（2013）。
② 在奥地利学派的文献中存在例外，如豪登（2010）和许尔斯曼（2008，第 13 章）。

这意味着，法币体系会改变当前货币收入与财富之间的关系。后者的增加与前者相关。一个人要经过更多年的工作并赚取收入，才能积累一定水平的财富。换言之，法币体系给富人和穷人（也就是尚未致富的人）之间的财富差距带来了杠杆放大效应。新的财富需要更长的时间才能赶上旧的财富；那些因为投资失败或因财产被征收而损失了财富的人也需要更长的时间才能东山再起。最终，这意味着，法币体系倾向于减缓向上的社会流动。它们阻碍了维弗雷德·帕累托（Vilfredo Pareto，1966［1909］）所称的"精英革命"（revolution of elites），因此会把一个自由社会推向等级社会。

让我们来对这种财富差距的杠杆放大效应做一个粗略的计算。简单起见，假设所有的贷款按照一个固定的利率；并假设所有情况都适用普遍认可的三分之一原则，即：每种情况下每个人所允许承担的最大偿债额都不超过其净收入的三分之一。[①] 因此，假如有这样三个代表性的人：一位蓝领工人每月收入为 1 800 美元，一位白领职员月收入为 3 600 美元，一位高级公务员的月收入为 7 200 美元。如果三个人的借贷成本都是 10%，蓝领工人能够获得的贷款大约是 86 400 美元*［此数字疑似有误，按照作者给出的计算方法，此人能获得贷款为 1 800×12×1/3÷10%=72 000（美元）。——译者注］；白领职员能够获得的贷款大约是 144 000 美元；而公务员能够获得大约288 000 美元贷款。

在这里原始收入在贷款市场中被成倍数放大。然而，需要注意的是，贷款数额之间的相对差距与它们所基于的收入是完全呈比例对应的。公务员的收入是白领职员的二倍，所以他能够负担的贷款数额也总是白领职员的二倍。也就是说，在我们的例子中，通过信贷而获得的财富分配与收入的分配相对应。如果所有的市场参与者根据同样的收入占比、以相同的利率取得贷款，信贷市场本身对基于信贷的财富分配并没有产生影响。

---

① 这样的话，举例来说，如果 A 的年净收入是 36 000 美元，那么他能被允许的最大偿债额就以 12 000 美元为限。

在这些假设之下，如前所述，贷款市场会影响到当前货币收入和财富之间的关系。如果所有的市场参与者都开始贷款购买财产（尤其是房产和公司股票），那么这些商品的价格（原本不会随意提高）就会开始上涨。因此，与较少人通过贷款的方式进行购买时相比，买家们就需要花更长的时间去工作赚钱。

从微观的角度来看，贷款市场总是会在短期内带来好处，因为在受益人获得贷款时，与不贷款相比，他能够购买及支配更多的商品。但是，从贷款人的角度来看，这种好处是不是在长期内也存在，这取决于他要清偿的债务与他的未来收入之间的关系。

现在的事实是，法币体系倾向于制造正的物价通货膨胀率。这意味着，物价和货币收入都在稳步增长。这样的趋势会使那些以固定利率偿还贷款的人受益，不管他们是家庭、公司，还是政府。实际上，所有部门的收入都倾向于随着物价水平而升高，于是，以固定利率偿还的贷款在个人预算中所形成的负担就越来越小。换言之，个人通过贷款市场得到的短期利益就倾向于转变成个人的长期利益。因此，在法币体系下，人们会有更强烈的动机通过贷款来购买商品（尤其是耐用品），正如我们所看到的，这放大了富人与穷人之间的财富差距。

这种杠杆放大效应在利率上体现得最为明显。假设上面例子中的贷款成本从 10% 降低到 5%。那么蓝领工人的贷款额度就上升到 144 000 美元，而白领职员的额度上升到 288 000 美元，而公务员的额度上升为 576 000 美元。如果贷款成本下降得更多，低至 2% 的话，则蓝领工人的贷款额度上升为 360 000 美元，白领职员的额度上升到 720 000 美元，而公务员的额度升高到 1 440 000 美元。同样，每种情况下贷款额度的相对差距完全呈比例地对应于它们所基于的收入相对差距。公务员的收入是白领职员收入的两倍，所以他能够负担的贷款也是白领职员所能负担的两倍。特别需要注意的是，哪怕是在它们之间的绝对差距成倍扩大时，这一比例也始终不变。当贷款成本是 10% 时，公务员可以比蓝领工人多借（也就是可以多花销）大约 200 000

美元。当贷款成本是 2% 时，这一差额就变成了超过 1 000 000 美元。但是贷款总额之间的比例关系始终相同。公务员可以借得并花销的数额始终是蓝领工人的四倍，是白领职员的二倍。

换句话说，我们再一次看到，通过信贷获得的财富与作为其基础的收入水平相对应，而不依赖利率。但是当前货币收入与财富之间的一般关系却着实取决于（可以说，从定义上来讲）利率。利率越低，一个人要想积累一定程度的财富，需要工作并赚取收入的时间就越长。

将收入差距放大为更大的财富差距

至此我们已经看到，法币体系通过信贷市场放大了富人和穷人（尚未致富的人）之间的财富差距。我们也看到，即使我们假设所有的市场参与者可以依据同样的收入占比、以相同的利率获得贷款，都会存在这种杠杆效应。

但是这种假设是相当不现实的。事实上，低收入家庭节制消费的难度比高收入家庭更高。因此，前者的信贷收入比也就比后者更低。此外，按照通常的规则，高收入家庭会得到比低收入家庭更优惠的贷款条件（包括利率）。因此，通过信贷获得财富的分配不单单是与收入的分配相对应。相反，贷款市场倾向于把收入差距放大为更大的财富差距。在任何货币体系下，在短期之内都会发生这种现象；而在法币体系下，长期来看也是如此。

在基于贵金属（如金、银）的自然货币体系下，不存在特别的贷款激励，因为在此体系下物价长期来看倾向于下跌（物价上涨往往是暂时性的）。在这种情况下，人们将会尽量避免贷款，即使他们在短期内可能会得到一些好处。例如，要想购置一处房产，人们会先进行储蓄，然后再去购买。在法币体系中，中央银行有意制造正的物价通货膨胀率（即使是处于较低的水平），情况就完全不同了。这时的贷款激励几乎是不可抗拒的，正如我们看到的，这对财富分配有着重大影响。

由于货币供应的通货膨胀会通过坎蒂隆效应导致收入再分配，这将进一步强化贷款市场这一财富分配渠道。这种再分配的主要受益者包括金融行业的企业家和雇员。举例来说，如果一家商业银行从央行以 1% 的利率收到 500 亿美元的贷款，它可以把这笔钱全部投资于收益率为 3% 的美国国债。其原因在于，根据现有的会计准则，商业银行在法律上没有义务提供一分钱的股本资金；也没有因牺牲任何股本资金而小心谨慎的理由，因为大家都知道政府债券享有中央银行的特殊保护。因此商业银行可以通过央行把所有的资金都投资到美国政府债券上，在这一过程中大约能收入 15 亿美元。这样做不会有什么重大的风险或成本。它能够赚取利润，主要是因为央行以优惠的条件贷给它 500 亿美元，同时确保政府债券价格不会大幅下跌。[①]

统计证据

前面所论述的观点可以用一些相关的统计数据很好地加以说明。在过去的 30 年里，尤其是在美国，已经为上述机制充分的发展提供了理想的环境。低水平但持续的物价通货膨胀；通过印钞机实现永久性的收入再分配；金融市场上的运作有着相当大的自由度；以及不断下降的利率。尤其是 30 年期定息抵押贷款，其平均利率已经下降了几十年（见图 1）。

其必然结果就是人口中的收入和财富差距不断扩大。自从 20 世纪 70 年代以来，相关指数表明分配越来越不平等。最常用的指标是收入基尼系数，该指数在 0（此时每个社会成员都有完全相同的收入）和 1（此时一个社会成员拥有全部收入，而其他人没有收入）之间变动。收入基尼系数经常被用来衡量收入分配的公平性，但这只有以共产主义作为公平的终极标准时才有意义。相比之下，基尼系数随着时间发生的变化倒可以作为科学研究的一个有用起点，因为它们反映了不同因素的影响，其中包括货币体系。

[①] 顺便说一下，这很好地——也许最好地——解释了金融部门常常发放（在某种程度上仍在发放）的无比丰厚的奖金。最著名的例子是高盛的大手笔。2010 年，该公司的平均年终奖金是 430 000 美元。之前一年的数字是接近 500 000 美元。前面已经提到，这是基于从清洁工到高管所有员工的平均数字（特雷纳，Treanor，2011）。

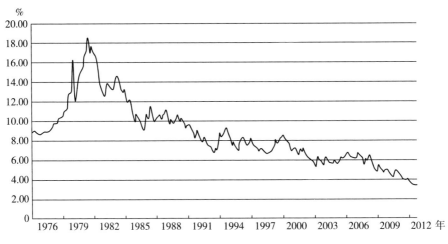

图 1　美国的 30 年定息抵押贷款平均利率

（资料来源：房地美；圣路易斯联邦储备银行，时间序列 MORTGAGE30US）

现在，就美国来说，基尼系数演变的曲线显示，自从 20 世纪 70 年代初（即美国放弃金本位、代之以当前的法币体系）以来，收入分配不断扩大（见图 2）。也就是说，在美国的法币体系下，相对于较富有的美国家庭，较贫困的美国家庭的收入进一步下降了。

图 2　按种族划分的家庭收入基尼系数（所有种族）

（资料来源：人口普查局；圣路易斯联邦储备银行，时间序列 GINIALLRF）

这种发展没有导致严重的社会冲突，其原因可能是：尤其是20世纪80年代以来出现的一些因素（信息技术、苏联解体等）带来了井喷式的增长。由于货币膨胀，贫困家庭只是相对于高收入家庭显得更穷了。从绝对意义上讲，他们在过去的很多年中都过得比以往更好，直到现在这次危机爆发。只有在最近这些年，他们才在相对贫困的同时伴随了财富的绝对减少。毫不意外地，这一结果引起了普遍的不满，导致了抗议运动。①

回首20世纪20年代，在美国也出现了前文所述的条件，为形成泡沫经济营造了理想的环境。当时的收入分配同样也是不平等的。20世纪30年代的危机急剧地逆转了这一趋势。当时几乎所有国家的国内及国际资本流动都受到了严格的政府管制，同时引入了高额的累进税率，最高税率可达70%，有时甚至达到90%。众所周知，其结果是破坏了国际劳动分工、降低了劳动生产率，这种后果在战争期间又进一步加剧。直到战后才出现了经济复苏，这一次的收入分配较为均衡。②

另一个重要指标是中位数收入和平均收入之间的比率，或者说中位数财富与平均财富之比。中位数收入是指收入低于最高的50%家庭、同时高于最低的50%家庭的中间家庭的收入。而平均收入是所有家庭收入的算术平均数。如果平均数高于中位数，这说明最高50%收入的家庭与中位数家庭之间的差距大于最低50%收入的家庭与中位数家庭之间的差距。也就是说，富人太富有，穷人太贫穷（见表1）。

---

① 要探讨这些运动的动机和影响，我们就离题太远了。然而，我们注意到，在美国只有少数抗议者认识到了目前的贫困与货币体系之间的关系。除非这种见解得到广泛的传播，并引起全面的货币改革，否则扭转收入与财富分配趋势的前景是黯淡的。

② 参见皮凯蒂（Piketty）和赛斯（Saez）（2003，2006）。在他们的观察中，作者忽视了货币体系的影响。

表 1　美国家庭的平均收入与中位数收入，1969—2010 年

年份	1969	1983	1989	1992	1995	1998	2001	2004	2007	2010
平均数	56.7	55.6	64.2	60.4	64.3	69.4	71.7	69.8	71.1	67.5
中位数	49.8	45.7	50.8	47.6	48.8	52.0	52.0	51.2	52.8	49.4
比率	1.14	1.22	1.26	1.27	1.32	1.33	1.38	1.36	1.35	1.37

　　资料来源：沃尔夫（Wolff，2012，56 页）；整理后数据；平均和中位数单位：千美元，折合为 2010 年的美元价值。

　　在美国，1983 年美国家庭的中位数收入是 45 700 美元（折算为 2010 年美元价值），平均收入是 55 600 美元。二者之间的比率为 1.22。十八年后的 2001 年，中位数收入是 52 000 美元，而平均收入是 71 700 美元。二者之间的比率上升到 1.38。在随后的 9 年时间里，美国家庭的中位数和平均收入大约停滞在这一水平，在 2007 年经济危机爆发后有小幅下降的趋势。在 2001 年之前的 30 年间，存在明显的收入越来越向高收入家庭集中的趋势。在之后的 9 年时间里，这一集中的状况保持不变。

　　与收入方面相比，这一趋势在财富方面表现得更加显著、持续时间更长。在过去 30 年中，美国家庭净财富的平均—中位数比率翻了一倍多。

　　平均—中位数比率从 1989 年的 4.17 上升到 2007 年的 5.23。在随后的 3 年时间里，这一比率迅速上升到 2010 年的 8.145。[1]与之类似，净财富基尼系数从 2001 年的 0.826 增加到 2010 年的 0.870（参见沃尔夫，2012，58 页，表 2）。用印钞机对抗经济危机的那几年，恰恰是美国财富集中化格外加剧的几年。[2]

---

　　[1]　在为国会研究服务处所做的研究报告中，琳达·莱文（Linda Levine，2012，3 页，表 I）基于相同的资料来源——《消费者财务调查图表》（*Survey of Consumer Finance Chartbook*），给出的数据却低于沃尔夫的报告。实际上，沃尔夫考虑到图表 39f 页的数据（该表是莱文计算平均—中位数比率的依据）只涉及"持有股票的家庭"，对数据进行了调整。

　　[2]　当然，这一情况同样适用于所有其他采用了这种政策的国家。在众多例子中举出一个：日本政府在 2003 年对里索那控股公司的援助使大型银行获得了巨额财富。参见阿德里安·波普和戴安娜·波普（Adrian Pop & Diana Pop，2009，1429-1459 页）。

表 2　美国家庭的平均财富与中位数财富，1969—2010 年

年份	1969	1983	1989	1992	1995	1998	2001	2004	2007	2010
平均数	232.5	284.4	325.8	316.8	292.6	361.5	468.1	496.9	563.8	463.8
中位数	63.6	73.0	78.2	66.7	65.3	81.2	90.5	89.9	107.8	57.0
比率	3.65	3.90	4.17	4.74	4.48	4.45	5.17	5.53	5.23	8.14

资料来源：沃尔夫（Wolff, 2012, 56 页）；整理后数据；平均和中位数单位：千美元，折合为 2010 年的美元价值。

最后，美国家庭的收入与净财富之比也符合我们的理论分析，同时也与目前所研究的统计数据材料一致。事实上，财富—收入之比从 1983 年的 5.12 上升到了 2007 年的 7.93，到 2010 年稍有下降，达到 6.87（见表 3）。

表 3　美国家庭的净财富与收入，1969—2010 年

年份	1969	1983	1989	1992	1995	1998	2001	2004	2007	2010
平均净财富	232.5	284.4	325.8	316.8	292.6	361.5	468.1	496.9	563.8	463.8
平均收入	56.7	55.6	64.2	60.4	64.3	69.4	71.7	69.8	71.1	67.5
比率	4.10	5.12	5.07	5.25	4.55	5.21	6.53	7.12	7.93	6.87

资料来源：沃尔夫（Wolff, 2012, 56 页）；整理后数据；平均和中位数单位：千美元，折合为 2010 年的美元价值。

可以用财富—收入比结合储蓄率，来衡量积累一定财富所需要的时间。假设美国家庭的储蓄率为 10%。那么在 1983 年，一个收入为平均数的美国家庭将需要 51 年来把每年的收入积累到全国平均净财富的水平。在 2010 年，要想实现这一目标，就得花上 68 年。换言之，新的财富需要越来越多的时间才能赶得上旧的财富。在现有的法币体系下，富人和穷人（即尚未致富的人）之间的财富差距被显著扩大了。

结论

在法币体系下，货币供应受人的意志支配，因而比商品货币体系下倾向于更快速地扩张。美联储在过去 100 年中的大部分时间内，使用——还不算明显

地滥用——其可怕的权力，无限制地制造了巨额货币，将物价膨胀率保持在温和的一位数。但是，尽管美联储的领导者的本意或许是好的，但美联储的存在本身就招致了大量意图以外的后果，阻碍了市场经济的运转。这些意图以外的后果中最重要的一点就是利率的扭曲，进而导致跨期的经济结构失调、商业周期以及经济危机。此外，法币体系的存在，再加上美联储以较低的但为正的物价通货膨胀率为目标的政策，对收入和财富的分配产生了重大影响。

在本文中论述了，美联储已经人为制造了——不可避免地制造——收入差距，得益者是它的客户（商业银行和政府），而付出代价的是其他大多数市场参与者。此外，美联储以较低但为正的通货膨胀率作为目标的政策为金融市场打上了一针强劲的兴奋剂。金融市场这种人为增长拉大了收入和财富的差距，巩固了既有富人的地位；并且将收入差距放大为更大的财富差距。

很明显，这些都带来了疑难杂症。问题并不在于收入和财富不平等本身，而是在于通过行政命令人为地制造了收入和财富的不平等。再一次强调，我们并不是指责美联储领导者有意以社会中其他人的利益为代价，给它的客户和富人牟取财富。但是，它的运营已经在事实上造成了这样的再分配后果，并且以庞大的规模发生了。造成这种后果的，与其说是特别无能的美联储政策，不如说是法币体系本身。只要美国人民甘于忍受法币体系的支配，不管有没有美联储，这种现象都不会消失。

参考文献

Demirgüc-Kunt A，Levine R（eds.）（2001）Financial structure and economic growth. MIT Press，Cambridge，MA

Howden D（2010）Knowledge shifts and the business cycle：when boom turns to bust. Rev Austrian Econ 23（2）：165–182

Huerta de Soto J（2006）Money，bank credit，and economic cycles，2nd edn. Mises Institute，Auburn，AL

Hü lsmann JG（2008）The ethics of money production. Mises Institute，

Auburn，AL

Hü lsmann JG（2013）Krise der Inflationskultur. Finanzbuch-Verlag，Munich

Levine R（2005）Finance and growth：theory，evidence，and mechanisms. In：Aghion P，Durlauf S（eds.）The handbook of economic growth. North-Holland，Amsterdam

Levine L（2012）An analysis of the distribution of wealth across households，1989–2010. CRS Report to Congress. Congressional Research Service，Washington，DC

Pareto V（1966）[1909] Manuel d'é pconomie politique，4th edn. Droz，Geneva

Piketty T，Emmanuel S（2006）The evolution of top incomes：a historical and international perspective. Am Econ Rev 96（2）：200–205

Piketty T，Saez E（2003）Income inequality in the United States，1913–1998. Q J Econ 118（1）：1–39

Pop A，Pop D（2009）Requiem for market discipline and the specter of TBTF in Japanese banking. Q Rev Econ Finan 49（2）：1429–1459

Treanor J（2011）Goldman Sachs bankers to receive $15.3bn in pay and bonuses. The Guardian（January 19）

Von Mises L（1981）Theory of money and credit. Liberty Fund，Indianapolis，IN

Wolff EN（2012）The asset price meltdown and the wealth of the middle class. NYU working paper，New York

邪恶的结合：货币扩张和赤字支出

卢卡斯·英格尔哈特（Lucas Engelhardt）[①]

在过去几年中，关心货币政策的经济学家们一直在构建这样的学说：相较于和政治联系较密切的货币政策制定者，独立的货币政策制定者能够确保更好的物价稳定性（阿莱西纳和萨默斯，Alesina and Summers，1993）。简而言之，引入一个独立的货币政策制定者可以在不扰乱经济的同时降低平均通货膨胀率。那么，美国人应该庆幸，美联储被认为是更具独立性的中央银行之一（米什金，2010）。

这一独立性主要基于四个特征。首先，美联储的目标建立在双重使命的基础上。它应当致力于"物价稳定"和"充分就业"。不过，美联储可以运用其自由裁量权来决定如何平衡这两个目标。事实上，通过赋予美联储多重目标，立法机构使它有了自行决定目标的自由。其次，美联储在如何达到目标一事上享有独立性。因此，我们看到，美联储似乎定期地采取新式的政策，从设定货币供应增长量转到设定目标利率，再到推出量化宽松政策。再次，美联储的官僚结构使它很大程度上（尽管不是完全）独立于政治影响力。例如，联邦储备委员会理事的任期长达 14 年，并且在任期满后没有资格被再次委任。这样一来，联储理事在委员会中的地位有了保障，就应该可以限制其迎合政治体系的需求。最后，美联储能为自己提供资金——事实上，它的利润非常可观。正因为如此，美联储不必担心自己的资金会受到政治气候变化的影响。虽然美联储不是完全独立的，但这些特征表明，它在决定采用

① 卢卡斯·英格尔哈特

美国俄亥俄州肯特市法兰克大街 6000 号肯特州立大学斯塔克校区，44720

E-mail: lengelha@kent.edu

何种货币政策的问题上具有相当大的独立性。

然而，美联储所选择的政策制定方式却让政治体系在很大程度上控制了货币供应。因为美联储采用了目标利率制度，将货币供应的重大控制权交给了控制政府预算的人。理论和数据都表明，货币供应量的增长受到政府赤字水平的显著影响——这意味着把货币政策上的主要发言权交给了预算决策者。

理论

没理由一定要把货币政策与财政政策联系起来。例如，在货币政策收得很紧时，政府完全有可能以巨额财政赤字来运行。这种情况下，政府只要向私人部门借款来为政府赤字提供资金就可以了。同样，政府预算盈余也不能保证货币政策从紧。尽管政府事实上没有发行新的债务，美联储还是可以继续印钞，用于购买已经存在的政府债券（或其他证券）（罗斯巴德，2008）。

然而，现实状况是，二者是联系在一起的——并且已经联系了很长时间，因为美联储遵循的是目标利率制度。如今，美联储明确地实行目标利率制，自从 1999 年 6 月 30 日发表声明以来，它一直在宣布联邦基金利率。而在此之前，美联储至少从 1996 年起就将对货币政策的"预期"纳入到联邦基金利率中。当提出今天著名的"泰勒规则"（Taylor Rule）时，约翰·B.泰勒指出，在他从数据当中所检视的这段时期内（从 1987 年到 1992 年），美联储实际上实行了相对简单的目标利率规则。这一证据表明，美联储至少在 20 世纪 80 年代中期——甚至可能更早——就在关注利率水平了。由于利率水平一直是美联储所关注的问题，重要的市场参与者所采取的行动就会对美联储货币政策的扩张程度产生影响。

可想而知，目标利率制度就是货币当局着手操纵可供借贷的资金，以使市场利率处于某一目标水平。因此，如果对可贷资金的需求大幅增加，那么美联储就有义务增加可贷资金的供应，以免额外的借贷行为引起利率上升。增加的可贷资金供应来自美联储在公开市场用新增的货币购买政府债券。其结果就是美联储将债务货币化。同时，相同的目标利率政策意味着，当对可贷资金的需求大幅下降时，美联储就要采取紧缩的货币政策——它必须通过公开市场出售来"吸收"过剩的可贷资金，以免利率下降。换句话说，一旦美联储采取了目标利率政策，它就将创造多少货币的决定权交给了其他市场参与者。

联邦政府是借贷市场中的重要参与者。2012 年，联邦政府在借贷市场中的未偿付债务总额为 11.6 万亿美元，远远超过居民和非营利抵押贷款的总额（9.4 万亿美元）。2012 年，美国经济中的净借贷数额为 1.8 万亿美元，其中的 1.1 万亿美元是由联邦政府所借（美联储，2013）。虽然净借款数字在确定借贷市场中某一特定参与者的重要性时可能存在一些误导，这还是可以说明，联邦政府是借贷市场中的一个重要参与者。任何其他单一机构想在一年的时间内借款 1.1 万亿美元都是不太可能的。既然如此，在实行目标利率政策的情况下，美联储为了维持其目标利率，必须要增发货币来抵消财政部的借贷，于是联邦预算政策就会对货币供应量的规模产生重大的潜在影响。

锁定目标利率意味着美联储必须对可贷资金需求的任何变化作出反应，于是目标利率政策就为政府增加借贷提供了激励。如果没有目标利率政策的话，像联邦政府这么大规模的借款者会担心其所实施的借贷对利率产生的影响——将私人投资挤出市场。即使"挤出"本身没有引起担忧，升高的利率也会增加还贷成本。有了目标利率，而且美联储致力于维持这一利率，联邦政府就不必担心其借贷会导致利率上升。

同时，美联储和财政部之间的制度关系也给了联邦政府另一个理由进行借贷。每年美联储的利润——除了发给联邦储备系统成员银行的固定分红之外——都会交给财政部。这意味着，财政部从美联储获得的任何贷款（尽管通过公开市场操作兜了一圈）实际上都是无息的。举例来说，财政部可以发行 1 万亿美元的新债券，并承诺支付 5% 的利息。然后财政部在公开市场上出售这些债券。为了防止利率上升，美联储就要相应地在公开市场上进行抵销性购买。于是，现在美联储持有 1 万亿美元债券，赚取 5% 的利息。联邦政府必须要为这些债券支付 500 亿美元的利息，而美联储会从所持有的 1 万亿美元债券中赚得 500 亿美元。鉴于这 500 亿美元大体上都会成为利润，因而会被交回财政部。财政部支付了 500 亿美元的利息，但随即从美联储又收到了 500 亿美元。最终的结果就是，这些债券好像从开始就是无息的一样。在这种情况下，财政部在任何时候决定要举多少数额债务时，都没什么理由去考虑利率是多少，因为任何售出的债券都会被美联储购入，而来自美联储的收入将会偿付债券的利息。尽管财政部还是要注意支付那些并非由美联储购买的债券利息，但与以往美联储持有政府债券少得多的时候相比，美联储近年来大举购入债券已经使财政部大可不必再为债券利息挂怀了。

因此，目标利率政策在财政政策和货币政策之间建立起了危险的联系。一方面，由于联邦政府是可贷资金市场中的一个重要参与者，预算政策会决定货币供应量。另一方面，有了目标利率政策，政府几乎没理由去限制赤字。因为目标利率政策的存在，我们就没有什么理由预期举债会使利率升高。同时，美联储承担了购买政府发行的可能推高利率的任何债券，使得政府的很多赤字借贷实际上是无息贷款。

数据

从理论上讲，没理由相信货币政策和财政政策必须联系在一起，但如果美联储着手锁定目标利率，就有充分的理由认为它们是可以被联系在一起的。因为存在这一联系，当我们转而分析数据时就预计会看到：较快的货币扩张伴随着更大的财政赤字，而较慢的货币扩张（甚至货币收缩）就会伴随着较小的赤字或者预算盈余。

然而，在积极干预的政策环境中，要想弄清楚在赤字和扩张性货币政策之间是否存在可观察到的因果关系，却没那么容易。很有可能，赤字和扩张性货币政策同时发生，但并非因为其中一件事导致了另一件事，而是有可能二者都是由某个第三种现象造成的。例如，当经济陷入衰退，人们往往会呼吁要求财政和货币的"刺激"。其结果是，在财政方面，政府增加支出并减税——导致更大的赤字。在货币方面，美联储调低目标利率，通过快速增加货币供应量来降低利率，或者像最近所发生的，美联储实行量化宽松政策——这也会增加货币供应量。那么，这该如何理解？二者是相关联的吗？还是这两者恰好在同时角力于同一场战斗？

在我们处理这些较大的问题之前，首先需要证明二者间确实存在联系。为此，我收集了从 1984 年到 2012 年的年度数据。在此期间，货币供应量 M2[①] 增长率与赤字（占国内生产总值 GDP 的百分比）之间的相关性系数为 0.03。也就是说，在广义货币供应量和财政赤字之间几乎没有统计相关性。然而，在我们要解答的问题上，M2 并不是最好的衡量指标。M2 是非常宽泛的货币供应量指标——它与货币政策之间没有紧密的联系。美联储控制得更多的是狭义货币供应量 M1[②]，以及（尤其是）基础货币（几乎完全在美联储的直接控制之下）[③]。在这些指标上，相关性就强的多了。M1 增长率和财政赤字之间的相关性系数是 0.74，基础货币与财政赤字之间的相关性系数是 0.58。

狭义货币指标 M1 或基础货币与财政赤字之间的联系显示出较强的正相关性——较高的赤字与较高的货币增长率相关。但是，对于这一相关性，存在许多可能的解释。

一种解释是"货币化"。也就是说，赤字导致了货币增长。第二种解释是"利率正好，多多消费吧"，即货币政策导致了赤字。二者中的任何一种都说明，货币政策和财政政策并不是相互独立的。在第一种情况下，货币政策很大程度上由预算政策决定。在第二种情况下，预算政策很大程度上决定于货币政策。但是，还存在最后一种可能：也许二者都由第三种因素所造成，比如衰退——此时各个政策机构都试图刺激经济、走出困境。

---

① M2 是广义货币供应量，包括流通中的货币、活期存款（如支票账户）、储蓄账户和小额定期存款（如存单）。

② M1 主要包括流通中的货币和活期存款（如支票账户）。

③ 基础货币包括流通中的货币和银行持有的准备金——几乎完全由美联储直接掌控。

要评估"第三种因素"的假设，可以采用多元回归的方法，将货币增长作为多种因素混合作用的结果。实际上，多元回归法使我们可以控制第三种因素，并观察在赤字和货币增长之间是否还存在显著的联系。有可能同时导致货币增长和赤字的最明显的（也是最有可能被提出的）第三种因素是经济状况。当经济快速增长时，货币增长倾向于放缓，赤字缩减或转向盈余。当经济状况非常糟糕时，货币加快增长，赤字增加，以图刺激经济。控制经济状况的参数将有助于我们确定在排除经济状况的影响以外，赤字与基础货币增长或 M1 增长之间的联系。使用多元回归法，我们可以得到以下关系（括号中为标准误差）：

基础货币增长 =18.1783+1.4190 赤字 –4.5731 GDP 年度增长

（5.4522）（0.7562）　（1.3392）

最后一项表明，GDP 的增长会减缓基础货币增加的速度——也就是说，货币政策确实以预期的方式对经济状况作出反应。然而，即使排除这一影响，第二项还是表明更高的赤字与基础货币的更多增长相关。赤字（占GDP 的百分比）每增加 1%，其所造成的基础货币增长率高于一个百分点。换言之，糟糕经济的解释不足以排除赤字与基础货币增长之间的联系。

当考察 M1 时，货币政策被用于债务货币化的迹象更为明显，如以下关系所示（括号内为标准误差）：

M1 增长 =0.686+1.4012 赤字 +0.1670 GDP 年度增长

（2.0398）（0.2808）　（0.4937）

赤字每增加 1%，与之相关的 M1 增长量上升 1.4%——近似于基础货币与赤字的相关性。但是，与基础货币不同的是，在 GDP 状况和 M1 增长量之间没有统计上的显著联系。二者之间的相关性非常弱，而且相关性的方向相反。这表明，当 M1 伴随着赤字增长时，并不是二者都受到 GDP 的变化的影响，而是由赤字本身所造成的（除非存在其他的第三因素同时导致二者的发生，但那与 GDP 水平无关）。

这有力地表明，要么是赤字导致了货币增长，要么是货币增长导致了赤字。①

现在，我们再回到理论方面。额外增加的赤字倾向于提高利率。如果实行了目标利率制度，那么美联储就必须要增加货币供应量，以防止利率上升。是否存在其他的理论，认为二者间存在相反的因果关系？

有一种可能，即货币供应量的增加实际上降低了财政部债券的利率，而低利率会鼓励政府进行借贷。毕竟，这是大多数企业对利率作出反应的标准过程。如果利率很低，那就是企业进行新的投资、家庭购买大件物品的好时机。或许政府也是以这种方式操作的？

通过一些回顾，我们会发现这不是政府财政的运作方式。人们很少听到某个国会议员宣称利率较低、现在是借贷的好时机。相反，赤字看起来几乎是个偶然的结果，由税收政策与支出政策脱节所导致。由于税收和支出往往是分开决定的，出现赤字是因为税收收入抵不上开支。在经济不景气时，可以想见，税收基础倾向于萎缩，而社会保障支出则会增加。同时，在经济状况不佳时，有些赤字是为了刺激经济而有意进行减税并增加开支的结果。没有特别的理由使我们相信，赤字是由低利率以某种方式"造成"的，因为利率在直观上看来并不重要。如果考虑到政客们知道任何货币化操作都使债务实际上成为无息贷款，这种说法就更有说服力了。如果所支付的任何利息都会由美联储交回到财政部，那么政府在制定赤字政策时忽略利率就是非常合理的，因为利率实际上无关紧要。

这一问题也可以从统计数据的角度来分析。尽管在制定预算政策时，只要国会和总统相信美联储会将所有债务货币化，就会忽略利率，利率状况还是可能会改变他们在做开支决策时所面临的政治压力。为了弄清楚这个问题，我们可以用回归分析来将赤字分解为 GDP 变化和 10 年期国债利率的组合。通过这一检验，我们得到以下结果：

---

① 从技术角度讲，本文只排除了 GDP 状况作为第三种因素所造成的共同影响。然而，我没有了解到任何其他重要的说法能提出一个理由来解释货币政策和财政赤字之间的这种相关性。

赤字 =5.7071–0.8523 GDP 增长 –0.0513 利率

（1.5395）（0.3329）　　　　（0.2686）

第二项表明，更快的 GDP 增长倾向于缩减赤字——这并不意外。GDP 每增长 1%，赤字就减少 0.85%，这是一个很强的统计关系。然而，利率在统计上并没有造成明显的影响，虽然在赤字和利率之间存在联系（较高利率导致较小的赤字），这一联系也是非常弱的。这说明，美国政客在决定预算政策时极少（如果有的话）关注利率。

最后，数据带我们得出一个很有可能的结论：扩张性的货币政策在很大程度上是美联储将债务货币化的结果。也就是说，联邦政府通过借贷来为财政赤字提供资金，而为了抵消这种对可贷资金的需求增长给利率造成的压力，美联储扩大货币供应量。

令人担忧的原因

但是，这种联系有什么重要性呢？当货币政策不再独立于预算政策时，有可能发生多种潜在的问题。首先，众所周知，货币政策与政治体系相联系会导致更高的物价膨胀率，而不会有任何相对应的好处。美联储允许政治体系影响货币政策的制定，会为物价大幅上涨打开通道，因为联邦政府的赤字财政倾向会导致货币供应量的大幅增加。其次，另一个微妙的问题在于，多个独立的政策制定者可以减轻政策错误所造成的损害。这也是以下现象的部分原因：由不同投资者进行差异化投资的经济体系比投资者全都一致地进行同类型投资的经济体系表现得更加稳定。当货币政策独立于财政政策时，财政政策制定者与货币政策制定者之间可能会存在分歧，采取不同的行动。这样一来，一种政策的后果——至少在某种程度上——会被另一种政策所抵消。当一个经济体的货币政策没有与其他政策相分离时，只由一个人（或相对较少的一些人）控制所有的政策，任何可能发生的错误的规模都会被放大。

最后一个、当然也是最重要的问题是：当中央银行丧失其独立性时，发生恶性通货膨胀的可能性大大增加。当人们对经济体中先前被广泛接受的货币失去信心时，就会发生恶性通货膨胀。其结果是，对货币（及其购买力）的需求快速下降，同时，商品价格相应地大幅上涨。尽管从技术角度讲，恶性通货膨胀有可能在没有预算赤字时发生，但从历史上看来，恶性通货膨胀伴随着预算赤字出现的情况要普遍得多，其中不受限制的巨额预算赤字起到了关键的作用（齐约尔，Kiguel，1989）。

原因不难分辨。政府开支需要以税收、借贷或债券货币化这几种形式来获得资金。税收在政治上不受欢迎，且即使在政治上得到认可，当税率提高时税基通常会下降，因而征税获得的资金是有限的。借贷最终也会受到限制，因为随着政府不能（或不愿意）偿还借款的状况越来越明显，出借人将不会再借钱给政府。那么最后，政府要么把开支控制在税收和借贷所允许的限度之内，要么诉诸于债券货币化的手段。

当货币供应量因资助政府赤字而增加时，就会滋生恶性通货膨胀的诱因。增加的货币供应量往往会使价格上涨。更糟糕的是（从政府的角度来说），政府采购的商品价格会最先受到影响。于是，政府发现它的开支增长速度超过税收增长速度——赤字因此增加。不断增长的赤字需要进行更多的债券货币化，又导致货币增长率进一步升高。这种恶性循环的过程一直持续，直到出现以下两种后果之一：要么政府设法获得解决预算问题所需的政治资金，从而消除债务货币化的需要；要么货币体系在恶性通货膨胀中崩溃。由于货币加速贬值，人们会试图尽量减少现金持有量——这又使物价更加快速地上涨。

要进一步说明这两种情况，我们可以考虑在近几年中遭受危机的两个国家的案例：希腊和津巴布韦。作为欧元区的成员国，希腊不能自行决定其货币政策——而欧洲央行制定货币政策时不能只考虑希腊的困境，而是要顾及整个欧洲的经济。因此，当面临危机时，希腊被迫实现——或至少承诺实现——更好的财务平衡。而在津巴布韦，津巴布韦储备银行与穆加贝政府之间的密切关系使其央行经常性地为政府赤字提供资金，最终以恶性通货膨胀而告终（库莫尔和史特劳恩塔勒，Coomer and Gstraunthaler，2011）。尽管这两种处境都不好过，恶性通货膨胀会被认为更加糟糕，原因很简单：恶性通货膨胀并不能避免最终的预算调整。它只是在调整预算上增加了货币体系崩溃的麻烦。

结论

中央银行和预算政策没有必要相互关联——而保持二者分开有助于在不损害其他经济后果的情况下防止物价通货膨胀。然而，理论和数据都表明，美联储已经把货币政策的控制权交给了掌控预算的政客们——即使并非有意为之。这种行为将我们置于加速的物价膨胀的危险之中。在写作本文之际，美国尚未经历不可收拾的消费者物价通货膨胀。但是，人们不禁要问，我们距离高通货膨胀的危险成为现实（就像过去在诸多国家已经多次发生过的那样）还有多久？既然知道这是一个潜在的危险，又该采取什么行动来阻止它？

理论表明，这种联系的原因在于美联储实行了目标利率制。应当抛弃这种政策。有多种选择可供考虑，它们都不太可能造成同样的危险。

目标货币供应量政策能够防止货币供应的加速增长，因为美联储将会设法维持一个特定的货币增长率。这种政策并非没有潜在问题，但它可以将货币政策和预算政策分离开。

通货膨胀目标政策是一个越来越受欢迎的选项。在这种体系下，美联储会公开宣布一个中期的物价通货膨胀目标，然后操纵货币供应量，以图达到这一目标。该政策有几个好处，它可以提高透明度，并使央行专注于它似乎有能力创造的益处。然而，在最好的情况下，央行对物价通货膨胀的控制也是"宽松"的。

上述两种选项有一个共同的问题：它们最后仍会造成债务货币化。虽然在这些体系下发生恶性通货膨胀的可能性较小，但为购买政府债券而创造出的新货币仍将在很大程度上被用于资助政府赤字。

最后一个选项较为彻底：将货币与国家分离。在大多数市场中，政府允许多个生产者制造各种商品，为赢得顾客而竞争。在此方案中，货币也以同样的方式运作。让不同的企业家生产不同的货币，让市场来决定哪一种更好。在这一体系下，货币生产者没有理由通过市场为政府债券制造新货币，因此债务货币化就不成问题了。同时，人们通常希望货币价值保持稳定——因而最终所选择的货币就很可能具有稳定的价值。这种竞争性的货币体系也不会受制于单一的货币当局而实行鲁莽的货币政策。如果一家货币生产商过快地增加其货币产量，人们就会放弃它，转而在众多其他替代者中进行选择——如果那些替代货币已经触手可及并得到充分的了解，这一转换过程就远没有那么痛苦了。

最后，如果我们想实现货币政策与政府预算的分离，最可靠——也可以说是最安全——的办法就是将货币与国家分离开来。只有这样，我们才会远离二者关联起来所制造的那些危险。

参考文献

Alesina A，Summers LH（1993）Central bank independence and macroeconomic performance：some comparative evidence. J Money Credit Bank 12（2）：151–162

Coomer J，Gstraunthaler T（2011）The hyperinflation in Zimbabwe. Q J Austrian Econ 14（3）：311–346

Federal Reserve（2013）Financial accounts of the United States：flow of funds，balance sheets，and integrated macroeconomic accounts

Kiguel MA（1989）Budget deficits，stability，and the monetary dynamics of hyperinflation. J Money Credit Bank 21：148–157

Mishkin FS（2010）How independent is the Fed? In：Mishkin FS（ed.）The economics of money，banking，and financial markets. Pearson，Boston，MA，pp. 396–399

Rothbard MN（2008）The mystery of banking. Ludwig von Mises Institute，Auburn，AL

Taylor JB（1993）Discretion versus policy rules in practice. Carnegie-Rochester Conference Series on Public Policy 39：195–214

信息、激励和组织：中央银行制的
微观经济学

彼得·G. 克莱因（Peter G. Klein）[1]

货币理论及政策是经济学中的基本问题，有大量的文献论述中央银行制的理论和实践问题。学术文献尽管有时会批评美联储在某些时期的特定政策和行为，但通常都是不吝赞美（弗里德曼和施瓦茨，1963；布林德，1998，2013；梅尔策，2003，2010），偶尔还会顶礼膜拜（伯南克，2013a，2013b）[2]。有少数作者指出了更严重的问题，不仅关于美联储总体上的历史记录，更直指中央银行制度本身（罗斯巴德，1994，1999；加里森，1996；塞尔金等，2012）。[3]

不管是美联储的辩护者还是批评者，通常关注的都是宏观问题。什么是正确的货币政策？经济需要一个"积极干预"的美联储吗？央行应该对失业加以干预，还是专注于保持物价稳定？美联储有能力做到这些吗？美联储应该将目标锁定为利率还是名义 GDP？美联储出色地完成工作了吗？换做其他机构是不是会做得更好？

① 彼得·G. 克莱因

美国密苏里州哥伦比亚市密苏里大学，65211

挪威卑尔根市挪威经济学院 N-5045

E-mail：pklein@missouri.edu

② 通俗文献较为多样化，既包括对央行不切实际的描绘（伍德华德，Woodward，2000），也包括从各种政治角度提出的民粹主义批评（格莱德，Greider，1989；格里芬，1994；艾哈迈德，Ahamed，2009）。

③ 另一个原因是，货币经济学的绝大多数学术研究都是（直接或间接地）由美联储资助的（怀特，2005）。

这些都是至关重要的问题。然而，美联储的行为源于其组织、管理和约束的方式。换言之，宏观经济问题建立在更为根本的深层微观问题之上：美联储行为是如何由行政授权、立法机构及其组织设计发起、塑造并约束的？借用产业经济学中的一个比喻：美联储的表现取决于管理，而管理取决于结构。为了更全面地了解美联储，乃至普遍意义上的中央银行，我们不仅要关注宏观经济学，还要研究微观经济学，尤其是组织经济学的理论——它们的本质、出现、边界、内部结构以及管理（福斯和克莱因，Foss and Klein，2013）。[1]

本章从组织经济学的角度来评估美联储——乃至更普遍意义上的中央银行制。尽管我强烈反对在金融危机和大衰退之前及之后联邦储备委员会的许多关键政策，但我的论证并没有聚焦于某位主席或某届委员会所采取的具行动。问题并不在于（或许通过重申其法定权限、更仔细地审查它的行为等方式来指出）美联储所犯的具体错误，而在于中央货币当局的体制，这种体制本身就具有不稳定性，有害于企业家精神和经济增长。

中央银行是掌管货币体系的政府实体——用外行话来说，是一个"控制货币供应"的实体——它的任务是维持"物价稳定"、实现经济资源的"充分利用"，以及其他的国民经济表现的目标。（美联储明确负责实现物价稳定和充分就业，即所谓的"双重使命"，而这些目标正受到越来越强烈的质疑[2]）美联储像其他现代央行一样充当"最后贷款人"，负责保护金融体系免受银行挤兑和其他恐慌的伤害，随时准备向商业银行发放贷款，而这些资金都是无中生有、随时点一下鼠标就创造出来的。

简而言之，这家中央银行的任务就是"管理"货币体系。这样一来，它就成了当代经济中最重要的经济计划机构。货币是一种被普遍使用的商品，而贷款市场作为新增货币进入经济的渠道，是投资过程的核心。讽刺的是，

---

① 对美联储的组织和管治进行微观经济学层面的分析较为罕见，参见雷斯（Reis，2013）。

② 有些观察家提出"三重使命"，其中还包括"维持适度的长期利率"。

尽管经济学已经明确教诲人们，在中央计划经济下不可能实现有效的资源配置——正如经济学家米塞斯（1920）和哈耶克（1937，1945）所阐释的（从理论角度），以及众所周知的二十世纪中央计划经济体的普遍失败所证实的（从实证角度）——很多人还是认为货币体系是个例外，不适用于自由市场优于中央计划的一般原则。换言之，当涉及货币和银行业时，就有必要存在一个受保护的、免于竞争的单一决策者，它无须有效的监督、拥有充分的权力、采取任何它认为对国家最有益的行动。这个机构应该由一群无涉于政治、一心考虑公众利益的精英技术官僚来管理。

然而，关于这类不受监督、没有外部制衡的权威机构，我们所了解到的一切都表明：它们不可能运转良好。正如整个经济的中央计划者缺乏指引生产资源配置的激励和信息一样，货币计划者在进行公开市场操作、贴现率、准备金要求等决策时也缺乏激励和信息。美联储并不知道什么是"最佳"的货币供应量或怎样对银行体系实施"最优"的干预；没有人知道。再考虑到官僚体制的通病——浪费、腐败、懈怠以及其他被公共管理学者所熟知的低效无能（道恩斯，Downs，1966；尼斯卡宁，Niskanen，1971；克莱因等，2013）——要为单一的官僚机构控制货币体系赋予正当性就难上加难了。当所涉及的商品是货币——唯一能与其他所有商品交换的商品，也就是为所有其他产品计价的商品时——更是如此。对货币供应量的不当管理不仅影响到物价水平，而且扭曲了不同商品和行业之间的相对价格，使企业家更难衡量各种行动的收益和成本，导致不当投资、浪费和经济停滞。通货膨胀奖励负债者、惩罚储蓄者，正如人为压低的利率奖励住房所有者、惩罚租房者一样。相反，应该让市场的力量来决定借贷和储蓄的水平、购房与租房的水平，以及企业家活动。换言之，货币体系是如此重要，因而不能将它托付给一家政府机构——哪怕是像美联储这样一个科学上卓越、名义上独立的名声显赫的机构。

批评货币政策自由裁量权的人提出应该有固定的规则，例如，弗里德曼（1960）著名的固定货币增长率建议，或者泰勒（1993）那一套更有顺应性的反周期规则。另一些人则争论，对美联储来说，实行通货膨胀目标政策或名义收入目标政策，哪一个更直接、更现实（罗默，2011）。然而，这些提议的效果都比不上彻底废除货币当局、靠市场参与者的自愿决策来决定货币供应量和利率。例如，实行商品货币本位甚至能排除中央政府干预货币体系的可能性。如果规则胜于自由裁量权，那么最好的政策就是消除所有的裁量权，实现一个不受政治或技术官僚干预的货币本位。

美联储在 2008 年前后的表现

本人在货币理论和政策上的观点来自米塞斯（1912）、哈耶克（1931）和罗斯巴德（1963）。[1] 从这一视角来看，导致房地产泡沫的不是非理性繁荣、公司的贪婪或缺乏监管，而是美联储在格林斯潘和伯南克治理下高速扩张的货币政策。[2] 在互联网泡沫破裂之后，美联储开始快速增加货币供应量，使货币基础在 2001 年上升了 5.6%，2002 年上升 8.7%，2003 年上升 6.3%，而零期限货币（MZM）[3] 在这几年中分别增长了 15.7%、13.0% 和 7.3%。格林斯潘将联邦基金利率从 2001 年的 6.5% 砍到 2003 年的 1%，并把 1% 的利率一直维持到 2004 年底，这是 1954 年以来的最低水平。这种信贷注入导致了房地产和其他资本密集行业的过度投资，而联邦政府旨在通过放宽贷款标准来提升住房拥有率的政策更是火上浇油（亚罗辛斯基和斯麦茨，Jarocinski and Smets，2008；利波维茨，Liebowitz；诺伯格，Norberg，2009；伍兹，2009）。

---

① 更近的论述及相关文献包括加里森（2000）、欧珀斯（Oppers，2002）、怀特（2006）、戴蒙德和拉詹（Diamond and Rajan，2009）、奥海宁（2010）、卡瓦列罗（Caballero，2010）、萨勒诺（2012）以及卡尔沃（Calvo，2013）。

② 货币和金融系统是美国经济中监管最为严格的行业之一，自从 1999 年出台《格雷姆—里奇—比利雷法案》（*Gramm-Leach-Bliley Act of* 1999，即《金融服务法现代化法案》）以来再没有任何"去监管化"的举措。该法案允许并购（例如摩根大通收购贝尔斯登、美国银行收购美林证券），或许多少缓解了一点金融危机造成的损害，它保护债券持有人免遭损失。

③ 零期限货币（Money of Zero Maturity，MZM）指流通中的现金、活期（支票）账户存款和货币市场基金。——译者注

2008 年 9 月 16 日雷曼兄弟公司（Lehman Brothers）破产，10 天后华盛顿互惠银行（Washington Mutual）破产，对此的正确反应是让这些资不抵债的机构倒闭，鼓励经济的大规模去杠杆化，并增加储蓄和投资。经济危机体现了生产资源的错误配置，而最好的政策反应就是让市场参与者将资源从低价值用途转移到高价值用途上去。简而言之，一旦发现某些投资是错误的，最重要的就是让市场尽快对不当投资进行清算，以便使资金可供用于其他目的（阿加瓦尔等，Agarwal et al.，2009）。当然物质资源和人力资源没法立即、无成本地转移至其他用途。然而，各契约当事人应当可以重新协商资源的用途，央行不该横加干预。应当在适当的地方采用现有的对现存资金进行清算的机制（如破产）。

在布什和奥巴马执政期间，美联储与财政部通力合作，采取了完全相反的行动，他们救助资不抵债的金融机构和工业部门，将利率压低到零，并向金融体系中注入了数万亿美元——例如，基础货币从 2008 年到 2012 年平均每年增加 33.7%，总计增加了 198%。简而言之，美联储的理念是尽可能地阻止企业家们清算不当投资——实际上就是尽可能地让那些不当投资永久延续下去。资不抵债的金融机构没有破产重组、没有将表现糟糕的高管换成更佳的人选，而是获得了数十亿的免费资金。不称职的高管们仍在掌权。

美联储的自由裁量权

美联储的辩护者们承认它近来的行动具有争议性，但他们还是认为，有必要采取更大胆的行动。在危机期间，必须要有人掌管货币体系，领袖们不得不作出艰难的抉择。如果不是美联储的主席和职员——英明、干练、训练有素的经济学家们——还有谁能胜任？

现任主席伯南克是一位著名的宏观经济学家，特别精于大萧条的研究，看来非常适合在经济严重低迷时掌管美国的中央银行。然而，令批评家感到困惑的是，伯南克作为美联储主席的行动似乎与他在学术论著中所持的立场不一致。例如，巴尔（Ball，2012）指出，"伯南克的美联储规避了伯南克曾经支持的政策"。巴尔将伯南克的这种思想改变归因于集体决策和他本人的个性。巴尔认为伯南克内向、羞怯、不够自信。巴尔无意之中还提出了反对自由裁量的货币政策本身的有力论点，该政策依赖一小撮精英团体，包括大权在握的技术专家、利益集团的代表，以及制定并实施关系到亿万民生的规章程序的政治顾问们。这一政策奖励某些人（商业和投资银行家、住房拥有者），却伤害另一些人（储蓄者、租房者），主导了世界性危机事件的进程。在中央银行制度下，没有规则，只有自由裁量。在一个体系中，一个人的个性特点会对全球经济造成如此巨大的影响，这真的明智吗？

是的——美联储的辩护者坚称。他们说，重要的是，美联储不应被限制去执行它认为最好的政策。美联储的官员们被视为柏拉图的哲人王。当一些出色的经济学家在 2008 年对后来演变为《不良资产救助计划》（*Troubled Assets Relief Program*）的方案——政府对低效、管理不善的公司给予救助——表示怀疑时，曼昆（2008）给出了如下回应：

> 我很了解本·伯南克。本至少和在那封信上签名的或在博客和社论中对所提议的政策进行抱怨的那些经济学家们一样聪明。此外，本比那些批评家们掌握了更多的信息。美联储的职员中包括业内一些最好的政策经济学家。作为美联储主席，本清楚现实状况……如果我是国会议员的话，我会私下和本座谈，去了解他坦诚的观点。如果他认为［救助］是正确的行动，我会打消疑虑，听从他的建议。

很难想象会有比这更危险的政府决策视角。它忽略了不同理论框架之间的区别，如凯恩斯主义者、奥地利学派、货币主义者、新古典和其他经济学家。它忽略了对数据的不同解读方法，这关系到判断力，而不是智力。它忽略了关键的政策制定者（包括美联储和财政部官员们）可能有私人的、相互冲突的利益。当然，它还忽略了规范问题——有些公民会反对用纳税人的资金来奖赏那些不称职的管理者，不管其效率后果如何。从更普遍的角度来说，曼昆的观点似乎适用于所有形式的政府经济计划。

如果我们有精明强干、见多识广的计划者在指引资源的配置，那还要什么市场呢？

不幸的是，持有这种世界观的可不只曼昆一个人。为了驳斥人们对2008年以来货币供应量大幅增加会导致通货膨胀的担忧，布林德（2010）告诉我们别担心："除非美联储无能至极，才会制造出像极端批评者所预想的那么可怕的通货膨胀，而事实并非如此。"但是，中央银行制就像所有其他形式的政府干预一样，患了哈耶克所称的"知识的僭妄"症（哈耶克，1989；卡瓦列罗，2010）。雷斯特别针对中央银行制指出，"尽管很多政策制定者可能心存善意，但政府的历史中却有着太多因无能、短视、狂妄、错误的模型或糟糕的观念所导致的过错和失误。"实际上，从奥地利学派的视角看来，美联储在2008年以后的行动是极其有害的。按照流行的说法，美联储和其他央行阻止了金融灾难、降低了大衰退本会造成的伤害，其实恰恰相反，美联储的行动延续了最初导致衰退的结构性失衡，使本已糟糕的情况进一步恶化。2008年后美国经济存在的问题并非——像凯恩斯主义者所说的那样——缺乏有效的总需求，而是由二十年来的廉价信贷所导致的结构性失衡。毋需赘言，其间的问题不在于伯南克主席本人，而在于他所面临的不可能改变的局势。

美联储的独立性

2009年，一些经济学家传播了一份请愿书，支持美联储的"独立性"，反对国会试图加强对它的监督和管治。那种认为美联储必须独立于任何外部约束、不能接受严格审计、管治或监督的观点已经成为当代宏观经济政策中的陈词滥调。但它是严重错误的，其原因有两方面。

首先，美联储独立性的支持者只关注货币政策，似乎批评美联储的人只是想知道联邦基金利率是如何设定的。但美联储不只执行货币政策，还执行财政政策，这种操作自从 2008 年以来变得越来越多。[①] 如果美联储能够购买并持有任何它想要的资产，如果它与白宫和财政部联手实施数千亿美元的救助，如果它通过购买联邦政府想要出售的任何债券来助长上万亿美元的赤字，那么对它多加一些监督看来就是合理的（美联储在银行监督方面的作用也值得一提；就连美联储的辩护者也承认，有必要将美联储在货币政策和银行监督方面的角色区分开来，这意味着应当对监管过程加以监督）。其次，从更普遍的意义来讲，美联储是一个国有的经济计划机构，其表现和历史上的每个国有经济计划机构大体相同。在这个背景下，"独立性"只不过意味着缺乏外部约束。没有绩效激励，也没有监督和约束。没有反馈或选择机制。不存在外部的评估。为什么我们要期望一个在如此环境下运作的机构来改善总体经济表现呢？

支持美联储独立性的人辩称，国会或其他的监管会给美联储施加压力，使其追求短期利益（刺激经济产出），而损害长期表现（控制通货膨胀）（例如：卡夏普和米什金，Kashyap and Mishkin，2009）。但这些观点回避了比较制度分析（科斯，Coase，1964；德姆塞茨，Demsetz，1969）。国会的监督当然会带来潜在的危害，但也会带来潜在的好处——强有力的治理和高透明度。例如，将货币政策（以及美联储的其他争议举措，如救助外国央行）交给国会审查可能会使美联储服务于短期政治目标，但在现行体制下，美联储可以在没有任何监督和反馈机制的情况下押上成万亿美元的赌注。很不幸，每当涉及美联储时，成本—利润分析就会被忽略。看看托玛（Thoma，2009）为独立性所做的辩护："我们的希望在于，独立的美联储能够克服用货币政策影响选举的诱惑，同时克服将债务货币化的诱惑，它会采取长期来说对经济最有利的行动，而不是采取尽可能提高政客连任机会的政策。"

---

① 尽管美联储主要持有的是美国国债，但根据《联邦储备法案》第 13（3）条，美联储在"不寻常和紧急情况下"也可以持有其他资产，这一条款被伯南克的美联储大肆使用。详见约翰逊（2011）。

这种天真的想法不过是一种愿望。哪里有什么证据或迹象表明，完全不受问责的美联储实际上会"采取长期来说对经济最有利的行动"？美联储官员这样做的动机何在？有什么监督和约束机制可以保证美联储官员们会追求公共利益？如果他们有私人利益会怎样？他们可能会受到意识形态的影响，可能会犯系统性的错误，也可能受到银行业或其他特殊利益集团的过度影响。要想为独立性辩护，只说明政治监管的潜在危害是不够的。你必须证明这些危害比一家不受问责、不受约束、不受支配的中央银行所造成的危害还要大。天真地信以为中央银行家们有智慧把事做好是远远不够的。

我们需要中央银行吗？

没有中央银行，货币体系该如何运转？我们不需要一家央行来创造银行准备金吗？难道没有必要让美联储来维持物价的稳定？难道我们不需要政府制造并监管货币吗？

在对货币的本质和起源最早的科学分析之一中，门格尔（Menger，1892）阐述了货币——被普遍接受的交换媒介——是如何从个体市场参与者的交易模式中产生的[1]。门格尔挑战了当时占主导地位的"国家货币理论"，该理论认为货币必须由仁慈的中央计划者从无到有地创造出来。恰恰相反，正如数十年来的货币理论及历史的研究所表明，政府根本没有必要参与到货币和金融体系当中。货币——不管是像金、银这样的实物商品，还是它们的等值纸币——在本质上是一种商品，可以说，它是被市场中的企业家和消费者所选中并付诸 "支配"的。不管是在国际金本位的时代，还是如今采用纸币和电子支付的时代，这一点同样正确。没有必要让一家政府机构去增加或减少货币供应。实际上，按照奥地利学派的理论，政府试图控制货币供应会在经济中制造扭曲，这会干扰相对价格、打乱资本结构，鼓励（将在商业周期过程中暴露出来的）不当投资。相反，货币的价值应当在市场中决定，

---

[1] 另参见克莱因和塞尔金（2000）。

它是货币与商品和服务之间的日常交换过程的一部分。

那么，如何维持物价稳定呢？答案是，经济需要的不是"稳定"的价格，而是市场的价格。有人提议在《联邦储备法案》中去掉"就业最大化"这样的字眼，只保留"稳定的物价"这一部分。解除双重授权是正确的做法，因为这会削弱美联储在失业率高于某个武断设定的门槛时增加货币供应量的动机。但是对物价稳定的要求也同样应该废除。认为需要由央行来维持物价稳定或者谨慎地提高物价水平（也就是防止高水平通货膨胀）的观念建立在对通货膨胀的误解之上。在一个不断增长的经济体中，当货币供应量稳定或只有轻微增加（就像在商品货币本位下那样）时，物价倾向于下跌，正如十九世纪的美国，当时美国的生产和生活水平大幅提高。物价水平上升，是因为真实经济在萎缩，或者——像现实中普遍存在的情况一样——因为货币供应量增长的速度快于实际生产增长的速度。通货膨胀不是由什么"过热"的经济造成的，也不需要政府给它降温。正如米尔顿·弗里德曼的著名表述所言，通货膨胀在任何时候、任何地方都是一个货币现象。中央银行没有与通货膨胀作战，是中央银行制造了通货膨胀。

有一种相关的主张认为，需要有一个政府机构来控制利率，把它们控制在足够低的水平，以促进经济增长。然而，利率就是价格，是市场中贷款的供应者和需求者之间的出清价格。为了降低利率而增加货币供应量固然可以使经济在短期内"兴旺"，但其代价是把资源引导至市场本来不需要它们流向的领域——例如房地产。把利率压低到市场出清价格以下，不会创造真正的经济增长，而是制造扭曲，使企业家更难预测消费者未来想要购买（从而是有利可图）的商品和服务。用米塞斯（1949，549页，553页）的术语来说，信贷扩张会压低利率、提升物价水平、改变价格相对关系，从而"篡改经济计算"。信贷扩张将财富从储蓄者转移至借贷者（就住房抵押贷款而言，从租房者转移向房屋所有者）；从时效性短的投资项目转移至时效性长的项目；从最后收到新增货币的人转移至率先收到的人。简而言之，积极干预的货币政策（无论其是有意还是无意）总是会挑选赢家和输家，增加不确定性，并摧毁真正的财富。

那需要最后贷款人的时候怎么办？即便是央行的拥护者也承认最后贷款人的功能会对经济学家所称的"道德风险"产生鼓励作用：与必须要承担其所有投资组合的后果时相比，银行会冒更大的风险。央行拥有无限的资金，随时准备向陷入困境的银行提供流动性，这抑制了审慎的行为。[①] 戴蒙德和拉詹（2009）将金融危机归因于"美联储在之前十年内的行动，不仅包括让市场相信利率会在互联网泡沫破裂后的相当长时间内保持在低位（出于对通缩的担心），还包括它承诺如果资产价格崩溃的话它会出手干预、收拾残局——即所谓的格林斯潘对策（Greenspan put）"。

更广泛地说，一个动态的、创造财富的经济体仰仗于竞争的力量——即约瑟夫·熊彼特所称的"创造性破坏"——来区分对资源的高价值利用和低价值利用，包括效率偏低的公司被其效率更高的竞争对手所取代。银行业也不例外。像其他行业一样，如果一家银行不能通过提供其客户想要的商品和服务而盈利，那么它就应该被清算，让它的资产能够被其他更出色的企业家所利用。救助、补贴和以其他形式给予特定企业家的优待阻碍了市场过程将生产性资源引导向最高价值的用途。除了显性的救助以外，像来自"大而不能倒"（Too Big to Fail）式担保的隐性补贴也妨碍了企业家选择过程，不但保护了不成功的企业家和风险创业，而且通过奖励游说和其他形式的寻租活动，将投资向补贴活动引导（以牺牲消费者的偏好为代价），并阻挠缺乏政治关系的初创企业家进入市场。

这些原则完全适用于银行业。当然，通过复杂的交易以及类似金融衍生品和其他合约的这类工具，金融公司之间存在着密切的联系。某一家金融公司破产，会给各相关合作方（包括其他金融机构）带来损失。但是在一个成熟的工业化经济体中，几乎所有商品和服务的生产都存在复杂的连锁交易

[①] 实际上，像《不良资产救助计划》这样的方案就是各种公司福利，将资源从较为审慎的金融机构（例如，那些没有涉足住房抵押贷款支持证券市场的银行）向较为鲁莽的机构转移。

网、相互义务和契约关系等特征。在这方面，银行业的情况并非绝无仅有。可我们并不担心，在计算机硬件、服装零售或乳制品业中，假使一两家领先企业破产，"传染效应"就会席卷整个产业。此外，在银行业或任何其他行业，合作各方在多大程度上暴露于交易对手风险中，取决于监管系统所提供的保护。如果一家计算机硬件公司知道自己是"大而不能倒"的，或者知道某个"计算机工业资源最终供应部"随时准备在它遇到困难时为之提供劳动力、机器和原材料，这家公司就会开展各种它本来不会实施的高风险活动。

替代中央银行制的方案

建立在市场基础上的货币体系将如何运转、以何种形式组成、以及一个经济体该怎样从政府控制的货币转换为以市场为基础的货币，这些都是值得关注的重要问题，并已激发出了很多（且仍在增多）的学术性和实践性文献（弗里德曼，1960；罗斯巴德，1962，1994；塞尔金和怀特，1994）。大多数支持以市场为基础的货币体系的人赞成商品货币本位，不过也有人提出竞争性纸币的建议（哈耶克，1974）。所有这些方案都有一个基本的优点，即让货币价值脱离政府计划者之手，把它交给供给和需求来决定，就像市场经济中的其他各种商品和服务一样。

商品货币本位还有一个优点，它可以防止央行通过购买政府债券（并以制造物价通货膨胀的方式减少债务偿付）而将政府债务货币化。要求政府通过税收和向公众借贷的方式来筹措支出经费将有助于提高政策透明度。很显然，这将约束政府在衰退时通过增加支出来刺激经济的能力，这正是重点所在——商品货币本位强化财政纪律。这种纪律会把企业家们从货币计划者那些不可预测的、往往是武断的兴之所至中解救出来，使他们可以自由地投资、创新并促成经济增长。

结论

有一个关于央行官员买披萨的老笑话（也许说的是伯南克主席，他刚刚结束了一整天量化宽松的工作，走在回家的路上）。店员问："你要切成六片，还是八片？"央行官员答道："我今天可饿坏了，所以最好切成八片。"

将现存的商品和服务除以数量更多的货币并不能创造财富。经济学理论中最重要的课程之一就是，一个社会只有消费少于生产才能产生经济增长。盈余部分（真实储蓄）可以被投资到资本品的生产（及创新）中去，从而实现未来更多的生产。相反，最古老的经济学谬论之一就是，经济中有时会因为缺乏货币而发生低生产力、高失业率的"拥堵"，而疏通这一堵塞的办法就是多多印钞来增加"总开支"——让消费多于经济产出。大约60年前，米塞斯（1953，423 页）将这种观念讽刺为"虚妄的杂货店哲学"（商人认为他的产品卖不出去是因为买家们没有足够的钱），并把它和凯恩斯联系在一起。与之相反，奥地利学派经济学揭示，且奥派学者坚持认为，由一家全能的央行所控制的货币体系自身就是不稳定的，有害于经济增长。美联储在2008 年前后所犯的错误并不是孤立的个别事件，也不能靠对美联储的章程、结构和独立性做些小小的改变来纠正。那是将货币和金融系统交给一家政府机构来控制的可预见结果。最好的办法是换掉央行，让市场来管理货币。

本文所提倡的立场往往被驳斥为激进的或极端的，是一种"市场原教旨主义"（贬义的说法）。但这是一种合理、务实且现实的观点。经济学和管理学的研究教导我们，垄断供应者是低效而不起作用的，政府对货币的垄断亦如此。市场不是完美的，但美联储的主席们也不是完人。让货币供应独立于政治干预，将货币政策交还给市场，情况将会好得多。

参考文献

Agarwal R，Barney JB，Foss N，Klein PG（2009）Heterogeneous resources and the financial crisis：implications of strategic management theory. Strat Organ 7（4）：467–484

Ahamed L（2009）Lords of finance：the bankers who broke the world. Penguin，New York，NY Ball LM（2012）Ben Bernanke and the zero bound.

NBER working paper no. 17836

Bernanke BS（2013a）A century of U.S. central banking：goals, frameworks, accountability. Presentation at the first 100 years of the Federal Reserve：the policy record, lessons learned, and prospects for the future. NBER, Cambridge, MA

Bernanke BS（2013b）The Federal Reserve and the financial crisis. Princeton University Press, Princeton, NJ

Blinder AS（1998）Central banking in theory and practice. MIT Press, Cambridge, MA

Blinder AS（2010）In defense of Ben Bernanke. Wall Street Journal, 13 November 2010

Blinder AS（2013）After the music stopped：the financial crisis, the response, and the work ahead. Penguin, New York, NY

Caballero RJ（2010）Macroeconomics after the crisis：time to deal with the pretense-of-knowledge syndrome. J Econ Perspect 24：85–102

Calvo G（2013）Puzzling over the anatomy of crises：liquidity and the veil of Finance. Working Paper, Department of Economics, Columbia University

Coase RH（1964）The regulated industries：discussion. Am Econ Rev 54：194–197

Demsetz H（1969）Information and efficiency：another viewpoint. J Law Econ 12：1–22

Diamond DW, Rajan RG（2009）Illiquidity and interest rate policy. NBER working paper No. 15197

Downs A（1966）Bureaucratic structure and decision-making. Rand Corporation, Santa Monica, CA

Foss NJ, Klein PG（2013）Organizational governance. In：Wittek R,

Snijders T, Nee V（eds.）Handbook of rational choice social research. Stanford University Press, Redwood City, CA., pp 513–555

Friedman M（1960）A program for monetary stability. Fordham University Press, New York, NY Friedman M, Schwartz A（1963）A monetary history of the United States, 1867–1960. Princeton University Press, Princeton, NJ

Garrison RW（1996）Central banking, free banking, and financial crises. Rev Austrian Econ 9: 109–127

Garrison RW（2000）Time and money: the macroeconomics of capital structure. Routledge, London

Greider W（1989）Secrets of the temple: how the Federal Reserve runs the country. Simon & Schuster, New York, NY

Griffin GE（1994）The creature from Jekyll Island: a second look at the Federal Reserve. American Opinion Publishing, Appleton, WI

Hayek FA（1931）Prices and production. Routledge, London

Hayek FA（1937）Economics and knowledge. Economica 4（13）: 33–54

Hayek FA（1945）The use of knowledge in society. Am Econ Rev 35（4）: 519–530

Hayek FA（1974）Denationalization of money. Institute of Economic Affairs, London

Hayek FA（1989）The pretense of knowledge. Am Econ Rev 79（Suppl 3–7）

Jarocinski M, Smets FR（2008）House prices and the stance of monetary policy. Federal Reserve Bank of St. Louis Review（July）90（4）: 339–365

Johnson CA（2011）Exigent and unusual circumstances: The Federal Reserve and the U.S. financial crisis. In: Alexander K, Moloney N（eds）Law reform and financial markets. Edward Elgar, Aldershot

Kashyap AK, Mishkin FS（2009）The Fed is already transparent. Wall Street Journal, 9 November 2009

Klein PG，Mahoney JT，McGahan AM，Pitelis CN（2013）Capabilities and strategic entrepreneur-ship in public organizations. Strat Entrepreneur J 7（1）：70–91

Klein PG，Selgin GA（2000）Menger's theory of money：some experimental evidence. In：Smithin J（ed.）What is money? Routledge，London，pp. 217–234

Liebowitz SJ（2009）Anatomy of a train wreck：causes of the mortgage meltdown. In：Randall GH，Benjamin P（eds）Housing America：building out of a crisis. Independent Institute，Oakland，CA

Mankiw NG（2008）If I were a member of congress. Greg Mankiw's Blog，26 September 2008 Meltzer AH（2003）A history of the Federal Reserve，Vol 1：1913–1951. University of Chicago Press，Chicago，IL

Meltzer AH（2010）A history of the Federal Reserve，Vol 2：1970–1986. University of Chicago Press，Chicago，IL

Menger C（1892）On the origin of money. Econ J 2：239–255

Mises Lv（1912[1953]）The theory of money and credit. Yale University Press，New Haven，CT

Mises Lv（1920[1935]）Economic calculation in the socialist commonwealth. In：Hayek FA（ed）Collectivist economic planning. Routledge，London

Mises Lv（1949）Human action：a treatise on economics. Yale University Press，New Haven，CT

Niskanen WA（1971）Bureaucracy in representative government. Aldine-Atherton，New York，NY

Norberg J（2009）Financial Fiasco：how America's infatuation with home ownership and easy money created the economic crisis. Cato Institute，Washington，DC

Ohanian LE（2010）The economic crisis from a neoclassical perspective. J Econ Perspect 24：45– 66

Oppers SE（2002）The Austrian theory of business cycles：old lessons for modern economic policy? IMF working paper WP02/02

Paul R（2009）End the Fed. Grand Central Publishing，New York，NY

Reis R（2013）Central bank design. NBER working paper no 19187

Romer CD（2011）Dear Ben：it's time for your Volcker moment. New York Times，29 October 2011

Rothbard MN（1963）America's great depression. D. Van Nostrand，Princeton，NJ

Rothbard MN（1994）The case against the Fed. Ludwig von Mises Institute，Auburn，AL Rothbard MN（1999）Origins of the Federal Reserve. Q J Austrian Econ 2：3–51

Rothbard MN（1962）The case for a 100 per cent gold dollar. In：Leland Y（ed）In search of a monetary constitution. Harvard University Press，Cambridge，MA，pp. 94–136

Salerno JT（2012）A reformulation of Austrian business cycle theory in light of the financial crisis. Q J Aust Econ 15：3–44

Selgin GA，White LH（1994）How would the invisible hand handle money? J Econ Lit 32：1718–1749

Selgin G，Lastrapes WD，White LH（2012）Has the Fed been a failure? J Macroecon 34：569–596

Taylor JB（1993）Discretion versus policy rules in practice. Carnegie-Rochester Conference Series on Public Policy 39：195–214

Thoma M（2009）Why the Federal Reserve needs to be independent. CBS Moneywatch，12 November 2009

White LH（2005）The Federal Reserve System's influence on research in monetary economics. Econ J Watch 2：325–354

White WR（2006）Is price stability enough? BIS working paper No. 205

Woods TE（2009）Meltdown：a free-market look at why the stock market collapsed, the economy tanked, and government bailouts will make things worse. Regnery, Chicago, IL

Woodward B（2000）Maestro：Greenspan's fed and the American boom. Simon & Schuster, New York

盘点并规划一个"无美联储"的未来

大卫·豪登 (David Howden)、[1]
约瑟夫·T. 萨勒诺 (Joseph T. Salerno) [2]

本书所收录的文章对美联储的描述都不太友好。尤其是,它们既指出了指导美联储运行的理论当中存在的缺陷,也揭露了这家备受尊崇的机构历史记录里面的瑕疵。

我们对这些批评不该漠然处之。美联储被授予了对美国货币供应的法定垄断权,是一家掌握着巨大权力的机构,它的地位得到国会法案的保证。国会所授予的这种特权有着广泛影响。货币是一切货币交易的"公因子"。(这里的"公因子"是经济计算而非价值尺度意义上的。——译者注)当货币出了差错时,错误不会局限在其最初发生影响的范围之内。它会波及整个货币经济,这样一来,一个错误就会衍生出一连串普遍性错误。

毫无疑问,在市场中会产生错误。在正常的市场过程中,错误通过公司的亏损暴露出来。对于这些亏损,不应回避或者遮遮掩掩,而是要把它们当成重要的信号来接受,它们告诉企业家有些行动要么不是消费者想要的、要么没有得到成功的实施。这些亏损还给竞争者以可乘之机,让他们进入市场、更好地满足消费者。通过这种方式,市场在盈亏信号的引导下进行试错,不断地剔除那些不成功或没有需求的活动,使其不再阻碍消费者满意度

① 大卫·豪登
西班牙马德里市圣路易斯大学马德里校区
E-mail: dhowden@slu.edu
② 约瑟夫·T. 萨勒诺
美国纽约州纽约市佩斯大学鲁宾商学院,10038
E-mail: jsalerno@pace.edu

的提高。

受到保护的美联储不会面临竞争，并有法偿货币法（legal tender law）确保其产品被人接受，它不受任何制衡系统的约束。这一事实定会使读者感到奇怪，因为处于类似的垄断状态的其他商品（如公共设施和国防）都受到了政治制衡。美联储几乎是作为一家独立的机构在运转（至少从法律意义上说是这样的），而大多数经济学家极力辩称，为了确保公正、适当地生产和控制国家货币供应，这是很有必要的。

本书阐明，不仅美联储的独立性是个神话，且即使它受到某种更为典型的政治制约，其结果也不会有多大改善。实际上，问题不在于美联储的制度结构或是它与政府之间的具体关系，而在于这个制度本身，并且这一问题广泛适用于所有的中央银行。

退一步来回顾关于美联储应该如何运作的具体内容。它被赋予两大使命。一方面，它必须要维持物价稳定，如今这实际上意味着保持物价每年2%左右的温和通货膨胀。另一方面，它负责制定货币政策，以便在经济中实现充分就业，或者在任何商业周期到来时实现软着陆。为实现后一个目标，美联储人为地制造低利率环境，不仅推高通货膨胀，而且促成不稳定的商业周期、阻碍就业机会。

另外还有一个重要的矛盾，它根植于美联储被授予垄断权力的途径之中。它的垄断权力是由国会法案所赋予的，由于民选官僚会受到为图一己之私滥用联储工具的诱惑，因此必须坚决维护美联储的政治独立性。然而，国会所赋予的东西，也同样可以被国会剥夺。正如本书所明确指出的，美联储的独立性不过是个神话，它的行动表面上意在扶持境况不佳的经济，暗地里却资助联邦政府财政，这二者之间有很大的重合之处。

此外，人们认为，在负责控制国家货币供应的机构中工作的雇员实际上曾经与货币事务打过交道或对银行实务有所了解。尽管在美联储的早期历史中的确如此，但随着时间推移，越来越多的学院派和有政治关系的人占据了该组织结构中的重要职位。（除了可能存在的政治利益冲突之外）这本身也许没有太大问题，但它已经对经济学专业产生了持久的负面影响。

美联储是如今美国经济学家进行货币经济学研究的主要赞助者。尽管美联储经济学家介入货币研究有可能是出于自发选择，但也可能是美联储通过资助自己的经济学家、牺牲竞争者的利益，使货币研究带有偏向性。最近对著名的《货币经济学杂志》所刊载文章的评估表明，超过80%的作者目前或曾经隶属于美联储，并且该杂志的11名编委会成员中有9人曾为美联储工作（怀特，2005）。这种过高的比例令人不安。

在货币经济学的现状中或许最令人不安的是一种隐含着的信念，认为经济周期是一种自然发生的现象，这种观念明显存在于几乎所有由美联储资助的研究之中。导致经济周期的，不管是投资者失去了勇气，还是消费者总需求不足，就像各种以凯恩斯主义为导向的商业周期理论（认为商业周期是"真实商业周期模型"中的技术冲击所造成的结果、或后凯恩斯主义者所描述的债务驱动型狂欢的后果），一个典型的事实是显而易见的：经济危机的根源内生于市场过程之中，而美联储的首要任务就是清理这些不稳定性所造成的后果。

我们可以从一种截然不同的角度看待萧条问题，这个角度可以凝炼成一条简单的格言。弗里德里希·哈耶克给有抱负的经济学家们提出的建议中有这样一条："在我们能够解释为什么人们会犯错之前，首先必须解释为什么他们应该一向是对的"（哈耶克，1937：33页）。如此一来，经济学家不必急于承认人们已经犯下了一个错误并去纠正它，而是应该首先理解在什么样的条件下一开始就不会发生这一错误。

尽管不太容易构想，但将一个没有货币的世界模型化并从中得出结论还是简单的。个人进行生产和消费，要想增加消费，唯一的办法是增加生产。但里面还藏有玄机。增加生产的唯一途径是提高生产力。在给定的技术水平下，任何劳动生产力的提高都需要资本投入。在一个没有货币的（假想）世界里，投资体现得很直接——它需要积攒储蓄，既然没有货币可供储蓄，就只能储蓄劳动成果：已经制造出来的产品。

当一名劳动者停止消费他的一部分产品，并把它贮存起来留待以后消费，他就得以脱离"现挣现吃、仅能糊口"（hand-to-mouth）的生活状态。他现在不必将全部时间用于生产维持生计的用品，而是可以设法寻找能够提高生产力的方法和工具。当他把劳动力从制造维持生命、补充能量的物品转移到其他日后才能得到回报的工作中去时，先前的储蓄会维持他的生活。

因此，在没有货币的经济中，原始的经济体系严格地受到储蓄的限制。劳动者制造产品，如果他想展开投资型活动，就必须要贮存一部分产品供以后消费。只有预先储蓄，才能进行投资，而投资项目的回报期（也就是此人致力于寻求新的生产过程或物品所用的时间）取决于先前的储蓄量。

现在进入货币经济。只要货币是和其他产品一样的商品，情况就不会有多大变化。关键在于如何定义"和其他产品一样的商品"。我们脑海中会浮现出"稀缺"这一属性，即生产要付出代价。商品货币或完全由商品支持的货币替代品符合这一条件。它们是稀缺的，因为它们不能被随意地复制，即使能够、也不会真的被随意复制，因为这样做要付出成本（例如：采矿、铸造或分配的成本）。如果严格使用商品货币（或完美的货币替代品）的话，有货币的世界与无货币的世界之间就没有多大差别。（当然可想而知，有货币的世界会发达得多，因为普遍被人接受的交换媒介极大地提高了交换的可能性以及与之相伴的劳动分工和专业化。）

今天的世界不同于上面提到的任何一种。它建立在法币——由政府法令和它的央行所创造的货币——的基础上。它并不稀缺，或至少它的稀缺性不取决于它的生产成本。今天的货币脱离了任何商品，它存在的形式主要是电脑中的一系列 1 和 0（二进制代码），而央行可以几乎无边际成本地对它的供应量实现严丝合缝地控制。

尽管对某种商品的控制和随意创造它的能力可能被认为是一种好事，但情况并非如此。哈耶克将法币的后果形容为经济中"松弛的接头"（1941：408 页）。

货币起到连接储蓄和投资活动的作用。当采用商品货币或者完全由商品支持的完美货币替代品时，这个接头没有"松弛"之处。储蓄和投资协调一致，因为每一美元的储蓄会转换为一美元的投资——不多不少。

美联储的成立，不是为了监督和控制商品支持的货币，而是提供弹性的通货。提供弹性有两种办法。一个办法是，通过提高或降低贴现率，美联储可以减少或增加货币供应量。另一个办法是，美联储通过设定准备金率来控制银行创造新货币的供应量。通过降低准备金率，美联储允许银行以存款的形式发行超出实际存入货币数量的货币替代品。美联储从成立以来，在允许银行势力以部分准备金制度运转方面一直发挥着重要作用。

美联储控制灵活货币供应量的最初动力，除了寻求它自己的运营授权之外，更普遍的是要缓解经济衰退之苦。本书已经讲得很清楚，美联储自身就是这些周期的始作俑者，它现在所控制的这种"弹性货币供应"，在它诞生之前，就已经是造成衰退和恐慌的原因了。

奥地利学派商业周期理论可以帮助我们理解为什么美联储要为过去一百年来的商业周期负责。该理论认为，造成经济不稳定的根本原因是央行的货币和信贷扩张，它们切断了真实储蓄和货币储蓄之间的联系（哈耶克所说的"松弛的接头"）。

问题在于它把货币从消费者的真实需求中转移走。考虑一下货币为什么存在，以及人们为什么要持有货币。货币是作为被普遍接受的交换媒介出现并演化的。而持有货币的原因归根结底是不确定性（米塞斯，1949：249页）。人们不知道将来在何时何地会产生多大程度的开销以及赚得多少收入，他们持有一定数量的货币，作为一道抵御不确定性的屏障。个人所持有的货币不是作为投资，而是一种立即可用、具有完美"流动性"的资产，以便防范不确定事件于未然。

部分准备金体系中的存款并不是以这样的方式来处理，这违背了存款人的意图。存款被银行挪作贷款活动的资金。其结果是，部分准备金银行把不该动用的货币借了出去，这些钱本来应当作为随时可以提取的购买力金额

209

以备将来不时之需。按照存款人的意图，应该把存款当作一种寄存的现金余额，否则的话，用于投资的货币数量就会超量，而这时货币的"松弛接头"效应就会非常明显。其结果是多出了本来没有的大量资金来源，利率相应地比应有水平降至更低。

按照奥地利学派理论，商业周期要通过三个渠道来促成。在景气时期，因为虚假核算和由通货膨胀引起的收入与金融财富增加（伴随着消费上的"财富效应"）而产生过度消费（米塞斯，1949：546-547 页；萨勒诺，2012：16-20 页）。当投资的时间组合被改变时会发生不当投资。较低的利率会诱使投资进入长期的投资项目，而牺牲短期项目（米塞斯 1912，1949；哈耶克，1935）。最后，由于银行获得了更多的资金来源（活期存款）——若非在部分准备金制度下就无法得到这些资金——经济中的金融部门会产生不可持续的、与实体生产部门不成比例的发展（豪登，2010）。

这些结果在由货币动荡导致的经济衰退中逐一显现出来。需要注意的是，这包括了几乎所有的衰退，因为按照定义，最初的破坏因素必须遍及整个经济才能产生普遍的低迷。"真实商业周期"理论中的技术冲击和大多数凯恩斯主义诠释中所说的投资者胆寒气馁，只会影响到经济中的某些特定部门。只有扰乱货币才能系统性地破坏消费和投资计划，并导致普遍的衰退。（战争和饥荒也足以对经济产生更广泛的破坏，但这些还是留给商业周期的"天意"理论去解释吧。）

美联储成立时的美好目标是防止或缓解金融恐慌及其所导致的衰退。《联邦储备法案》的起草者们在很大程度上忽略了这样一个问题：在美联储成立之前几十年中困扰美国的经济衰退，主要是因为银行对存款只持有一部分准备金的做法所造成的。从 1837 年到 1864 年的自由银行业时代营造了大体上有利的经济条件，私人银行系统发展出了创新的方法和产品来应对银行业中的紊乱。不幸的是，自由银行业时代的法律环境没有要求银行遵守标准的合同法，结果是得到一个自生紊乱的系统，而银行家和金融家们数十年来一直苦苦与这种紊乱对抗。

银行被允许通过部分准备金来为其业务提供资金，这种做法使它们面临自己所制造的不稳定性恐慌。随着衰退到来，存款者周期性地进行银行挤兑，这种现象后来成为众所周知的各时期的恐慌。恐慌在整个十九世纪中为美国带来了多次金融困境，主要发生在 1837 年、1857 年、1873 年、1884 年和 1893 年。到 1907 年大恐慌发生时，存款人、银行家和立法者已经在想办法试图一劳永逸地解决这种越加频繁而严重的银行业动荡了（巴格斯和豪登，2012）。其结果就是 1914 年成立的美联储。

然而，美联储的成立，就像是一名医生误诊，原来不过是身染微恙，可开出的药方反而使病情更加恶化了。造成十九世纪银行危机的原因并不是缺乏一家中央银行，而是银行能够以部分准备金来为其贷款业务融资。中央银行是用来掩盖银行业恐慌所造成损失的短期解决方案，但同时它扩大了部分准备金银行制实行的范围，并增加了与之相关的道德风险和经济中的冒险活动。在最近对美联储首个百年的运营进行回顾时，塞尔金等人（2012：570页）总结认为，美联储的历史可以定性为："加重而不是减轻了货币及宏观经济不稳定的症状。"简而言之，这是个失败。

如果美联储是对问题误诊而开出的错误处方，并在其所声称的目标上彻底失败了，我们又该何去何从呢？

摆在我们面前的有两条路，二者各有其优点和不足。

第一种途径需要废除部分准备金银行制，让银行持有完全准备金。

要让银行体系实现 100% 准备金制，首先要进行的改革是取消它所持有的政府债券。美联储所持有的政府债券相当于虚构的账务。财政部向美联储支付这些债券的利息，但美联储在年底（扣除其运营费用之后）又把这笔钱返还给财政部。因此，取消美联储所持有的政府债券不会对经济产生干扰。美联储库存的黄金储备可以在每盎司 42.22 美元的历史价格上重新估值，并支付给银行，以回收银行持有的基础货币。因为基础货币包括了美联储几乎所有的债务，分销重新估值后的黄金将会清除美联储的资产负债表，从而废除中央银行机构本身。

第二种途径是废除法偿货币法和美联储目前对美国货币生产的垄断。这一方案将使美联储处于竞争性的环境之中，类似于哈耶克（1974）的"货币选择"计划。这样，个人将可以自由选用替代性货币，从而使美联储受到竞争性的约束。

单独来看，每个方案都是实现货币稳定的必要但不充分的条件。第一种方案将会纠正部分准备金银行制所造成的商业周期问题，但仍有一家中央银行掌握着政府授予的美元供应特权，因而存在政治不稳定的风险。第二种方案将使美国的银行体系回归到自由银行业时代的根源之处，正如我们所见，这种方案不仅因采取部分准备金制而滋生不稳定性，而且会再次制造设立一家美联储作为"稳定"市场的中央银行的动机。

只有将这两种方案相结合，才能实现持久的稳定。必须允许银行之间在货币生产上相互竞争，从而为彼此提供竞争性的约束。同时，这些银行必须与其他吸收存款的机构遵守同样的法律，持有100%准备金来支持存款。在这一完整的提议中，少了任何一点，迟早都会造成倒退，使我们再度回到今天所面临的货币困境。

在我们回顾美联储一百周年之际，审视它的最初任务和运营授权是很有帮助且很有必要的。在过去的100年中，美联储在稳定物价方面表现得很糟糕，通货膨胀比人类历史上的任何时期都严重。商业周期并没有被消除，实际上，我们今天处于战后时期最为缓慢的经济复苏之中。从这两个角度来说，美联储都是失败的。

然而，在某些方面美联储却大获成功。通过扶持政府的债券需求，它允许入不敷出的联邦政府大肆挥霍。通过扮演最后贷款人的角色，它在金融机构中制造了前所未有的冒险态度。通过消灭在它成立之前100年就已经存在的竞争性货币生产者（如私人发钞银行），它已被视为唯一能够生产货币的机构。最后，作为最后贷款人，美联储救助了那些本应因其拙劣运营而屈从于市场力量的金融机构。更别提美联储自身就在促进这种不可持续的银行活动——它在公众之中为自己制造了一个金融部门救世主的光环，就这样成为了一个备受尊崇的机构，甚至在其他行业以自由市场捍卫者自居的人的心目中也是如此。

考虑到这些成功背后的可疑本质，是时候让美联储让位于更合适的制度了。市场的主要优点之一是，它能够集成和简化不同的、异质的且分散的信息。货币价格渗透于市场经济之中，没有任何其他商品能比货币更能发挥这样重要的作用。市场绝非不能有效地供应货币；货币正是市场所擅长生产的那一类商品。让我们终结美联储，给市场一个机会。

参考文献

Bagus P，Howden D（2012）Still unanswered quibbles with fractional reserve free banking. Rev Austrian Econ 25（2）：159–171

Hayek FA（1935[1967]）Prices and production，2nd edn. A. M. Kelley，New York，NY

Hayek FA（1941）The pure theory of capital. University of Chicago Press，Chicago，IL

Hayek FA（1974）Choice in currency：a way to stop inflation. Institute of Economic Affairs，London

Hayek FA（1937）Economics and knowledge. Economica 4：33–54

Howden D（2010）Knowledge shifts and the business cycle：when boom turns to bust. Rev Austrian Econ 23（2）：165–182

Salerno JT（2012）A reformulation of austrian business cycle theory in light of the financial crisis. Q J Austrian Econ 15（1）：3–44

Selgin G，Lastrapes WD，White WH（2012）Has the Fed been a failure? J Macroecon 34（3）：569–596

Von Mises L（1912[1953]）The theory of money and credit. Yale University Press，New Haven，CT

Von Mises L（1949[1998]）Human action：a treatise on economics.

Ludwig von Mises Institute，Auburn，AL

White LH（2005）The Federal Reserve System's influence on research in monetary economics. Econ J Watch 2（2）：325–354

译后记

本书主题并不是讲述美联储的历史，而是更多地侧重于从理论与现实的各种角度分析美联储的本质，戳穿美联储官员及其所豢养的专家们的谎言，让公众认清美联储体系的真相，并提出回归健全货币的方案。

本书的英文版是在美联储成立百年之际（2014 年）出版的，距今已经过去了六、七年的时间。在此期间，本书所收录文章中的观点和批评得到了更为引人注目的印证：无论民主党还是共和党，不管哪个政党执政，美联储资产负债表的规模都随美国国债一起迅速膨胀；2020 年在疫情影响下，美联储资产负债表规模在短短几个月内就扩张了一倍。美联储与华尔街、还有华盛顿的权贵们一起通过货币政策为己谋利、损害普通民众利益的真面目已经昭然若揭。

而另一方面，在这几年时间内，随着人们提高对美联储（中央银行）的警惕，一种有望替代传统中央银行制度的体系——去中心化的加密货币——得到了越来越多的关注。尽管关于它是不是货币，或者是否能成为货币，还存在着诸多争议，但它无疑已经成为不容忽视的力量，值得所有人去关注和了解。

此次翻译由我们两名译者担纲，第一译者贡献最大。限于历史背景知识不足，我们在翻译过程中遇到了一些难解之处，也深怕因自身能力不足而折损这部优秀文集的光辉。好在有对美国货币史深有研究的李松老师进行了全面细致的校译，通天译熊越老师也提供了很大的帮助，纠正了翻译中存在的一些关键性错误。有他们的把关，译文质量也有了相当程度的保障。这几位都是当今国内奥派学界成就颇丰的佼佼者，通过与他们的交流，我们在整个翻译过程中获益良多，在此深表感谢。书中难免仍有疏漏和错误之处，责任自然由我们承担，还请读者朋友们包涵与指正。

贾国杰、吴烽炜

2020 年 9 月 20 日